그녀는 왜
돼지 세 마리를
키워서
고기로 먹었나

그녀는 왜
돼지 세 마리를
키워서

우리가 먹는
고기에 대한 체험적 성찰

고기로 먹었나

우치자와 쥰코 지음 | 정보희 옮김

달팽이출판

KAIGUI-SANBIKI NO BUTA TO WATASHI
by Junko Uchizawa
Copyright ©2012 by Junko Uchizawa
First published 2012 by Iwanami Shoten, Publishers, Tokyo.
This Korean edition published 2015 by Escargot Publishing Co, Paju-si
by arrangement with the Proprietor c/o Iwanami Shoten, Publishers, Tokyo.
through Tony International, Seoul
All right reserved.

Yume

hide

shin

책머리에

나는 왜 돼지를 키우고 도축해서 먹게 되었나?

이 책은 2008년 10월부터 2009년 9월까지 돼지 세 마리를 키우고 도축장에 출하해서 고기로 먹기까지 일 년 동안 기록한 르포르타주다.

나는 세계 각지의 도축현장을 취재하러 다니며, 양 한 마리를 잡아서 함께 나눠먹는 가족에서부터 하루 4천 마리의 소를 도축하는 대규모 도축장에 이르기까지 수많은 가축의 마지막 순간을 지켜봐왔다.

그럴 때마다 가축들이 불쌍하다는 감정만 든 것은 아니었다. 우리 인간들은 오랜 기간 동안 가축을 기르고 먹어왔다. 그것은 자명한 이치다. 하지만 취재를 하는 동안 이 고기는 어떻게 태어나 어떤 곳에서 자라다가 도축에 이르게 되었는지 궁금해졌다.

우리들은 어떤 과정을 거쳐온 고기를 먹고 있을까?

알듯하면서도 실상은 아무것도 모른다. 나는 내 손으로 집 앞에 작은 우리를 만들어서 돼지를 키워 보기로 했다. 늘 함께 지내며 돼지라는 식용동물이 어떤 먹이를 좋아하고 어떤 습성이 있고 하루를 어떻게 보내는지, 나라는 인간에게 어떻게 반응할지, 그리고 직접 돼지들을 키우며 무엇을 느낄지 궁금증이 풀릴 때까지 유심히 관찰했다. 또한 현재 우리가 먹는 국산 돼지고기의 매우 일반화된 사육방법과 소매점에 진열되기까지 경로를 알고 싶어 대규모 양돈농가와 양돈에 힘을 보태는 사료회사, 수의사, 도축장, 정육점, 도매업자를 취재하며 이야기를 들었다.

전후 60여 년 동안 돼지 사육방법도 돼지고기의 가격이나 수요 등등 이것저것 꽤 많은 변화가 있었다. 옛날에는 일반 농가에서 마당 한쪽에 우리를 만들어 놓고 일종의 부업으로 기껏해야 한두 마리에게 잔반을 먹여 키웠다. 그랬던 것이 지금은 환기까지 컴퓨터로 제어하는 축사에서, 품종개량을 거듭해 순종보다 강한 잡종을 만들어냈고 천 마리가 넘는 돼지에게 특수 사료를 먹여 키우다 생후 180일 만에 출하하는 식으로 바뀌었다. 같은 양돈으로 보기 어려울 정도다.

그래도 돼지는 돼지다. 지금이나 예전이나 변함이 없다. 키울 때는 귀엽고 사랑스러우며 먹으면 맛있다.

인간에게 길러지고 고기가 되어 먹힌 모든 돼지들에게 이 책을 바친다.

차례

우 선
시작하고
보 자

가축위령제

택시에서 창 밖을 바라보고 깜짝 놀랐다. 평소에는 많은 트럭이 즐비해 있던 주차장에 사람들이 백여 명쯤 모여 있었다. 회색 작업복이나 하얀 옷에 하얀 장화를 신고 이곳 도축장에서 일하거나 오가던 사람들은 남녀노소 불문하고 모두 장례식 복장이다. 마치 사람 장례식에 온 것 같았다.

2008년 10월, 활짝 갠 토요일. 나는 치바 현 아사히 시에 있는 치바현식육공사에서 열리는 위령제에 참가하려고 아침 첫차로 서둘러 왔다. 위에는 검정 재킷을 입었지만 아래는 청바지 차림이었다. 당황스러웠다. 소와 돼지를 위해 장례식 복장을 갖춰입고 오리라고는 꿈에도 생각지 못했다. 재킷이나마 검정색이니 다행이었다.

차에서 내려 아는 얼굴을 찾았다. 저만치 도매업자인 아사히 축산의 카세 요시아키 씨가 보였다. 카세 씨만 사복 차림이었다. 다행이었다. 허둥지둥 허리를 낮추며 카세 씨 뒤로 가서 섰다. 모인 사람들은 무료한 듯이 주차장 옆에 쭉 세워진 가축위령비를 바라보고 있었다. 가축위령비는 오래된 것부터 새로 세운 것까지 열 개 정도 세워져 있었다. 그 앞에 공사 직원이 책상을 놓고 스님이 앉을 의자와 마이크를 가지고 와 제단을 만들고 있었다.

여러 개의 비석은 이 도축장이 합병과 이전을 거듭해왔음을 보여주는 증거였다. 예전에는 소로 치자면 하루에 열 마리 이하를 도축하는 소규모 도축장이 각지에 산재해 있었다. 치바 현 동부에도 1960년대 후반까지는 다섯 개의 도축장이 있었다고 한다. 1980년대 후반부터 도축시설 설비가 발달하면서 합병과 대규모화가 진행되었다.

가축을 들여오는 축산농가도 대부분은 열 마리를 전후해 소규모로 운영하다가, 독점사업으로 바뀌면서부터 대량으로 사육할지 아예 그만둘지 선택해야 했다고 한다. 그러고 보니 옛날에 시골에 가면 어느 농가나 집 마당 한구석에 소나 돼지우리가 어김없이 자리하고 있었다.

도축장을 이전하고 합병할 때마다 새로운 시설과 더불어 만들어졌던 각각의 가축위령비도 새 장소로 옮겨졌고 그때마다 새로 옮긴 곳에는 기념비가 세워졌다. 그런 이유에서 비석이 점점 늘어난 것이다. 나중에 이곳도 이전할 일이 있을까? 그때는 이 위령비와 기념비도 또 옮겨질지 모른다!

그녀는 왜 돼지 세 마리를 키워서 고기로 먹었나

모호하게 어설프면서 귀엽다

치바현식육공사

축령비,

일부

어느 건물에서 본 듯한 조각

소와 양?

말과 돼지?

1929년 이라고 써있다

초시 (銚子) 도축장에 있던 비석

최신 모델

獸魂碑

慰靈

犠長

智靈

수혼비

　참고로 가축위령비를 세우는 나라는 일본밖에 없다. 아니 찾아보고 있지만 아직 못 찾았다. 대만 타이베이 시 베이터우 지구에 있는 장터에서 위령비를 발견했는데 그 비석은 일제강점기 때 일본인이 강제로 세운 비석이라고 했다. 2005년, 그곳을 방문했을 때 장터는 공원이 되어 있었고 위령비는 농구장 한쪽에 쓰레기와 잡초에 뒤덮여 있었다. 대만에서는 가축위령비가 이런 취급을 받고 있다.

　서양에선 또 어떤가? 서양인에게 가축위령비 이야기를 하면 믿을 수 없다며 비웃는다. 불쌍하다며 고래를 먹지 말라고 하는 사람들이 말이다. 참고로 일본에는 고래에게도 최상의 법호를 붙여 묻어주는 곳도 있다.

신선한 보랏빛과 황금색 법의를 입은 두 명의 스님이 오자 가축위령제가 시작되었다. 책상에 하얀 천을 덮어 만든 제단에는 어느새 노시장식(경조사에 바치는 물건에 붙이는 장식 − 옮긴이)을 붙인 됫병과 향이 담긴 상자 세 개가 나란히 놓여 있었다.

가축의 '천수'란?

치바현식육공사 사장 오사다 고지 씨가 애도사를 읽었다.

"이 세상에 태어나면 그 사명을 다하는 것이 천명입니다. 또한 '무릇 살아 있는 모든 것'이 다른 동물의 목숨을 빼앗아 살아가는 일도 자연의 섭리입니다. 가축은 살아있을 때는 작물의 비료 공급원이 되어 식물생산에 기여하고, 생명이 다하면 인류의 영양원으로서 꼭 필요한 고기를 제공해 주거나 가죽으로 이용되는 등 인류의 발전에 없어서는 안 될 귀중한 존재입니다.(중략) 죽어서 인류를 위해 바친다고는 하지만, 너무나도 짧은 생의 가련함에 만감이 교차합니다. 진심으로 고마운 마음을 바치는 바입니다."

많은 생각을 하게 하는 말이라 저절로 귀담아 듣게 되었다. 다음으로 식육위생검사소 소장의 애도사가 이어졌다.

"……음식은 인간의 건강을 위한 근원이고 사람들이 건강하고 행복한 생활을 하려고 식육의 안전을 요구하는 것은 지극히 당연하다고 할 수 있습니다. 우리 식육업에 종사하는 관계자는 이 요구에 부응할 좋은 품질과 위생적인 고기 공급에 힘써야 합니다. 숙명이라고는 하지만 과거 일 년 동안 36만여 마리의 가축이 천수를 다하지 못하고 인간에게 희생되어 진심으로 연민의 정을 느낍니다. 이곳에 모셔진 가축의 영혼이 편안히 영원한 잠에 들기를 바라며 애도문을 바칩니다."

젊고 건강할 때 목숨을 빼앗겨 고기로 먹히는 것은 가축의 천명일까 숙명일까? '천명'이라면 영광스럽다는 이미지가 강하지만 '숙명'이라면 벗어날 수 없는 슬픔이 느껴진다.

그렇다면 가축의 '천명'이란 무엇일까? 새삼 의문이 들었다. 동물원의 전시동물과 달리 수명이 다할 때까지 사는 가축은 거의 없다.

돼지는 생후 약 6개월, 소는 생후 약 2년 반 만에 도축장으로 출하되어 고기가 된다. 번식용 가축은 식용가축보다 오래 살기는 하지만 정자를 계속 채취당하고 지속적으로 출산만 하는 처지를, 백 번 양보하더라도 '타고난, 자연스러운 환경'이라고 단언할 수는 없다. 아니, 애당초 인간이 이용하기 쉽게 개량해 온 가축에게 '자연'을 말하기에는 무리다.

구부정하게 서 있는 사람들은 애도문에 귀를 기울이는 것 같기도 하고 언제 끝나나 그저 시간이 지나기를 기다리는 것처럼 보이기도 했다. 위생검사원, 도매업자, 식육공사, 정육회사의 종업원과 시간제 근무자 모두 이 치바현식육공사에서 도축당하는 소와 돼지 덕분에 먹고 사는 사람들이다. 그래선지 거의 모두가 검정색 옷을 입었다. 한 손에 염주를 들고 있는 여성도 있었다.

돼지의 일생이 궁금하다

2007년 1월에 출판한 『세계도축기행』을 쓰기 위해 약 10년 동안 국내외 도축장을 취재하며 돌아다녔다. 죽어서 고기가 되는 가축들인 소, 돼지, 말, 양, 때로는 낙타까지 어림잡아 만 마리 정도는 관찰했던 것 같다.

그런데도 나는 그들이 도축장에 오기 전까지 일생이 어떠했는지 아는 게 전혀 없다. 어떻게 태어나서 어떤 먹이를 얼마만큼 먹었고, 출하 가능한 체중까지 키우려면 농가에서는 매일 무엇을 해야 하는지, 짐작조차 못한 채 그저 실려 와서 도축되는 가축의 모습만 좇았을 뿐이다.

너무 모순이란 생각이 들었다.

책을 출판한 지 얼마 지나지 않은 어느 날, 문득 축산농가를 취재해 보자는 생각이 들었다. 그런데 축산에 대해 아는 게 너무 없는 상황이라, 구체적으로 내가 무엇을 알고 싶은지조차 농가에 제대로 전달하지 못했다.

테마를 찾았을 때는 늘 그렇다. 모르니까 알고 싶은 건 당연한 일인데 정작 뭘 어떻게 해야 할지 모르겠다. 신문기자처럼 머리가 팽팽 돌아가면 좋으련만.

먼저 가축이 태어나서 도축장에 보내지기까지의 일생을 순서대로 알 필요가 있겠지. 그것도 요리방송처럼 띄엄띄엄 볼 것이 아니라 같은 시간을 공유해야 한다. 그러려면 출산부터 출하까지 반년 정도 걸리는 돼지를 관찰하는 것이 좋겠다. 소처럼 출하까지 3년 가까이 걸리는 가축에 매달리기는 쉽지 않다.

그녀는 왜 돼지 세 마리를 키워서 고기로 먹었나

축산농가 몇 분의 이야기를 들어보았다. 하지만 시종일관 어떻게 기를 것인지, 어떻게 하면 맛있고 안전한 고기를 만들 수 있는지만 이야기했다. 당연하다면 당연한 얘기인데 돼지를 전혀 모르니 아무리 많은 이야기를 들어도 이해하기 어려웠다. 한 가지 놀라웠던 건, 돼지를 실제로 보고 싶다고 하자 거절하는 농가가 뜻밖에 많았다는 사실이다.

2010년 미야자키 현에서 유행했던 극심한 구제역 때문에 일반인들도 알게 된 사실인데, 외부에서 온 방문객이나 자동차 바퀴를 통해 감염력이 강한 질병이 축사의 돼지에게 전염되는 것을 예방하려고 외부인의 출입을 막는다고 한다. 소보다 돼지가 외부 침입으로 감염되는 질병이 훨씬 많다.

매개역할을 하는 생물이 들어오지 못하도록 농장에 펜스를 치는 일도 소홀히 할 수 없다. 농장 입구에 '관계자 외 출입금지'라는 간판이 삼엄하게 세워져 있는 것도 이제는 당연한 모습이 되었다. 펜스를 지나서 농장에 출입하는 매입업자나 사료회사 영업사원도 모두 사무실에서만 농장주와 이야기하고 축사까지는 들어가지 않는다고 한다. 굳이 들어가야 할 때는 반드시 구두와 차바퀴를 소독해야 한다. 그리고 설사 축사까지 들어간다 하더라도 돼지와 접촉은 절대 금물. 마치 전염병이라도 옮길 것처럼 벌벌 떠는 이야기가 난무한다.

그렇다 치더라도 돼지가 어떤 생물인지, 어떤 냄새가 나는지, 어떤 이빨로 어느 정도로 딱딱한 것까지 씹을 수 있는지조차도 모르면서 출하 체중이 어떻고 맛이 어떤가, 또 등급은 어떻게 매겨지는지 취재하기란 결코 쉬운 일이 아니었다.

　원래는 잔반과 밭에서 못 쓰게 된 채소를 처리하는 가축으로 쉽게 기를 수 있는 존재였다. 그런데 지금은 삼엄하게 격리된 공간에서 남모르게 키워지는 동물이 되어 살아있는 돼지를 만지기는커녕 볼 수조차 없게 되었다.

　그렇다면 축산농가에 머물면서 일을 해볼까? 아니, 그동안 내 본업을 팽개치고 아무데도 못 가고 한 곳에만 머물 수는 없다. 그럼 아주 작더라도 일국의 주인이 되어보면 어떨까? 대규모 사육과는 다르겠지만 먹이 주기, 돼지우리와 배설물 청소하기, 백신접종하기 등, 현재 식용돼지를 키우려면 해결해야 할 최소한의 과제들은 같을 것이 분명하다.

　그렇다! 예전에는 농가 부업으로 여러 마리 돼지를 마당 한쪽에서 애지중지 키웠다고 하지 않던가. 바로 그거다! 여러 나라의 시골에서도 흔히 볼 수 있는 광경이었다. 그런 방식이라면 나도 부업으로 돼지 두세 마리는 키울 수 있을 것 같았다.

애완동물과 식용동물의 경계

"돼지를 일단 키워보면 개보다 귀여워. 키울 때는 좋지만 결국 도축장에 보내야 하니까 기억에 오래 남을 거야. 오래도록 못 잊을 걸."

　아사히축산 카세 씨에게 상담했더니 뜻밖의 대답이 돌아왔다. 치바 현 아사히 시는 돼지고기의 주요 생산지 중 한 곳으로, 카세 씨가 근무하는 곳도 4대째 돼지고기 도매업을 경영하는, 통칭 정육점이다. 치바현식육공사는 근대화되어서 더는 볼 수 없지만, 10년 전만 해도 도축장에서는 도매업자가 껍질을 벗기기 전 내장 적출 단계까지 도축을 도왔다고 한다. 그런데도 그런 나약한 소리를 하다니……

애정을 쏟아가며 키운 동물을 직접 도축하는 일은 흔히 있는 일이다. 불과 100년, 아니 50년 전만 해도 전 세계의 '도시를 제외한 장소'에서 볼 수 있었고 지금도 그 자취가 남아있는 지역들이 있다. 그렇긴 하지만 현재 미국과 유럽 등 많은 나라 사람들은 애완동물과 식용동물 사이에 명확한 경계선을 긋는다. 나도 도축을 취재하려고 세계 각국을 돌아다니기 전에는 애완동물과 식용동물은 명확히 다르다고 믿었다. 하지만 취재를 하면서 그 경계가 무너질 수도 있다는 생각을 했다.

이번 계획은 나 혼자 내키는 대로 해보기로 한 일이니만큼, 처음부터 이름을 지어주고 맘껏 귀여워한 뒤에 도축하면 어떨까? 대체 돼지를 귀여워하면 얼마나 귀여워할 수 있을까? 하는 호기심도 생겼다.

처음에는 반신반의했던 카세 씨도 점차 나의 계획을 진지하게 받아들였다.

숫자에는 약하지만

"몇 마리 키울 거예요? 세 마리요? 그 정도면 개 키우기보다 쉬울 걸요. 돼지는 개처럼 산책도 안 시켜도 되고. 대량으로 키운다면 어렵겠지만."

치바 현에서 어미돼지 1천5백 마리를 기르는 대규모 농가 I씨가 운을 떼며 한 말이었다. 축산농가의 규모는 어미돼지의 수로 가늠한다. 농장규모는 출하하는 마릿수보다 어미돼지의 수를 토대로 크고 작음을 논하는 것이 정확하다. 한 마리의 어미돼지가 약 열 마리의 새끼돼지를 낳는다고 하니, I씨의 축사에는 늘 1만 마리 이상의 돼지가 살고 있는 셈이다. 어마어마하다. 아직 30대밖에 안 된 젊은 사람인데 가업을 물려받아서인지 일을 아주 잘한다. 나는 숫자에 무척 약하다. 따라서 돼지가 고기로 만들어지는데 비용이 얼마나 들고 소비자가 마지막으로 얼마에 사는지도 생각해 본 적이 없다. 어디 그뿐인가? 도축 과정만 알았지 그 과정에서 발생하는 인건비가 고깃값의 몇 퍼센트를 차지하는지조차도 계산해 본 적이 없다.

돼지는 생물인 동시에 식용동물이다. 그 말은 즉 돈으로 바꿀 수 있는 경제동물임을 의미한다. 대규모 양돈을 하려면 결국 숫자를 피할 수는 없다. 하지만 숫자에 대한 고민은 앞으로 차차 하기로 하고, 지금 당장 시급한 문제는 나와 돼지가 살 곳을 정하는 일이었다.

"그런데 왜 세 마리예요?"

"아니, 그냥 한 마리만 키울 생각이었는데, 많은 분들이 돼지가 질병에 감염될 거라고 걱정들을 하셔서요. 축산업 관계자분들과 이야기를 하다 보면 늘 감염얘기부터 하시잖아요. 모처럼 이곳에 정착했는데 한 마리만 키우다 죽으면 방법이 없으니까, 보험이다 생각하고 세 마리 키워 보려고요. 세 마리 정도면 저 혼자서 개체 식별할 자신도 있거든요. 세 마리 다 다른 종으로 각각 다른 농가에서 분양받을 생각이에요. 먹이와 사육환경이 같아도 종이 다르면 고기 맛도 달라지는지 궁금하거든요. 그래서 성별은 통일하되 우선 한 마리는 가장 일반적인 잡종 LWD(랜드레이스종, 대요크셔종, 듀록종의 교잡종)로 하고……"

"그런데 우치자와 씨가 앞으로 돼지를 키우게 될 장소는 돼지를 처음 키우는 곳일 테고 게다가 세 마리뿐인데 감염 걱정은 안 해도 될 텐데요?"

병원성 대장균 등으로 바닥이 한 번 오염된 돼지우리는 깨끗하게 소독한 뒤에도 질병이 전염되기 쉽다고 한다.

배설물을 통해 돼지 단독, 증식성 장염, 돼지 이질 등도 감염된다. 그런 이유 때문에 트럭바퀴와 신발을 소독하는 것이다. 감염은 배설물, 타액, 콧물 등 돼지가 배출하는 것뿐 아니라 바이러스에 따른 공기감염과 길고양이를 매개로 할 때도 있다.

'개를 키우는 것과 같다'고 하지만

역시 이야기만 들어서는 어떻게 키워야 할지 도무지 모르겠다. 먼저 살 집과 돼지 키울 곳, 그리고 새끼돼지를 분양해 줄 축산농가를 찾는 일이 급선무였다. 나머지는 살면서 천천히 취재하면 된다. 그건 그렇고 도쿄에서 아사히 시까지는 가는 데만 두 시간이 넘게 걸렸다.

현지에서는 차로 이동해야 하는데 나는 운전을 못해서 올 때마다 아는 분의 차를 얻어 타야 했다. 여러 번 와봤지만 아직 시내 지리도 잘 모른다. 혼자서도 잘 다닐 수 있도록 지리를 먼저 파악해야겠다. 모두의 예상과 달리 돼지 키울 곳이 쉽게 정해지지 않았다. 카세 씨 말로는 시내 중심지 부근에도 얼마 전까지 농가가 있었다고 한다. 카세 씨가 마을 안에 묵혀 놓은 땅이 있으니 그곳에서 돼지를 키우고 지척에 있는 아파트를 빌리라고 했다.

'개 키우기나 마찬가지'라는 말이 사실이라면 어떻게든 할 수 있을 것도 같았다. 개라면 일단 키워본 적이 있으니 그 정도라면 상상이 간다. 마을에서는 자전거만 있어도 생활할 수 있을 것이다.

그런데 인근 주민의 반대에 부딪혔다. 새로 이사 온 사람들뿐만 아니라 예전부터 살았던 사람들도 돼지라는 말을 듣더니 질색을 하더라고 했다. 반대하는 이유는 뭐니 뭐니 해도 배설물 냄새와 울음소리다. 이 때문에 농가 대부분이 마을에서 멀리 떨어진 곳으로 옮겨야 했던 모양이다. 그러고 보니 내가 유치원 때 산책로 옆에 돼지농가가 있었다. 냄새가 고약했다.

예전부터 쭉 그곳에서 살아온 주민들 처지에서는 '겨우 냄새 없는 곳에서 살게 됐는데, 이제 와서 그 냄새를 다시 맡고 싶지는 않다'는 의미였을 것이다. 집에서 잠깐 돼지를 키워 본 적 있는 카세 씨는 반론의 여지가 없었다.

"차라리 비어있는 축산농가 우리에서 키우면 어떨까?"

음, 매일 농장으로 출근을 해야 한다는 말인데? 집 바로 앞에서 키우고 싶었는데…… 그렇게 되면 생활이 많이 달라지겠지? 하지만 지금 배부른 소리 할 때가 아니다. 그런데 이 계획 역시 받아주는 농가가 없었다. 안 쓰는 축사 한쪽에서 자기 농가의 돼지만 키우면 몰라도 다른 농가에서 온 돼지도 함께 넣어 키운다는 게 곤란했던 모양이다. 외부 사람이 출입하는 것도 환영받지 못하는 곳에 다른 농장에서 사육된 돼지가 들어가면 질병이 따라 올 가능성이 훨씬 높다.

농장끼리 돼지를 거래하는 일도 물론 있다. 씨돼지나 어미돼지를 매입할 때가 그렇다. 하지만 그것은 농가에서 직접 선택해 거래하는 이른바 '내력을 잘 아는' 돼지와 농장일 경우에 한한다. 내가 키울 돼지는 내 지인이 다양한 연줄을 통해 찾는 중이었다. 즉 어느 농장에서 올지 전혀 모르는 상태다. 위생 관리를 어떻게 하고 있는지도 모른다. 게다가 농장마다 교배를 거듭해 온 결과 특정 질병에 약하거나 강한 돼지가 꼭 있다고 한다.

농장 돼지에게 내성이 없는 병원체가 들어가 버리면 대규모 축산농가에서는 감염되는 돼지 수도 당연히 많아질 것이다. 그렇다. 마릿수가 많을수록 순식간에 감염되고 치료도 어렵다고 한다. 당연히 손실도 막대해진다. 그래서 예방에 전력을 쏟는 것이다.

마을에서 멀리 떨어진 집을 구해 키울까? 여자 혼자서? 차도 없이? 머리를 싸매고 고민하던 중에, 먼저 돼지를 제공해주겠다는 농가가 나타났다. 지금 당장 준다고 해도 키울 곳이 없는데!

아니지, 돼지의 임신 기간은 3개월 이상이다. 그렇다면 교배 단계에서부터 차근차근 알아가고 싶었다. 태어날 돼지가 태내에서 자라는 3개월 동안 살 집을 찾자. 좋아! 농장 분에게 교배할 때부터 보여 달라고 부탁해보자. 3개월 동안 운전도 배워 두면 마을에서 떨어진 산 속에 집을 구해도 어떻게든 살 수 있을 거야. 분명히……

아무것도 준비된 게 없는 상태였지만 그렇게 돼지 키우는 이야기는 시작되었다.

어 떤
돼지를
키울까?

맛의 차이는 먹이인가 품종인가

"세 마리 다 다른 종으로 키울 거면 한 마리는 중요크로 키워 보면 어때요?"

돼지고기 도매업자인 토소식육센터의 오가와 코이치로 씨의 제안이었다.

"중요크란 중요크셔종을 말하는 건가요?"

"원래 1955년까지는 치바 현을 중심으로 왕성하게 길러진 품종이에요. 지금은 중요크를 키우는 농가가 거의 사라졌지만요. 근데 굉장히 맛있는 돼지여서 몇몇 농가에서 다시 키워 보려고 한답니다."

당시 치바 현에서는 9만 호의 농가가 약 11만 마리의 돼지를 키우고 있었는데 대부분이 요크셔종이었다고 한다. 농가는 고구마를 재배하고 있었는데, 상품 규격에 미달하는 고구마는 쪄서 돼지에게 먹였다. 그런데 이 고구마를 먹인 돼지가 굉장히 맛있었다고 한다.

맛있는 돼지라 …… 그야 맛을 능가하는 것은 없다. 다만 맛이 있고 없고를 판단하는 감각은 실로 미묘하다. 음식이 나왔을 때 장소의 분위기나 마주 앉은 사람과의 관계, 또 얼마나 배가 고픈가에 따라서도 맛은 바로 달라진다. 이른바 미식가라는 사람들은, 기분이나 몸의 컨디션에 좌우되지 않고 오로지 맛만을 음미한다고 하니 정말로 대단하다.

이쯤에서 솔직히 밝혀야겠다. 나는 돼지고기를 정말 좋아하지만 미세한 고기 맛의 차이를 아냐고 묻는다면 전혀 자신이 없다.

대를 이어온 유명한 돈가스 가게에 미국인 친구와 함께 가서 돈가스 정식을 먹었다. 굉장히 맛있었다. 담백하게 튀겨진 돈가스를 한 입 베어 물자 풍부한 육즙이 입안에 흘러넘쳤다. 소스를 뿌린 양배추와 흰 쌀밥을 함께 먹으면 무슨 말이 필요 없다. 아! 맛있다. 행-복-해!

바로 그때 일본어를 잘하는 친구가 가게 직원에게 물었다.

"이 고기는 국산인가요? 산지가 어디예요?"

그런데 세상에! 내 친구의 고향인 텍사스 주의 돼지란다!!

브랜드는커녕 국산 돼지도 아니었던 것. 충격이었다.

그 뒤부터 관심을 가지고 브랜드 돼지를 취급하는 음식점에서 돼지요리를 먹어 봤다. 모든 돼지가 다 맛있다. 굉장히 맛있다! 그런데 우리 집 근처 슈퍼에서 파는 저렴한 돼지고기로 요리하면 왠지 모르게 이렇다 할 맛이 느껴지지 않는다. 내가 돼지고기의 맛을 아는 건 이 정도다. 그렇다고 브랜드 돼지고기를 놓고 그 맛의 차이를 물어오면 곤란하다. 맛있지만 한 입 먹어보고 그 차이를 알 정도로 모든 고기의 맛이 다른 걸까? 여하튼 요즘 들어서야 브랜드 돼지 수가 폭발적으로 늘어났다. 2005년 기준 255종이라는 통계가 있지만 확실치는 않다. 옷 브랜드와도 비슷해서 '이렇다' 하고 딱히 정해진 정의도 없다. 생산자가 좋은 맛을 내려고 비용을 들여 엄선된 방식으로 키우고 업자나 판매점이 그 맛을 인정하면 일반 돼지보다도 높은 값에 거래되고, 고객이 사면 브랜드로 정착하는 것이다. 소믈리에급 후각과 미각이 없는 한 그 많은 종류의 돼지고기 맛을 구별하기란 불가능해 보인다.

"브랜드 돼지 대부분은 키우기 쉬운 삼원교잡 돼지인 LWD에 특별한 사료를 먹이거나 사육방법을 바꿔서 각자의 고유한 맛을 내고 있어요. 하지만 중요크셔는 아구돼지(오키나와 현 류큐 재래 돼지를 원종으로 한 브랜드 돼지 – 옮긴이), 메이샨돼지(중국산 돼지의 한 품종 – 옮긴이)처럼, 재래종 돼지라서 이미 맛의 차이가 명확해요."

아 그렇구나!

2004년 JA전농치바('JA전국농업협동조합연합회치바'의 약칭– 옮긴이)를 본거지로 하여 일곱 농가가 모여서 〈치바요크진흥협의회〉를 만들었다. 중요크셔에게 치바 현에서 나오는 고구마와 베니아즈마를 사료로 먹여 살찌우고 '다이아몬드 포크'라는 브랜드명을 붙였다. 깔끔한 맛의 새하얀 비계를 다이아몬드에 비유했다고 한다. '다이아몬드 포크'를 치바 현 대표 브랜드 돼지로 키우려는 것이다.

맛의 차이는 먹이일까 품종일까? 품종이 다 다른 세 마리 돼지를 같은 환경에서 같은 사료를 먹여 키우면 맛이 달라질까? 정확한 실험 데이터로 삼기에는 마릿수가 너무 적지만 직접 맛보고 판단해 보면 흥미로울 것 같았다.

중요크셔의 사진을 보면 코가 짧고 얼굴 한 가운데가 움푹 들어간 익살맞은 얼굴을 하고 있다. 얼굴이 길쭉한 LWD와는 전혀 다른 얼굴이다. 돼지 얼굴도 참 다양하구나! 이런 얼굴이면 개체 식별도 쉽고, 내 그림 실력으로도 충분히 구분해서 그릴 수 있겠다. 한 마리는 LWD, 한 마리는 중요크셔로 키워 보자. 제발 새끼 돼지를 분양해 줄 농가를 소개해 달라고 오가와 씨에게 부탁했다.

성장은 느리지만 맛있는 중요크셔

중요크셔의 원산지는 영국 요크셔 주이다. 중요크셔는 대요크셔와 소요크셔를 교잡하거나 요크셔 주를 중심으로 사육했던 백색계 돼지와의 개량으로 1885년에 완성된 품종이라고 한다.

일본에는 1906년에 영국에서 버크셔종과 함께 수입되었고 1955년에는 전국 사육 마릿수의 80퍼센트 이상이 중요크셔였다고 한다. 그런데 1961년에 랜드레이스가 수입된 이후 계속해서 대형종이 들어왔다. 게다가 농가에서 부업으로 삼았던 소규모 가내 양돈이 독점사업화하면서 대량사육 형태로 변했고, 동시에 중요

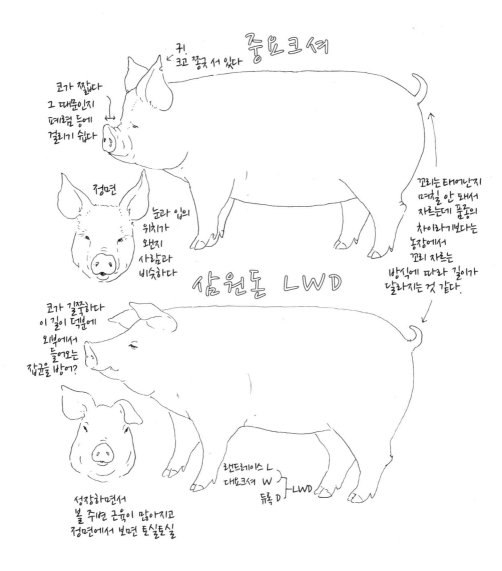

귀
크고 쫑긋 서 있다

중요크셔

코가 짧다
그 때문인지
폐렴 등에
걸리기 쉽다

정면

눈과 입의
위치가
왠지
사람과
비슷하다

꼬리는 태어난지
며칠 안 돼서
자르는데 품종의
차이라기 보다는
농장에서
꼬리 자르는
방식에 따라 길이가
달라지는 것 같다.

삼원돈 LWD

코가 길쭉하다
이 길이 덕분에
외부에서
들어오는
잡균을 방어?

랜드레이스 L
대요크셔 W   LWD
듀록 D

성장하면서
볼 주변 근육이 많아지고
정면에서 보면 토실토실

크셔의 사육 마릿수도 감소했다.

중요크셔는 성장도 느리고 몸집도 별로 안 크다. 잔반과 못 쓰게 된 채소를 먹여서 키운다면 괜찮지만, 사료를 구입해서 키우기에는 비용부담이 커진다. 그리고 고기는 중량 단가로 가격이 매겨지기 때문에 등급을 매기는 협회가 정하는 중량까지 클 수 있는 돼지가 좋다. 그런 이유로 지금은 시험장 등 극히 제한된 곳에서만 모습을 볼 수 있는 '천연기념물적인 존재'가 되어 버렸다고 한다. 지금은 원산지인 영국에서조차 볼 수 없게 되었다는 말도 있다.

한편 삼원돈은 잡종돼지 또는 경제돼지로도 불린다. 세 가지 종을 교잡한 잡종이다. 세 가지 종의 교잡방법은, 먼저 두 가지 종을 교잡하여 잡종 제1세대인 F1(first filial generation의 약자, 하이브리드라고도 불린다)을 만들고, F1에 세 번째 종을 교잡한다. 두 번의 수고가 든다. 즉 다섯 종류의 돼지를 관리하는 거나 마찬가지라 번거로워 보인다.

하지만 이런 잡종을 만들어냄으로써 각 품종의 장점을 결합하고, 나아가 질병에도 강한 튼튼한 돼지가 탄생한다고 했다.

삼원잡종돼지는 일본과 미국뿐 아니라 세계 각지에서 받아들여지고 있다. 삼원잡종돼지가 너무 많아 중요크셔 같은 재래종이 사라질 위기에 있다고 하니 효과는 절대적일 것이다.

일본에서 현재 가장 일반적인 교잡 형태는 번식력이 뛰어난 랜드레이스(L)와 번식력에 고기생산력까지 갖춘, 즉 빠른 발육으로 통통하게 살찌는 대요크셔종(W)을 교잡한 잡종 제1세대 돼지(LW)를 임신돈으로 만들고, 그 돼지에 다시 지방이 적절히 들어

있는 육질 좋은 거세종인 듀록종(D)을 교잡한 LWD다. 사진을 보면 코가 길게 뻗어 있다.

역시 이 돼지는 시바우라 도축장에서 많이 봤다. 그 뿐인가 네 팔에서 흑돼지를 제외하고는 거의 LWD만 봤다고 해도 될 정도다. 그만큼 일반적인 돼지다.

그런데 좀처럼 몸집이 안 커지는 중요크셔와 쑥쑥 자라는 LWD를 함께 키우면 성장 속도가 달라 곤란하지 않을까? 그래도 가능한 같은 날 출하하고 싶은데…… 몇몇 분이 같은 날 출하하려거든 다른 돼지보다 한 달 정도 먼저 태어난 중요크셔를 합류시키라고 해서 그렇게 하기로 했다.

다른 조건은 가능한 같게 하고, 암수를 통일시키되 거세하는 모습을 보기 위해 수컷으로 정했다.

그리고 막연히 젖을 막 뗀 새끼돼지를 분양받으려고 했는데, 듣고 보니 그게 결코 쉬운 일이 아니라고 한다. '무슨 일이 생기면 곤란하니' 생후 60일 이상, 체중 30킬로그램 정도가 된 새끼를 분양받는 것이 좋다고 한다. 돼지에게 '무슨 일이 생긴다고 해봤자 죽기밖에 더하겠냐'고 대수롭지 않게 생각했는데 모든 분들이 고개를 저었다. 초보자인 나로서는 무슨 말을 들어도 도무지 실감이 나지 않으니 그저 주변 분들의 의견을 따를 수밖에……

눈 앞에서 펼쳐진 돼지 수정

10월 중순, 마침 중요크셔 새끼돼지를 분양해 줄 농가를 소개받고 토소식육센터의 오가와 씨와 이시카와 다카유키 씨를 따라 가토리 시의 우노 시게미츠 씨를 방문했다. LWD와 중요크셔를 사육하고 출하하는 농가였다. 돼지가 태어날 때부터 돼지고기가 될 때까지의 과정을 쭉 지켜보고 싶다는 것과 실제로 키워 보고 싶다는 생각을 전하자 우노 씨가 눈살을 찌푸렸다.

"중요크셔는 키우기 어려운데……"

돼지 자체를 키워 본 적이 없는 나로선 어렵다 쉽다 뭐라 할 말이 없었다.

중요크셔는 한 번에 열 마리 정도의 비교적 적은 수의 새끼를 낳는데, 이 중에서 출하할 때까지 무사히 자라는 새끼는 그 절반 정도에 그친다고 한다. 병에 걸리기도 쉽고 특정 질병에 안 걸려도 성장이 무척 더디다고 했다. 고기가 맛있어서 LWD보다 약 세 배 높은 가격으로 팔릴 수 있지만 그래도 수지 맞추기가 어렵다고 한다.

그는 내가 수정하는 모습과 그 돼지가 출산하는 모습도 지켜보고 그 중 한 마리를 분양받고 싶다고 하자, 거의 비명에 가까운 소리를 지르다 이내 입을 다물고 말았다.

"뭐? 수정하는 것도 본다고?…… 그래서 언제부터 키울 건데?"

"네, 그게, 4월부터 여기에서 살 생각이에요……"

점점 목소리가 작아진다. 터무니없다는 걸 나도 안다. 하지만 어디가 어떻게 터무니없는지 알면 그나마 다행인데, 사실 그것조차 모르겠다……

돼지의 발정 주기는 21일이고 임신 기간은 114일이다. 교배한

그녀는 왜 돼지 세 마리를 키워서 고기로 먹었나

후 21일이 지나도 외음부가 빨개지는 발정 징조가 안 보이면 임신으로 판단한다고 한다.

"어제(교배를) 해 버렸는데 말씀이야……"

우노 씨는 가는 막대기를 들고 축사로 걸어가며 말했다.

나도 장화를 빌려 신고 그 뒤를 따랐다. 가느다란 막대기로 돼지의 허리부터 엉덩이 부분까지를 조금씩 쓰다듬는 듯 건드리자 우리에서 돼지가 나와서 천천히 통로를 따라 걷기 시작했다. 번식용 암컷은 크다. 식용돼지의 두 배에 가깝다. 그런 큰 돼지가 온순하게 우노 씨의 말을 듣고 걷는다. 굉장하다.

조금 넓은 수퇘지 우리의 문을 열자 그 안으로 암퇘지가 들어갔다. 조금씩 관찰하며 빙빙 돌더니 수퇘지가 암퇘지 허리에 앞발을 떡하니 걸쳤다. 여러 번 허리 위치를 고쳐 잡더니 두 마리 모두 멈춰 섰다. 정적이 찾아왔다. 좀 더 비벼대는 동작은 없는 건가?

"저기, 지금 이게 교배하고 있는 건가요?"

"응, 하고 있는 거야."

"음, 그건 언제 하나요?"

"어허~, 사람하고 다르지!"

얼굴을 붉히며 난감해하는 우노 씨에게 집요하게 물었더니 10분 또는 돼지에 따라서는 더 오래 멈춘 채로 사정을 계속한다고 말해주었다. 사람은 생식기 부분의 마찰로 사정을 하게 되지만 돼지는 압박, 즉 질이 생식기를 압박했을 때 사정을 하게 된다. 그러니 적당히 압박을 할 수 있는 질 안으로 생식기가 들어가면 더는 움직일 필요가 없다. 그나저나 암컷은 엄청 무겁겠다!

잠시 후 두 마리가 뭉기적대는가 싶더니 수퇘지가 암퇘지 허리에서 훌쩍 내려왔다. 내려온 순간 수퇘지의 배에서 뱀처럼 가늘고 긴 나선형 모양의 것이 휙 안으로 빨려 들어갔다. 성기임에 틀림없다. 좀 더 자세히 보고 싶었지만, 그렇다고 돼지에게 한 번 더 부탁할 수도 없는 노릇. 아쉽지만 포기할 수밖에.

농림수산부 장관상 수상 돼지

한 달 후, 제대로 임신이 됐는지 확인할 겸 전화를 걸었다.

"아, 안 됐어. 그래도 그 전날 교배한 놈이 임신했으니까 그 새끼를……"

"아, 그럼 그 암퇘지에게는 한 번 더 교배를 시켰나요?"

"아니, 그 돼지는 줄곧 임신이 잘 안 돼서 보내버렸어."

"네?"

"그러니까……"

"앗, 도축장에 보내졌군요?"

"……응"

그렇구나. 그럴 거라고는 생각지 못했다. 도축장을 취재할 때 씨돼지나 어미돼지가 도축장으로 끌려오는 것을 그렇게 많이 봤으면서 미처 생각도 못했다. 껍질도 딱딱하고 맛도 별로 없어서 거의 가공용으로 이용된다는 말은 들었지만 그래도 버젓한 식용 고기다.

그러고 보니 젖을 도려내 준 덕분에 젖이 뚝뚝 떨어지는 색다른 고기를 소테(sauté)로 해서 먹은 적도 있었다. 그때까지만 해도 살아 있는 돼지에 대해 한 번도 생각해 본 적이 없다. 그리고 지금은 한 달 전 수정한 돼지가 당연히 계속 살아있을 거라고만 생각했지, 도축장에 보내져 이미 죽었으리라고는 꿈에도 생각지 못했기에 놀랐다.

학습능력이라곤 눈곱만큼도 없는 나 자신이 어이가 없었다. 팔팔하게 살아서 걸어다니던 돼지가 이제 세상에 없다고 생각하니 기분이 참 묘했다. 그리고 보면 실제 식용으로 출하되는 돼지는 하나같이 젊고 건강하고 아주 기운 넘치는 돼지들뿐이다. 그런 젊고 기운 넘치는 돼지야말로 맛있는 고기를 만들어낼 수 있다.

임신이 어려워진 번식용 암돼지를 도축장에 보낸다는 건 어쩌면 지극히 당연한 일이다. 정자를 만들어 내지 못하는 수돼지도 마찬가지다. 농가에서 돼지를 애완동물로 키우는 것도 아니고, 농사를 지으면서 취미삼아 마당 한쪽 우리를 짓고 기르던 때와도 다르다.

그것만이 아니다. 시간이 지나도 성장을 못하고 체중도 안 느는 돼지를 죽이는 경우도 있다. 도축할지 말지는 농가가 결정할 일이지만 경영실적을 높이려고 권하는 방법이다. 이른바 '도태'라고 한다.

별 볼일 없는 돼지를 오래 기르면 기를수록 그만큼 사료값만 더 들고 처리해야 하는 배설물도 늘어난다. 비용을 제대로 관리하지 않으면 경영으로서 양돈은 성립하지 않는다.

특정 돼지 아빠와 돼지 엄마 사이에서 태어난 새끼돼지를 추적

하겠다는 계획은 갑자기 좌초되었다. 우노 씨가 차마 말을 못하고 안타까워하는 바람에 오히려 내가 더 죄송했다. 축사로 안내받았을 때 내가 돼지를 보고 '귀여워!' 하고 감탄할 때마다 그는 씁쓸한 표정으로 늘 주의를 주었다.

"애완동물이 아니니까 귀엽다고 생각하면 안 돼. 선을 분명히 그어야지!"

앞으로 이 여자가 돼지를 키워서 과연 출하할 수 있을지 의심했을 것이 틀림없다.

애완과 가축의 구분만은 정말 문제없다고 아무리 말해도 믿지 않을 것이다. 우선 나부터도 내 손으로 키운 돼지를 내년에 출하할 수 있을지 없을지 100퍼센트 장담할 수 없다. 그때 가 봐야 알 일이다. 그렇기 때문에 더더욱 키워 보고 싶다.

하지만 그렇게 말하는 우노 씨에게도 돼지가 다 똑같은 돼지는 아닌 것 같았다. 진심으로 마음을 준 돼지가 있었던 모양이다. 사무실에 가면 한 마리 돼지 사진이 걸려 있는데, 그 주인공은 1996년과 1997년에 농림수산부 장관상을 수상한 골드 챔프 미스티 아라이다. 이름 한 번 참 길다! '그'의 사진을 올려다보는 우노 씨의 눈은 깊은 애정으로 가득차 있었다.

"이 녀석만큼은 보내지 않았지……"

"마지막까지 키우셨군요?"

내 물음에 우노 씨는 말없이 사진을 올려다보며 희미하게 고개를 끄덕였다.

돼지를 키울 집을 결정하다

초겨울 찬바람이 불어올 즈음 드디어 돼지를 키워도 좋다는 집을 찾아냈다는 연락이 왔다. 아, 다행이다! 그 집에서 살 수 있게만 된 다면, 다른 건 아무래도 좋다는 심정으로 집을 보러 갔다.

그곳은 우회 도로에서 약 1킬로미터 떨어진 옛날 국도 옆에 있 는 주점을 했던 곳이었다. 건물 동쪽에는 밭이 있고 또 그 옆에는 주유소, 서쪽으로는 사료회사가 있다. 건너편은 뒷문 쪽이긴 하지 만 주택이 있다. 냄새는 괜찮을까? 이 집을 소개해 준 사람은 걱정 할 것 없다고 했지만 조심해서 나쁠 건 없으리라. 배설물 처리에 는 특별히 신경을 써야 한다. 그런데 도대체 돼지 세 마리한테서 얼마만큼의 배설물이 나올까?

책을 넘기면 몇 킬로그램이니 몇 리터니 하는 수치는 나오지 만 여름철의 배설물 악취가 어느 정도인지는 나와 있지 않다. 영화 〈P짱은 내 친구〉(『돼지가 있는 교실』이라는 제목으로 한국어판이 나 와 있다-옮긴이)에서는 사람 화장실에 가져가서 흘려보내던데……
여기가 주점이었다는 사실을 감안하면 집 옆에 설치된 합병정화 조가 주점을 오가던 손님 수만큼의 배설물을 처리할 수 있는 조 건이 갖춰져 있다는 말이겠지? 돼지 세 마리의 체중을 300킬로그 램 정도로 계산했을 때, 사람으로 치면 대략 여섯 명, 내지는 여덟 명 정도 되니, 그 정도의 분뇨라면 충분히 처리할 수 있지 않을까?

도로에 접해 있는 빈터는 잘만 대면 자동차 여섯 대는 충분히 댈 수 있는 주차 공간이다. 가게 안으로 들어가자마자 토방이 있 는데 이곳만 해도 13제곱미터(약 4평)가 넘는다. 거기다 13제곱미터짜리 방이 하나 16제곱미터(약 5평)가 돼 보이는 방이 두 개. 23제곱미터(약 7평)짜리 큰 방이 하나, 마지막으로 토방과 연결된 주방도 16제곱미터는 되어 보였다.

방들이 하나같이 너무 넓었다. 그리고 어떻게 된 건지 다양한 대형 가전제품 같은 대형 쓰레기가 주방에 꽉 차 있었다. 아무도 안 산다는 집에 웬 쓰레기가 이렇게 많은 걸까? 10년 정도 방치된 건물이지만 안에 있는 창문은 새시로 되어 있고 방충망도 쳐져 있다. 기울거나 찢겨진 곳은 없다. 이 집보다도 훨씬 오래되고 낡은 목조 주택에서 살았던 적도 있으니, 대형 쓰레기만 잘 처리하면 괜찮을 듯싶었다.

보증금이나 중개비가 없는 대신, 대형 쓰레기 처리는 내 몫으로 남게 되었다. 아무리 그래도 양이 보통 많은 게 아니다. 어쩌지? 하지만 배부른 소리를 하고 있을 때가 아니다. 살 곳이 정해지지 않으면 뭐든 안정이 안 된다. 나 혼자면 괜찮지만 돼지 세 마리를 맞아들여야 한다. 그냥 여기로 정하자.

문제는 욕실이 없다는 점이다. 지금까지 몇 번 돼지우리를 취재한 적이 있지만, 어떻게 해도 냄새는 난다. 차츰 익숙해져서 괜찮겠지만 다른 사람을 만날 때는 조심해야 한다.

이 집을 소개해준 카세 씨는 근처에 지인이 살고 있으니 그 집의 욕실을 빌려 쓰면 된다고 했다. 하지만 돼지우리를 청소하고 나서 바로 씻을 수 없다면 그것처럼 괴로운 일도 없을 것이다. 게다가 돼지를 키운다고 원고 마감이 줄어드는 것도 아니다. 오히려 비용 때문에 일을 늘리고 있는 상황이라 생활이 분명 불규칙

해질 것이다.

　기분전환 삼아 밤늦게 샤워나 목욕을 할 수 있도록 해두어야 한다. 공사 현장에 설치하는 간이 샤워장을 빌려볼까 찾아보니, 현지의 가스회사에서 매우 싼 값에 온수와 샤워 기능이 있는 중고 욕조를 설치해 주기로 했다. 고마운 일이다.

　입주는 4월부터. 5월 중순쯤에는 돼지를 맞이할 수 있도록 주차장 공간에 돼지우리를 지어야 한다. 적은 예산으로 어떤 구조와 방식으로 돼지우리를 지어야 할지 까마득하기만 했다.

시스템화된
교 배 와
인 공 수 정

곰 같은 씨돼지가 줄줄이

중요크서를 교배한 지 딱 한 달이 됐을 때 LWD를 분양해 줄 농가를 소개받았다. 쇼와축산의 시이나 칸타로 씨였다. 어미돼지 570여 마리를 기르고 있으며 연간 약 1만 1천 마리를 출하하는 농가였다. 농가는 대부분 바쁘게 돌아가지만 시이나 씨는 특히 더 바빠 보였다. 처음 만났을 때도 "이야기는 이미 다 들었어요. 교배든 뭐든 다 봐도 괜찮아요"라는 말을 남기고 중장비를 운전해서 서둘러 축사 안쪽으로 가 버렸다.

교배현장은 경력 14년의 베테랑 종업원인 타무라 씨가 담당하고 있었다. 잘 부탁드린다고 인사하고 축사 안으로 들어갔다. 축사 한가운데에는 통로가 나 있었다. 통로 쪽을 보고 섰을 때 왼쪽에는 폭 2.5미터, 길이 3미터 정도로 나눠진 공간에 씨돼지인 듀록이 한 마리씩 들어가 있었다. 전부 25마리였다.

모두 거대했다. 돼지가 원래 이렇게 컸나 싶었다. 지난달에 본 중요크셔 수컷 씨돼지보다 훨씬 크게 느껴졌다. 200킬로그램도 넘어 보였다. 밟히면 뼈도 못 추릴 것 같았다. 게다가 까맣기도 해서(짙은 갈색인 돼지도 있었다) 왠지 곰처럼 보였다. 털도 뻣뻣하고 송곳니가 한 바퀴 휙 말아올려진 돼지도 있었다.

도축장에서 늘 봐왔던 식용돼지는 거세를 당해서 고환도 없었고 송곳니도 없었지만 이 돼지들은 달랐다. 연식야구 공보다 크고 멋진 고환 두 개를 엉덩이 사이에 대롱대롱 매달고 흔들면서 걷고 있었다.

그런데 잘 관찰해 보면 겉모습은 무서워도 울타리 밖에 있는 인간에게 덤벼들거나 난동을 부리는 녀석은 없었다. 난폭한 개보다 훨씬 얌전했고 눈도 선해 보였다. 머리를 살짝 만져봤는데 화내지도 않았다. 착한 돼지였다. 털은 보이는 것처럼 수세미보다 뻣뻣하고 굵었다.

축사 오른쪽 입구 근처에도 까맣거나 짙은 갈색의 듀록 여섯 마리가 있었는데 몸집은 왼쪽에 있는 돼지의 4분의 3정도였다. 털도 약간 부드러웠고 얼굴도 천진난만해 보였다. 젊은 돼지였다. 나이는 한 살 전후였고 고교야구 소년처럼 앳된 모습이었다. 그에 비하면 왼쪽에 있는 돼지는 중년 아저씨였다.

젊은 수컷에게서는 인공수정용 정자를 채취한다고 했다. LWD의 경우는 완벽한 착상을 위해 실제로 교배를 시킨 다음 날 아침과 밤에 인공수정도 한다고 했다. 축사 왼쪽에 있는 아저씨 정자와 오른쪽에 있는 청년 정자가 섞이는 것이다. 아버지가 누구인지는 상관이 없는 모양이다. 그 점이 재래종과 다르다. 삼원돈은 골격도 좋아서 번식용으로는 키우지 않는다고 한다. 태어난 새끼 돼지는 모두 고기가 되는 수밖에 없다.

농가마다 사육방법이 조금씩 다르지만 이 농가에서는 인공수정용 정자를 어느 정도 채취한 후에는 실제 교배용으로 '격상'시켜준다고 했다.

"그럼 이쪽 인공수정용 젊은 돼지들은 아직 암퇘지와 실제로 교배한 경험이 없는, 그러니까 동정이란 말씀이세요?"

"뭐 그런 셈이죠, 하하. 여자 분하고 이런 얘기를 해 본 적이 없어서 원……"

민망해하는 타무라 씨에게 미안했다. 그렇지만 너무 재미있어서 타무라 씨를 배려할 여유는 없었다.

네 마리씩 동시에 교배를 시작한다

교배 얘기로 돌아가자. 오른쪽 안쪽에 암퇘지가 있었다. L=랜드레이스와 W=대요크셔를 교잡한 잡종 제1세대인 이원돈이었다. 큰 우리에 대여섯 마리씩 무리지어 있었는데 전부해서 약 60마리 정도였다. 생후 6개월 때 구입해 와서 임신이 가능한 상태로 만들어간다. 즉 호르몬제를 사용해 동시에 교배시킬 암컷들의 발정주기를 같은 날로 맞추는 것이다.

원래 한 배, 즉 같은 어미돼지에게서 태어난 암컷을 한꺼번에 사오기 때문에 발정주기는 대부분 비슷하다고 한다. 임신에 성공할 수 있는 날은 고작 2, 3일뿐이다. 꼬리 밑에 있는 음부가 분홍색으로 부어오르는 것을 보면 발정이 났음을 알 수 있다. 조금이라도 발정이 덜 되거나 이미 발정이 끝나가면 암돼지는 완강하게 수컷을 거부한다고 한다.

먼저 안쪽에서부터 수컷이 있는 우리에 암돼지를 한 마리씩 들여보낸다. 모든 수컷에게 암컷을 넣어주나 했더니 먼저 수컷 네 마리까지만 짝을 지었다. 타무라 씨는 30센티미터 정도되는 긴 염화비닐관으로 돼지를 가볍게 툭툭 치면서 유도했다. 암돼지가 종종걸음으로 수컷우리로 들어갔다.

수컷과 암컷은 서로를 의식하고 두리번거리며 타이밍을 계산했다. 앞에서 말한 것처럼 발정이 덜 됐거나 그저 마음에 안 들어선지 올라타려고 하는 수컷을 완강히 거부하며 울부짖는 암컷도 있었다. 그럴 때는 다른 암컷으로 교체했다.

암컷을 우리에서 얼른 빼내 원래 암컷이 있었던 우리로 돌려보내고, 다른 암컷을 수컷 우리로 유도했다. 이런 말 하기는 뭣하지만, 아무래도 매춘업소를 연상시켰다. 돼지의 경우 암컷의 의지가 강하긴 하지만.

여하튼 네 마리 동시에 교배를 진행되기 때문에 이놈은 순조로운데 저놈은 어떤지 그야말로 사방을 바쁘게 뛰어다녀야 했다. 암컷을 벽으로 밀어붙이다가 반대로 올라타버린 수컷이나 미끄러져서 한쪽 다리만 걸친 수컷도 있게 마련이다. 그때마다 작업자가 우리 안으로 들어가 도와줘야 한다. 허리 높이가 안 맞는 암수가 있으면 턱이 있는 곳으로 유도해 주기도 하고.

정확하게 올라탄 후에도 뒷다리로만 서있어야 하는 수컷이 휘청거리다 배설물을 밟아 미끄러지는 일이 없도록 발밑에 톱밥을 뿌려준다. 그리고 허리 위치를 바로잡고 이윽고 절정단계에 들어섰다 해도 여전히 안심할 수는 없었다. 암컷의 꼬리가 방해돼 수컷이 성기삽입을 못하고 머뭇대고 있으면 암컷의 꼬리를 옆으로 들어올려 주거나 수컷의 성기를 잡고 암컷의 음부에 넣어 주기도 한다. 지나친 과잉보호다. 시간을 두고 기다리면 돼지 스스로도 결합할 수 있을 텐데…… 하지만 그랬다간 반나절 만에 25마리의 교배를 끝낼 수 없겠지?

와인 오프너인가?

그나저나 돼지생식기를 처음 본 나는 이만저만 충격을 받은 게 아니었다. 일단 깜짝 놀랄 만큼 가늘었다. 몸집만 봐서는 맥주 캔 정도의 굵기일 거라고 막연하게 생각했다. 말의 생식기가 거대하다는 얘기가 속된 우화에 자주 등장하기 때문에 무심코 돼지도 그럴 거라고 생각했다.

하지만 돼지는 달랐다. 평소에는 털가죽으로 덮인 곳에 들어가 있는데 그때의 겉모양만 보면 맥주 캔 정도의 굵기가 연상된다. 그런데 암컷 위에 올라탔을 때 분홍색 본체가 스윽 형체를 드러냈다. 생식기가 배 뒤쪽에 가려져 있어서 잘 안 보였지만 두께는 어른의 검지도 안 될 정도로 가는데다 나선형으로 돌돌 말려있었다. 와인 오프너 모양 같았다. 암컷의 자궁에 딱 들어맞는 형태라고 한다. 상상도 못해본 모양이었다.

적당한 위치에 삽입되면 십 분 정도 멈춘 상태에서 사정을 계속한다는 건 앞에서도 말했다. 암컷이 무거울 것 같았다. 위치가 안 맞아서 틀어졌는지 교배 중에 오줌처럼 쏴하고 액체를 흘린 돼지가 있었는데 그게 바로 정액이라고 했다. 양이 엄청 많았다. 게다가 중요크셔 교배 때는 몰랐는데 사정이 끝났을 때 투명하고 말랑말랑한 젤라틴 상태의 분비액이 나왔다. 수컷이 배출한 것이라고 했다. 이 분비액은 정액이 바깥으로 흘러내리는 걸 막아준다고 했다.

비파나무 열매만큼의 분비액이 바닥에 떨어져 있어서 손을 뻗어 만져봤다. 이런 젤 상태의 기초화장품이 있었지! 돼지의 태반도 플라센타라고 해서 기초화장품과 미용약제로 만들어지던데 이 분비액도 어딘가에 사용할 수 있지 않을까? 탱탱한 느낌이 나는 걸 보니 얼굴 피부의 탄력을 높이는 데 효과가 있을 것 같았다. 그런데 사진을 찍으려고 우왕좌왕하는 사이 안쪽으로 들어갔던 수퇘지가 돌아와서는 코를 가까이 대더니 분비액을 할짝할짝 먹어버렸다. 맙소사!

교배가 끝난 암컷은 매직으로 표시를 한 뒤 우리로 돌려보냈다. 수퇘지 우리에 붙어 있는 칠판에 교배한 날짜를 써넣었다. 암컷의 발정기는 주기가 정해져 있지만 수컷은 정자를 매일 만들어낼 수 있다고 한다. 다만 매일 사정하게 되면 아무래도 정자가 묽어지기 때문에 일주일에 한 번씩만 교배시킨다고 했다.

두 사람이 25마리 수돼지를 모두 교배시키는 데는 약 두 시간 정도가 걸렸다. 상당히 효율을 중시한 방식이라고 생각했는데 두 사람 다 늦가을인데도 땀으로 흠뻑 젖어 있었다. 중노동이었다. 교배 후에 어떤 암컷에게 어떤 수컷을 교배시켰는지 기록하는 일은 작업자들을 더 힘들게 했다.

삼원돈은 아버지가 불분명하다. 그것만으로 부모가 명확한 재래종보다 그들이 더 강하고 떠돌이 방랑돼지가 태어나는 느낌이 드는 건 정령 나 하나뿐일까?

의빈대를 이용한 정자 채취

그 이튿날, 아침저녁 두 번에 걸쳐 인공수정을 시켰는데 그 전에 먼저 인공수정용 정자를 채집하는 현장을 소개하고 싶다. 먼저 섭씨 42도의 따뜻한 물을 담은 손잡이가 달린 플라스틱 보온용기에 정액을 담을 비커를 장착하고 여과지로 그 위를 덮는다. 그리고 생리식염수가 든 스프레이와 의빈대를 준비한다.

핸들을 돌려서 허리높이를 맞출 수 있는 의빈대도 있었다. 120킬로그램에서 200킬로그램에 달하는 씨돼지의 무게를 견디도록 굉장히 견고하고 무겁게 만들어졌다. 나 혼자서는 들지도 질질 끌지도 못할 정도였다. 외관은 평범한 뜀틀처럼 생겼다. 돼지모양이 아닌데도 모든 수컷은 의빈대를 우리에 넣는 순간 거품을 뿜고 냅다 올라탔다. 희한했다. 그 모습이 너무 바보스럽고 귀여웠다.

수컷이 의빈대에 오르자 작업자는 잽싸게 웅크려 앉더니 허리

쪽으로 손을 뻗어 생리용 식염수를 분사해 국부를 씻었다. 그러면서 스르륵 생식기를 잡아 빼기 시작했다. 대체 어떻게 해서 잡아 빼내는 거냐고 묻자 틀에 올라타면 끝부분이 조금 나오는데 그때 잘 움켜잡고 빼면 된다고 했다. 가볍게 잡아 뺀 생식기를 잠시 쥐고 있자 하얀 정액이 흘러나왔다. 그 정액을 용기에 담는 것이다.

정액 채취하는 걸 몇 차례 더 지켜봤는데, 신입 작업자 I씨가 채취할 때는 실로 흥미로웠다. 타무라 씨가 하면 정액을 척척 쉽게도 빼내는데 I씨가 하면 잘 안 되는 것이다. 그때마다 옆에서 타무라 씨가 '그 돼지는 더 앞 쪽을 잡아'라든가 '그 돼지는 좀 더 꽉 쥐어 줘' '너무 꽉 쥐지마' 등의 지시를 했다. 수돼지마다의 특징이 있다고 했다. 나선형 생식기의 굴곡진 부분에 손가락을 잘 밀착시켜서 감아쥐며 짜낸다. 별 거 아닌 것 같지만 쉽지 않은 일이다. 타무라 씨 말에 따르면, 돼지도 2년 정도 지나면 사람 손의 자극에 익숙해져서 정자의 양이 준다고 한다. 그리고 돼지에 따라서는 30분 이상 계속 사정하거나 개체에 따라서는 정액 색깔이 다르다고도 했다. 여하튼 분비액이 나오면 끝이라는 신호다. 한 마리가 내는 정액량은 평균 200CC 정도다.

세 마리한테서 채취한 정액을 섞는다. 정자의 움직임이 활발해지기 때문에 일부러 섞는다고 했다. 믿을 수 없어! 다른 개체의 정액을 섞다니! 그런데 현미경으로 보니 정말로 한 돼지의 정자보다 여러 돼지의 정자를 섞은 쪽이 훨씬 더 활발히 움직이고 있었다. 경쟁력이 높아진 건가? 하지만 조합에 따라서는 오히려 힘을 잃는 경우가 있기 때문에 매번 현미경으로 확인하면서 섞는다고

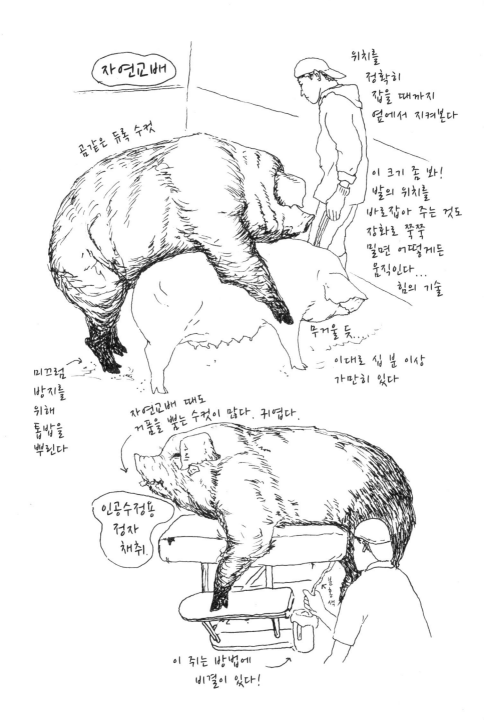

한다. 참고로 형제에 해당하는 수퇘지의 정액은 섞지 않는다고!

이 정자를 섭씨 40도에서 중탕하고 포도당과 구연산 등의 액체로 다섯 배 희석시켜서 100CC 플라스틱 용기에 담아 보관한다. 보관고의 온도는 섭씨 17.3도. 정자의 활동이 조금이라도 약해지지 않도록 온도계로 정확히 측정하면서 작업하고 있었다. 채취 후 5~6일 안에 사용해야 한다고 했다.

"얘네들도 진짜 암컷하고 교배를 한 번 하고 나면 다시는 이 틀에 안 올라가려고 해요! 아무래도 진짜 암컷이 좋은 거겠죠?"

이 농장에서는 인공수정용 정자를 일정 기간 채취한 후 돼지들이 차츰 이 틀을 질려할 때 진짜 암컷과 교배할 수 있는 교배용 돼지로 승격(?)시켜준다. 인공수정용 정자를 구입하는 농가도 많다고 한다. 몇몇 농가에서는 인공수정용 정자를 채집하는 회사를 공동 경영하면서 자가소비하고 남은 정자를 판매하기도 한다.

그렇게 되면 인공수정용 정자를 채집당하는 돼지는 쭉 동정인 채 의빈대에 오르며 살겠구나! 인공수정에 대해 취재하면서 알게 된 사실은, 개중에는 의빈대를 더 좋아해서 실제 암컷에는 잘 못 올라타는 돼지도 있다는 것이다. 돼지마다 취향이 다른 걸까? '그 모습도 인간하고 똑같네요' 이 말은 차마 하지 못했다!

아무튼 현재는 실제로 교배하지 않고 인공수정만으로 번식시키는 양돈농가가 대부분이다.

확실히 교배할 때 드는 수고를 생각하면 인공수정이 훨씬 효율적이다. 안타깝기도 하지만, 그렇게 따지면 어디부터가 가엾고 어디까지가 괜찮은 건지, 그 경계는 대체 누가 정하는 건지 모호

그녀는 왜 돼지 세 마리를 키워서 고기로 먹었나

해진다. 이제 막 축산을 알아가기 시작한 나로서는 아직 그 어떤 것도 단언할 수 없다.

기본적으로 '아버지는 불분명'

돼지는 한 번 배란할 때마다 약 20개의 난자를 만들어내기 때문에 정자와 결합하면 20개의 수정란이 만들어진다. 임신 기간 중에 몇 개는 탈락하고 실제로 태어나는 것은 십 수 마리다. 그런데 여러 돼지의 정자를 한꺼번에 섞어 수정하면 그 각각의 난자가 어떤 돼지의 정자와 결합했는지 알 길이 없다.

아버지가 다른 돼지가 한 배 속에 나란히 들어있는 것이다. 경악 정도가 아니다. 사람으로 치면 까무러칠 일이다. 사람의 배란 수는 기본적으로 한 개이므로 애당초 비교방법이 잘못되긴 했다. '이 아버지와 어머니 사이에서 태어났습니다'라는 이야기를 삼원돈에게 대입시킨 내가 얼마나 바보였는지 지금 확실히 깨달았다.

하지만 잘 생각해 보면, 배란 수가 여러 개인 이상 돼지의 선조인 야생 멧돼지도 교배가 가능한 날 두 마리의 수컷과 충분히 교배할 수도 있는 일이다. 즉 돼지의 경우, 아버지가 불분명하거나 여러 마리인 것은 결코 부자연스러운 일이 아니다. 한 번 출산할 때마다 여러 마리 새끼를 낳는 다태동물인 돼지에 대한 내 인식 자체가 모자랐던 것이다.

본격적인 인공수정으로 들어갔다. 교배 다음 날 아침저녁으로 두 번 실시했다. 정액이 든 용기를 섭씨 40도쯤 되는 물에 담가 데우고, 용기 끝에 50센티미터쯤의 가느다란 관을 끼웠다. 관 끝은 나선형이었다. 이 관을 암퇘지의 질 안에 넣는다. 각도만 잘 맞으면 쑥쑥 들어가는 것 같았다. 관의 절반 정도까지 밀어 넣은 뒤 용기를 꽉 짜서 안에 있는 정자를 주입했다. 절반 정도는 쏟아지고 말았다. 애초에 쏟아질 양까지 계산해서 준비한 듯했다.

3분쯤 걸렸을까? 자연교배보다 훨씬 빨리 끝났다. 암퇘지는 이상한 물건이 삽입돼서 기분이 좋지도 그렇다고 뿌리칠 정도로 불쾌하지도 않은 모양이었다. 게다가 위에 올라탄 수컷도 없어서 얼마든지 자유롭게 걸어다닐 수도 있는데, 그러면 그 뒤를 작업자가 용기를 든 채 쫓아다니며 정자를 주입한다.

착상 유무는 3주 정도 후에 양수가 쌓였을 즈음 초음파 스캐너로 판단한다. 21일 후에 음부색깔로 판단하는 농가도 있다. 스캐너 기계는 사람을 진찰할 때 사용하는 기계와 거의 흡사했다. 마이크 같은 봉의 둥그런 끝 부분에 젤을 바르고 해당 부위에 댔다. 영상이 비추는 기계는 목에 걸 수 있을 정도로 작았다.

언제부터 효율만을 중요시 했나?

나는 임신진단 때문이 아닌 유방암 수술 때문에 여러 번 초음파 검사를 받았다. 그래서 실제로 초음파 영상을 보며 "보세요, 이게 암이에요"라는 설명을 들었지만 뭉크 그림 같은 구불구불한 줄무늬에 불확실한 검은 점 같은 것이 언뜻 비춰질 뿐이었다. 뭐가 뭔지 전혀 알 수 없었다. 저것만 보고도 암을 잘도 찾아내는구나 하고 감탄했다.

임신 초음파는 나중에 자세히 소개할 세 번째 돼지를 제공해준 마츠가야 히로시 씨가 보여줬다. 암퇘지의 오른쪽에 웅크리고 앉아, 뒷다리 윗부분에 해당하는 아랫배 쪽에서 왼쪽 어깨 쪽으로 대각선을 그리며 봉을 갖다 댔다. "봐, 이거야!"라며 보여준 영상도 검은 점이 보일락 말락 하는 그냥 줄무늬 모양이었다. 솔직히 말해 내 유방암 초음파를 봤을 때와 크게 다르지 않았다.

"음, 듣고 보니 검은 점이 몇 개 있긴 한데, 이게 태아예요? 틀릴 때는 없나요?" 그러자 "태아이길 바라고 보면 안 돼. 바라는 대로 보게 되거든. 무심히 볼 수 있는 사람이 좋은 거야." 하며 웃었다.

확신이 안 가면 하루쯤 지나 다시 한 번 초음파로 확인한다고 한다. 그렇게 해서 임신도 발정도 아니라는 게 확인되면 그 암퇘지는 발정주기가 불규칙하다는 의미가 된다.

태국의 산악지대에서 지상가옥 아래에 풀어놓고 키우는 돼지와 쿠바의 어느 마을 변두리에서 낡아빠진 상자에 둘러싸여 자라던 돼지들이 문득 생각났다. 일본에 와서 사육방법이 달라진 것일까? 하지만 일본의 양돈농가가 옛날부터 이런 비용 대비 효과만을 따져가며 쉴 새 없이 교배를 시켰던 건 아니다. 그렇다면 대체 언제부터 이런 사육방식으로 바뀐 걸까?

돼지
분만
현장

양돈 농가는 줄었지만, 돼지는 늘었다.

여러 종류의 정자를 주입하는 삼원돈인 LWD의 교배방법은 참으로 충격적이었다. 출하할 식용돼지를 안정적으로 공급하려면 확실한 임신이 무엇보다 중요하다는 건 잘 알고 있다.

하지만 아사히축산의 카세 씨 말에 따르면 1979년까지만 해도 여전히 자연스러운 교배방법이 남아있었다고 한다. 이미 번식용 씨돼지를 소유한 농가도 있었지만, 부업 삼아 마당 한쪽에서 암퇘지 두세 마리만 키우던 농가도 여전히 많았기 때문에 도매업자가 씨돼지를 따로 키웠다고 한다.

농가에서 부탁하면 업자는 트럭에 씨돼지를 싣고 농가로 갔다. 숙련된 수컷은 유도하지 않아도 제 발로 우리에서 나와 트럭에 올라탔고, 농가에 도착하면 스스로 트럭에서 내려왔다고 한다. 그런 다음 알아서 우리에 들어가 교배해야 할 암컷(발정이 나 있어서 금방 알았을 것이다) 위에 알아서 정확히 올라타고 교배가 끝나면 다시 터벅터벅 돌아와 트럭에 올랐다고 한다.

당시의 교배비용은 1만 엔 정도였는데 돈 대신 태어난 수컷 새끼돼지를 주는 경우도 있었다고 한다. 당시 치바에서 주로 기르던 돼지는 중요크셔였다. 씨돼지가 될 돼지로는 교배에 능숙한 놈이 좋은데, 새끼일 때의 몸집 등으로 어림짐작해 거세하지 않고 남겨놓았다고 한다. 요즘 도매업자는 새끼돼지를 구경할 기회조차 거의 없는데 말이다.

예전에는 모든 농가가 돼지를 키웠었다고 입을 모아 말하지만 실제로는 어땠을까? 정부의 통계를 보면, 1961년 전국의 돼지사육 농가는 90만7천8백 호였고 사육하는 돼지는 2백60만4천 마리로, 한 농가가 기르는 돼지는 고작 2.9마리였다. 내가 키운 돼지 세 마리에도 못 미치는 숫자다. 뭔가 잘못된 게 아닌가 싶어 몇 번이나 다시 확인해봤다. 정말로 마당 한쪽에서 채소찌꺼기나 잔반을 처리할 목적으로만 가볍게 키웠던 사람이 많았던 것이다.

그랬던 것이 10년 뒤인 1971년에는 사육농가 39만8천3백 호로 절반으로 준 데 반해 키우는 돼지는 6백90만4천 마리로 2.7배가 증가하여 한 농가당 키우는 돼지는 17.3마리가 됐다. 그리고 10년 뒤 1981년에는 사육농가 12만6천7백 호에 키우는 돼지는 1천6만5천 마리로 한 농가당 79.4마리로 늘어나 계속 상승세를 보였다. 그래도 여전히 적은 수치였고 현재 취재 중인 농가의 어미돼지 수에도 미치지 못하는 숫자다.

그 시절 나는 카나가와 현 카마쿠라 시에 사는 중학생이었다. 당시의 생활을 떠올려 보면, 지금보다 불편했던 건 컴퓨터와 휴대전화가 없다는 것 정도가 아닐까? 그때는 소고기가 유일하게 귀한 음식이었고, 돼지고기는 영계보다는 비쌌지만 언제 어디서라도 살 수 있는 지극히 평범한 음식이었다.

그리고 고기는 정육점에서 저울에 달아 사기보다는 슈퍼마켓에서 소량으로 포장된 고기를 사는 게 이미 일반화돼 있었다. 마을에 슈퍼가 생기기 전에는 매일 오후가 되면 정육점 앞에 사람들이 줄을 섰다고 하지만, 그 시기는 모른다. 이미 냉동식품도 많았고 패스트푸드인 프라이드치킨과 햄버거도 하굣길의 간식거리가 된 지 오래였다.

우리 집에서는 식품 첨가물이 든 식사를 피하려고 생활협동조합에서 식료품을 구입했는데, 지금의 생활과 거의 차이가 없었다. 고기에 관한 것들은 크게 달라진 것 같진 않은데, 양돈현장은 극적이라고 해도 좋을 만큼 아주 많이 변해갔다.

가장 최근인 2009년에는 6천8백90호에 9백89만9천 마리로 한 농가당 1천4백36마리…… 한 농가당 키우는 돼지의 숫자는 1961년 이후부터 계산하면 무려 495배나 늘었다. 1981년 이후로 치면 18배……

가장 충격적인 사실은 사육농가 수다. 일본에서 돼지를 키우는 농가는 7천 호를 밑돌게 되었다. 마당 한쪽에서 부업 삼아 키우던 농가까지 같은 양돈으로 계산하기에는 무리가 있을 수도 있지만, 돼지를 키워서 고기로 팔았다는 점에는 차이가 없다.

2009년 치바에 있었을 때도 근처에서 폐업한 양돈농가 얘기를 자주 들었다. 앞으로도 줄어드는 일은 있어도 늘지는 않을 것 같았다.

한 농가당 키우는 숫자는 점점 늘어 가고, 폐업하는 양돈농가 수도 점점 늘어만 가는 이 같은 상황을 어떻게 받아들여야 할까?

대량사육은 수입 사료와 함께

이시카와 테이조의 『돼지고기를 파헤치다』에는 대규모 양돈의 여명기에 활약했던 소가 타츠오(曽我達夫)의 업적이 소개되어 있는데 매우 흥미롭다.

그는 1925년에 돼지를 취급했던 상인 집안의 3대손으로 태어났다. 그가 돼지고기 도매업을 돕기 시작한 1950년대는 돼지의 사육기간이 10개월에서 일 년 정도였고 일반적으로 잔반을 먹여서 키웠다.

그런데 일부 농가에서 사료를 사서 먹여 키워 이익을 챙기려는 사람들이 나타났다. 여기에 관심이 간 소가 타츠오도 양돈을 기업화하기로 마음먹고 시험 삼아 직접 돼지를 키우기 시작했다. 그는 사료를 사서 출하가 가능한 무게까지 살찌우려면 얼마나 먹여야 하는지 계산했다. 비상한 사람은 어느 시대에나 있기 마련이다.

50마리의 돼지를 키웠는데 배설물이 너무 많아 놀랐다고 한다. 한 우리에서 여러 마리의 돼지를 키우면 우리가 온통 똥범벅이 된다. 지금이야 대량사육이 당연한 일이지만, 당시는 거의 한 우리에 돼지 한 마리만 넣어 키웠기 때문에 놀란 것도 무리는 아니다.

시행착오를 겪으며 문제점을 하나씩 해결해간 끝에 그는 1960년에 양돈회사를 설립했다. 5백 마리부터 사육하기 시작했는데 기업양돈이 성공할 수 있었던 조건은 다음 다섯 가지라고 한다. 첫째, 일본의 국제수지가 흑자여서 돼지사료를 자유롭게 수입할 수 있게 됐다. 둘째, 돼지고기 소비가 늘었다. 셋째, 덴마크식 축사가 일본에 소개돼 배설물 청소가 간편해졌고 노동생산성이 증가했다. 넷째, 축사를 만드는 데 쓰이는 콘크리트와 비닐관 등 싸고 튼튼한 신소재가 개발되었다. 다섯째, 항생제 등 동물용 의약품이 개발돼 싼 값에 살 수 있었다.

소가 타츠오는 해외여행이 자유로워지자 바로 미국의 양돈농가를 시찰하러 갔고, 1965년에는 대량번식을 목표로 씨돼지 센터를 설립했다. 양돈전문 정화조 제작에도 힘썼다. 또한 일정규모의 돼지를 사육해 미국처럼 교잡한 잡종이 식용돼지로서 우위를 차지할 수 있게 했다. 이렇게 해서 대규모 양돈의 길이 열렸다.

양돈농가 수가 감소한 데에는 여러 가지 이유를 생각해 볼 수 있다. 예전에는 주로 돼지에게 잔반을 먹여 부업으로 키웠는데 당초 이런 식으로 돼지를 키우던 농가들은 비교적 큰 부담없이 폐업할 수 있었다. 반면 최근 십수 년 동안은 택지개발에 따른 주변 주민들의 민원이 늘고 돼지가격의 하락, 사료값 폭등, 배설물 처리에 관한 법률 시행, 감염력 높은 질병의 유행 등이 나름대로 자본을 들여 전업화한 규모있는 양돈농가들의 경영을 압박했고 결국 폐업에 이르게 만든 것으로 보인다.

돼지 세 마리에게 이름을 지어주다

시대의 흐름에 따라 사육방식과 교배방법은 달라졌지만 돼지의 임신기간은 114일 전후로 변함이 없다.

2월 중순, 중요크셔의 출산 예정일에 우노 씨의 농장을 찾았다.

"어제 태어나 버렸는데……"

우노 씨가 나보다 더 아쉬워하며 말했다. 교배할 때 봤던 돼지는 아니지만 그 전날 임신된 새끼라서 시간의 흐름은 충분히 느낄 수 있었다. 그때 생긴 수정란이 어미의 뱃속에서 자라 태어난 것이다.

하얀 옷에 장화를 신고, 거기에 모자와 마스크까지 하고 분만 축사로 들어갔다. 출산할 어미돼지가 있는 분만틀은 꽉 낄 정도로 좁았다. 혹시라도 몸을 뒤척이거나 해서 새끼돼지를 눌러죽이는 일이 일어나지 않도록 하기 위해서란다. 따뜻한 백열등 아래서 새끼들은 어미젖에 찰싹 달라붙어 있었다. 솔직히 말해 별로 귀엽지 않았다. 인간도 새도 개도 이제 막 태어났을 때의 느낌은 똑같다. 아직 태아의 모습을 벗지 못한 탓인지 마치 반어류(半魚類) 같아서 무서웠다.

이런 녀석이 일주일 정도만 지나면 굉장히 귀여워 진다. 한 번 안아봤다. 쪼그마했다. 새끼돼지의 평균체중은 1.4킬로그램이다. 한 손으로도 들 수 있을 정도로 가벼웠다. 자칫하면 부서질 것만 같았다. 그래도 발끝은 두 개로 제대로 나눠져 있었고 발굽도 붙어 있었다.

귀여웠다! 사람의 아기에게 손톱이 나있는 모습도 이처럼 감동일 터였다. 배를 보니 오그라든 새까만 탯줄이 20센티미터 정도 길이로 붙어 있었다. 자연스럽게 떨어질 때까지 기다려야 한다. 탯줄만이 출산 당시의 생생함을 느끼게 하는 것도 인간과 같았다. 그 돼지의 이름은 신(伸)으로 이미 정했다. 실은 거세한 수돼지 세 마리를 키우기로 결정했을 때부터 만나는 모든 남자들에게, 예컨대 아는 남자들, 근처 헌책방 주인이나 회의에서 만난 편집자에게까지 이름을 제공할 생각 없냐며 닥치는 대로 물어보고 다녔다.

오랫동안 도축장에서 소를 도축하는 일을 하다 소설가가 된 사가와 미츠하루 씨는 "왜 내 이름을 돼지에게 빌려줘야 하는 건데?"하며 딱 잘라 거절했다. 역시 사람과 가축의 경계선이 분명한 사람다웠다. 그래도 이처럼 장난스럽게 대답해준 건 사가와 씨뿐이었다. 거세한 후에 키워서 잡아먹을 거라는 설명에 대부분의 남성은 겁에 질린 얼굴로 입을 다물거나 고개를 숙인 채 "못해요"라고 작게 중얼거렸다.

그 중에서 전혀 동요 없이 "그러세요!"라고 말해 준 사람은 순서대로 신지, 유메아키, 히데아키였다. 결국 그들의 이름을 빌리기로 했다. 그런데 키우면서 실제로 불러보니 유메아키, 히데아키는 좀 부르기 힘들어서 '유메짱' '히데짱'이라고 짧게 부르게 됐다. '신지'는 비교적 부르기 편해서 그대로 부르거나 '신짱'으로 부르기도 했는데 이 책에서는 편의상 '신' '유메' '히데'로 표기하기로 한다.

분만 시작

3월 11일, LWD의 출산 예정일에 맞춰 쇼와축산으로 향했다. 아침 9시. 분만 축사에는 좌우 40개씩 분만실이 즐비해 있고, 그 안에 설치된 분만틀에 어미돼지가 들어 있었다. 오늘 출산 예정인 돼지는 그 중 17마리였다. 출산 예정 돼지들에게는 24시간 전에 자궁입구를 여는 약을 주사해 놓은 상태였다. 문을 열고 안으로 들어갔다. 분만을 담당하는 Y씨는 여성이었다. 분만은 거대한 수컷 씨돼지를 제어해야 하는 교배와는 달리 힘쓰는 일이 아닌데다가 세심한 배려가 필요해서인지 여성이 담당하는 경우가 많다. Y씨는 지난 밤 분만을 끝낸 돼지를 미리 와서 체크하고 있었다.

먼저 눈에 들어온 건 하반신이 찢긴 채로 죽어있는 새끼돼지였다.

"밤중에 고양이가 들어와 잡아먹기도 해요. 게다가 초산인 어미돼지가 출산 스트레스 때문에 처음 나온 새끼를 보고 놀라서 물어 죽이거나 먹어버릴 때도 있고요."

에에? 말도 안 돼! Y씨는 이미 분만을 끝낸 어미돼지의 젖에 달라붙은 새끼들을 살펴보면서 죽어버린 새끼를 꺼내 통로에 눕혀놓았다. 숫자를 체크하기 위해서였다. 죽은 상태로 태어나 거무스름한 막을 채 벗지도 못한 새끼도 있었다.

생명이 탄생한 순간을 보러 왔는데 느닷없이 사체와 대면하고 말았다. 사체가 신경 쓰여서 살아있는 새끼돼지가 눈에 들어오지 않았다. 하지만 태어날 새끼가 아직 더 남아 있었다. 다시 힘을 내 이제부터 태어날 순간을 지켜보기로 했다. 아직 새끼가 안 나온 어미돼지를 찾았다. 음부를 봐도 언제 태어날지 전혀 알 수 없어 일단 출산기미가 안 보이는 어미돼지 세 마리 정도를 두리번거리며 동시에 지켜봤다.

그런데 정말로 어떤 예고도 신음소리도 없이 갑자기 툭 하고 빨간 체액이 쏟아졌다. 그러더니 가느다란 다리가 쏙 나오고 뒤이어 쭈르륵 새끼돼지가 미끄러져 나왔다. 젖은 채로 눈도 못 뜨고 비틀비틀 걷기 시작했다. 탯줄이 연결된 상태였다.

잠시 후, 그 다음 새끼가 또 미끄러져 나왔다. 세 마리, 네 마리째까지 태어나자 음부에서 적갈색의 검지 손가락만한 탯줄이 여러 갈래로 뻗어 나왔다. 탯줄은 비틀비틀 여기저기로 걸어 나가려는 새끼들을 도망가지 못하게 살짝 붙잡아 두고 있었다. 마치 출항하는 배와 배웅하는 사람을 잇는 종이테이프 같은 상태였다.

겨우 한 마리가 혼자 힘으로 탯줄을 빼냈다. 똑바로 걷지는 못해도 잡아당기는 줄이 없어진 덕에 발걸음이 조금 가벼워진 새끼는 어미젖 쪽으로 걷기 시작했다. 힘내! 어미의 뒷다리 산맥을 돌아 다다른 곳은 백열등의 따뜻한 빛이 어미 가슴 위로 눈부시게 내리 쬐는 낙원이었다. 와 정말 다행이다! 가장 강한 돼지가 잘 나오는 젖을 차지한다더니 그저 우연히 찾은 젖꼭지를 물고 있는 것으로만 보였다.

열 마리 탄생

30분 이상 걸려서 태어난 새끼는 전부 열 마리였다. 적을 때는 여덟 마리, 많아봤자 13마리 정도일 것이다. 마릿수가 많을수록 새끼 새처럼 작고 가냘프기 때문에 적게 낳을수록 하반신이 튼튼한 큰 돼지가 나온다고 한다.

한 배에서 여러 마리가 태어날 때는 태어난 순간 '아 저 돼지는 죽겠구나!' 느껴지는 새끼들이 꼭 있다고 한다. 나도 알 것 같았다. 살아서 태어났지만 약하다. 태어난 순간 힘이 다 빠져 간신히 웅크리고 있다가 서서히 희미해져간다. 도움의 손길을 내밀까 말까 망설이다 보면 어느새 움직임이 멈추고, 잠시 후면 온몸이 검푸르게 변하고 만다.

Y씨는 주위를 살피다 헤매고 다니는 새끼를 발견하면 가볍게 들어 올려 어미돼지의 젖가슴에 올려주었다. 새끼는 태어나서 얼마나 빨리 젖을 빨 수 있는지에 따라서 성장방식이 달라진다고 한다. 그렇다고 17마리의 출산을 혼자 담당하고 있는 Y씨가 태어나는 모든 새끼돼지들을 일일이 챙겨주고 돌볼 수는 없는 노릇이다. 게다가 첫 번째 새끼가 태어난 어미돼지에게는 자궁 수축약을 주사해서 남은 출산을 촉진시키는 작업도 해야 한다.

그리고 출산이 끝나면 '후산'이라고 해서 태반이 떨어져 나온다고 하는데, 만약 아홉 마리까지 낳고 나서 더는 새끼가 안 나오는데 태반 역시 안 나오면, 모체 속에 새끼가 더 있는지 자궁 속에 손을 넣어 새끼를 찾는 작업도 해야 한다.

상당히 힘든 작업처럼 보였다. 긴 비닐장갑을 끼고 2백 킬로그램 가까이 되는 어미돼지의 음부에 손을 넣어 자궁 속을 뒤졌다. 팔이 쑥 들어갔다. 만약 불쾌해진 어미돼지가 불쑥 일어서거나 하

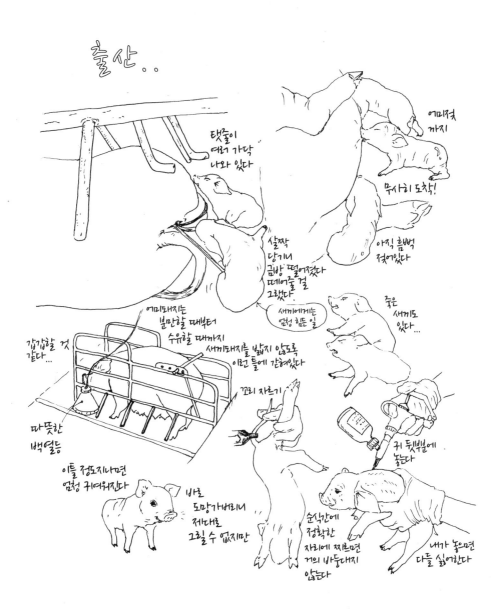

출산..

면 골절당할 위험도 있다. Y씨의 팔이 춤을 추듯 자궁 속으로 쓱 들어가 빠르게 탐색한 뒤 빠져나왔다. 자궁 속에 아무것도 없을 때는 태반이 나오기를 기다리면 된다.

태반은 한마디로 내장과 비슷하다. 흐물흐물하고 검붉다. 인간세계 일부에서는 자기 몸에서 나온 태반을 먹는 게 유행인 모양이다. 내가 아는 사람도 먹어봤다고 했다. 하지만 돼지의 태반은 식용으로는 먹지 않는다. 확실히 맛있어 보이지는 않았다. 다만 영양만점이고 플라센타의 원료가 된다는 이유에서 태반을 출하하는 농장도 있다.

죽어가는 새끼와 배설물에 자꾸만 눈이 가고 말았지만, 새끼돼지의 90퍼센트 이상은 힘차게 어미돼지의 배에 당도해서 젖꼭지를 물고 기분 좋게 젖을 빨았다. 어느새 배에서 20센티미터쯤 되게 탯줄도 잘려 있고 거무스름하게 바짝 말라 있었다. 잘 마르지 않는 탯줄은 끝부분을 무명실로 묶어주면 피가 안 통해 바짝 마르게 된다.

막 태어났을 때 흠뻑 젖어있던 새끼돼지의 피부는 백열등 밑에서 30분 정도 있으니 빳빳하게 말라서 감색 글라신페이퍼 같은 얇은 막이 생겼다. 몸 전체를 덮고 있던 막이 보슬보슬 벗겨지더니 반질반질한 하얀 털로 뒤덮인 분홍빛 몸이 나왔다. 귀여웠다. 전에 중요크셔를 봤을 때는 이 상태에서도 별로 귀엽지 않더니, 축축하게 젖어있을 때부터 봐서 그런지 귀엽게 보였다.

예방주사, 꼬리 자르기, 송곳니 자르기

태어난 지 여러 시간이 지난 녀석들부터 태어난 마릿수(사산도 포함)와 성별 등을 기록하고 약을 주사했다. 목에 한 대, 허벅지 안쪽에 한 대. 그리고 먹이는 액체약이 있었는데 지사제와 빈혈방지 철분제였다.

병에 든 약제를 내장한 물총 같은 주사기라서 연속해서 쏠 수 있었다. 한 배에서 태어난 새끼 단위로 소독해서 사용했다. 나도 시도해 봤는데 꽤 어려웠다. 새끼를 한 손으로 안고 몸을 고정시켜야 하는데 손가락을 잘못 움직이면 바둥거리며 날뛰었다. 그런 상태에서 목에 주사바늘을 찌르려니 참으로 무서웠다. 너무 작아서 바로 척추에 주사바늘이 닿을 것만 같았다. 목은 역시 안 되겠다 싶어 허벅지 주사를 도우려고 했지만 이것 또한 뼈에 닿았다. 아파하며 꽥꽥 울어대면 괜스레 겁이 났다. 자칫 잘못해서 죽여버릴까 봐 무서웠다.

매번 망설이다보니 아무래도 작업 속도가 늦어졌다. Y씨의 작업 리듬을 깨뜨리지 않도록 결국 물약 먹이는 작업을 맡기로 했다. 이 작업이라면 바늘로 찌를 일이 없으니 무섭지 않았다.

한 손으로 새끼돼지를 잡고 손가락을 사용해 목을 젖혀 입을 열게 한 후 약을 넣었다. 그런 다음 약을 삼키도록 입을 닫고 아래턱부터 목까지 가볍게 문질러주었다. 싫다며 우는 새끼도 있었지만 생각보다 수월했다. 또 문질러주면 아주 조금 기분 좋은 표정을 짓는 것 같아 그나마 안심이었다.

하지만 약을 먹여야 할 돼지가 많이 남아 있어서 한 마리에만 오랫동안 마음을 쏟을 수 없었다. 다음으로 꼬리를 잘랐다. 우리 안에서 무리지어 싸우다가 서로 꼬리를 물면 세균에 감염되기 때문에 잘라준다고 했다. 뒷다리를 잡고 꼬리를 손가락으로 잡은 후에 전열니퍼로 천천히 잘랐다.

이 작업은 쉬웠다. 직경 8미리 정도의 연골덩어리 같았다. 손에 이상한 감촉은 남았지만 별로 아프지 않은지 새끼도 울지 않았다. 너무 후딱후딱 자르고 있었더니 상처부위가 충분히 안 지져지니까 천천히 자르라는 주의를 받았다.

다음은 귀를 잘라 표시하는 일이었다. 그런데 이 농장에서는 삼원돈에는 표시하지 않고 어미돼지가 될 LW돼지에게만 표시를 했다. 두 귀에 칼자국을 내는데, 거기에 두 자리 숫자가 새겨진다. 그것으로 식별할 수 있게 표시가 된다고 했다.

아직 할 일이 더 있었다. 송곳니 자르기였다. 이 작업도 농장에 따라서는 안 하는 곳이 있다. 위아래 네 개의 송곳니 끝을 니퍼로 자르는데, 돼지가 성장하면 서로 싸우거나 작업자를 물기 때문에 송곳니가 있으면 위험해진다.

나중에 자세히 이야기하겠지만 나는 내 돼지와 장난치며 놀다가 실제로 자주 물렸다. 장화에 구멍이 나기도 하고 작업복은 갈기갈기 찢어졌으며, 심지어 가슴에 이빨 자국까지 났다. 의외였지만 돼지는 잘 문다. 세 마리 모두 송곳니는 잘린 상태였지만 그래도 꽤 아팠다. 만약 이 시기에 송곳니를 안 잘랐다면 피를 봤을 것이다.

송곳니 자르기는 한 손으로 목을 잡고, 손가락을 요령껏 사용해 입을 크게 벌린 후 엄지손가락을 입 속에 넣고 고정한다. 잘못 넣으면 송곳처럼 날카로운 송곳니가 가차 없이 엄지손가락을 찌른다. 피도 나고 돼지도 운다. 송곳니는 끝부분만 자르면 된다고 하는데 입술을 피해 니퍼로 이빨을 잡으려고 할 때 이상하게 뿌리 쪽을 잡고 만다. 하지만 너무 굵은 쪽을 자르면 쉽게 잘리지도 않고 남은 이빨이 깨져서 곪아버리기 때문에 주의해야 한다.

이 모든 작업을 약 170마리의 새끼에게 빠짐없이 실시했다. 처음에는 잘못해서 죽으면 어쩌나 하는 두려움에 새끼돼지를 잡는 것도 무서웠는데 어느덧 주저 없이 잡게 됐다. 그리고 점점 돼지를 잡는 손은 지치고 뻐근해졌다. 조금이라도 작은 새끼돼지 차례가 오면 나도 모르게 안도의 한숨을 쉬곤 했다. 니퍼를 움직여야 하는 가운뎃손가락 중앙에 그새 물집이 잡혀 벗겨졌다.

삶과 죽음

작업이 끝나고 축사를 빠져나와서도 온몸의 긴장이 풀리지 않고 초점도 맞지 않았다. 잠시 동안은 그 누구와도 똑바로 이야기를 나눌 수 없었다. 너무나 많은 돼지가 태어났고 또 그 옆에서 죽어간 돼지가 도무지 머릿속에서 떠나지 않았다.

지금까지 수많은 가축이 도축되는 것을 봐왔지만, 사람 손에 죽어가는 돼지를 보고 심한 충격을 받은 적은 없었다. 오히려 기계적으로 도축되는 돼지의 모습에 충격을 받아 말도 제대로 못하는 사람을 차가운 눈으로 쳐다봤을 정도였다. 도축장에 오는 돼지는 고기로 만들어지기 위해 건강하게 자란 돼지이고 생체검사까지 합격했을 때 비로소 도축된다. 사람이 정한 일이긴 하지만 식용돼지로서 삶의 목적을 성실하게 달성한 돼지들이다. 그 돼지들에게 쓸데없는 감정을 이입하는 건 당찮다고 생각했다.

하지만 태어나는 돼지 옆에서 죽어가는 돼지를 실제로 보고나니 내 안의 뭔가가 달라졌다. 내가 만약 그때 젖어있던 새끼에게 어미돼지의 젖을 물려줬다면 살았을까? 그렇게 해서 새끼를 살렸다면 충격을 안 받았을까? 아니, 그렇지 않다. 지금 내가 압도당하고 있는 것은 태어나고 죽는 것 사이에서 오는, 어쩔 도리 없는 종이 한 장 차이의 무상함이다.

수 돼 지
거   세

장롱면허와 수동기어 경트럭

치바로 이사할 날이 점점 가까워졌다. 앞으로 살게 될 곳은 폐허나 다름없지만 결정한 이상 그냥 만족하기로 했다. 그런데 심각한 문제가 하나 더 있었다. 바로 교통수단!

운전에는 전혀 자신이 없다. 운전면허는 있다. 한 번 갱신 기간을 놓치는 바람에 우수운전자 면허증에 붙여주는 금색 표시는 지워졌지만, 20년 동안 무사고를 자랑하는 완전무결한(!) 운전면허증이다. 그도 그럴 것이 운전면허를 따고나서 딱 한 번 운전한 것이 고작이니까.

원래 운전에는 소질이 없다. 운전학원을 다닐 때도 계속 불합격해서 교육시간을 초과했다. 운전학원 강사에게 맨날 혼나기만 했다. 게다가 오른쪽 왼쪽도 구별 못했다. 시뮬레이션 교육시간에는 우회전하라고 할 때 좌회전하기 일쑤였다. 그래도 어찌어찌 면허는 땄다. 한번은 집 근처로 아버지 차를 끌고 나갔는데, 벌벌 떨며 저속주행을 하다가 오르막길 터널 안에서 굉음을 울리며 나타난 대형트럭에게 추월을 당했다.

그 뒤부터는 누가 뭐라 해도 절대 운전은 하지 않겠다고 다짐했다. 한번은 취재차 미국에 갔는데 운전을 못하니 마땅한 교통수단이 없어서 취재를 포기한 적도 있었다.

그런 연유로 처음에는 차 없이 지낼 방법을 고민했다. 집에서 약 1킬로미터 정도 떨어진 곳에 카인즈홈이라는 큰 홈센터가 있어서 생필품은 일단 걸어가서 구해올 수 있었다. 그곳에서는 식료품도 팔았다. 그리고 그 앞에 도쿄행 직행고속버스 정류장이 있었다. 맘만 먹으면 자동차 없이 자전거만으로도 생활할 수 있다.

그런데 양돈농가를 취재하러 가야 할 땐 어떡한담? 축사는 시가지를 벗어나 산 속에 자리하고 있었다. 자동차 없이는 가기 힘든 곳이다. 그렇다고 중고차를 사기에는 지출이 너무 크다. 아무리 싸도 20만 엔 정도는 든다고 했다. 끙끙대며 고민하고 있었더니 치바현식육공사의 나이토 씨가 "우리 집에 아무도 안 타는 낡아빠진 경트럭이 있는데, 그 차를 쓰면 어때?" 하고 말했다.

경트럭 정도면 돼지와 사료를 옮기기도 좋을 것 같았다. 나는 원래 벤츠, 파제로, 포르쉐, 프리우스 같은 고급차에는 전혀 관심이 없다. 하지만 경트럭은 내 평생 딱 한 번이라도 좋으니 꼭 한번 타보고 싶었던 차종이다. 경트럭이라니! 완전 멋진데! 솔깃해서 꼭 타고 싶노라고 대답해버렸다. 그런데 이게 웬걸! 그 경트럭은 수동기어란다. 뭐야, 자동기어가 아니야?

고민 끝에 치바로 이사 오기 전 자동차 연수학원에서 수동기어 운전연수를 받기로 했다. 짐칸에 돼지를 싣고 경트럭을 능숙하게 운전하는 내 모습을 떠올리면 아무리 힘든 고난도 헤쳐 나갈 수 있을 것만 같아 기분이 묘했다.

어쨌든 의욕이 아무리 넘쳐도 수동은 역시 어려웠다. 다른 사람들은 몇 번만 반복하면 어려움 없이 잘 하던데 나는 전혀 늘지 않았다. 손발과 시선을 동시에 따로따로 움직일 수 없었다. 반사신경이 각자 따로 노는 것만 같았다.

한 시간 동안 언덕길에서 출발하는 연습을 했지만 계속 실패했다. 그 순간 아사히 시에 있는 많은 언덕길이 머리를 스쳐갔다. 언덕길은 고사하고 교차로에서 우회전하다가 버벅거리면 사방에서 경적을 울려대고 난리가 나겠지? 무엇보다 커브를 돌 때 까딱 잘못해서 갓길의 자전거나 사람을 치면 어쩌지?

고민하다 연수를 자동기어로 바꿨다. 그랬더니 굉장히 능숙하다고 말할 수준……은 아니지만 그럭저럭 운전할 수 있었고 시선에도 여유가 생겨서 도로주행 연습도 할 수 있게 됐다.

도로주행까지 끝내고 나니 조금 안심이 됐다. 치바에서 운전하기에는 아직 많이 불안하고 공짜 자동차도 날아갔지만, 그래도 일단은 자동기어라면 겨우겨우 운전할 수 있는 수준에 이르렀음에 만족하기로 했다.

아사히축산의 카세 씨를 비롯한 몇 분의 도움을 받아 집을 정리했다. 집 안에 넘쳐나는 대형쓰레기 중 냉장고와 선반처럼 받침대로 사용할 수 있는 물건은 밖에 쌓아올리고, 토방에 물을 뿌려 청소했다. 오랫동안 폐허였음을 증명이라도 하듯 현관 앞마당에 여러 켤레의 고무장화가 버려져 있었고 큰 안테나, 콘크리트 잔해, 맥주 광고용 깃발이 굴러다녔다. 그리고 주점이었던 탓에 굴, 소라, 가리비, 고둥 등의 조개껍데기가 땅 속에 한가득 묻혀있었다. 아무래도 매일 지내기에는 너무 황폐한 광경이었다.

나중에 들은 얘기지만 그 집에서 나 혼자 살 거라고 생각한 사람은 아무도 없었다고 한다. 그곳에서는 돼지만 키우고 근처 아파트를 임대해서 지낼 거라고 생각했던 모양이다. 하지만 도쿄에 작업실을 남겨둔 상태로 임대건물을 하나 더 늘릴 만한 예산은 없었다.

폐가나 다름없는 건물에서 사는 게 처음은 아니었다. 예전에도 가재도구가 그대로인 채 일 년 정도 방치된 집에서 살았던 적이 있어서 어느 정도 각오는 하고 있었고 자신도 있었다. 하지만 전에 살았던 집은 집주인이 살던 평범한 건물인 데 반해 이번 집은 임대인 데다가, 많은 사람들이 드나들었고 빈집이 된 이후에는 창문이 열려 있던 탓에 한동안 노숙자가 살았었다.

대변은 집 앞 풀숲에서 해결한 것 같은데 소변은 화장실에 봤는지 소변기에 오줌이 화석화돼서 덕지덕지 붙어 있었다. 그리고 정체를 알 수 없는 웬 하얀 벌레의 허물이 바닥 여기저기에 쌓여 있었다. 황폐함의 규모가 달랐다.

더 끈질기게 다른 집을 찾아볼 걸 그랬나 하는 생각이 머리를 스쳤지만 마을에서 비교적 가까운 곳에 있었고, 주위사람들도 돼지 키우는 일을 허용해줄 만한 곳을 찾기란 쉽지 않을 것 같았다. 결국 집을 구하러 다니는 수고를 생각하면 좀 참고 청소하는 게 빠를 거라고 생각을 고쳐먹고 청소에 전념했다.

지금 생각하면 어떻게 그런 일을 할 수 있었는지 도무지 이해가 안 된다. 오로지 돼지를 키워보고 싶다는 일념으로 밀어붙였던 것 같다.

거세는 어려워!

태어난 수컷은 생후 4, 5일 만에 거세를 한다. 거세하면 암컷처럼 고기가 부드러워지고 성격도 온순해진다. 거세한 수컷과 암컷을 한 우리에 두면 암컷의 힘이 더 세져서 거세한 수컷을 괴롭힐 정도라고 한다.

2차 대전 이전의 양돈지도서에는 생후 2개월 이후부터 거세를 시켰다고 나와 있지만, 돼지가 자라면 자랄수록 거세를 시키는 사람도 당하는 돼지도 힘들어지기 때문에 최근에는 모든 농가에서 생후 일주일 안에 전부 거세를 시키고 있다. 삼원돈인 유메를 거세시키려고 쇼와축산에 갔다.

거세방법은 참으로 단순했다. 두 개의 고환을 빼내기만 하면 끝이다. 2인 1조로 작업을 하는데, 먼저 한 명이 수컷 새끼돼지를 우리에서 꺼내 뒷다리를 두 손으로 잡고 뒷다리 연결부분, 즉 인간으로 치면 허리부위를 자신의 허벅지 사이에 끼워서 고정했다. 작업자의 허벅지 사이로 새끼돼지의 하반신만 나오게 된다. 두 손

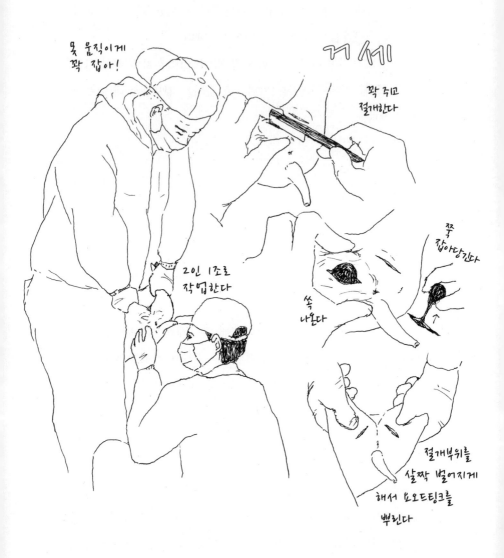

으로 뒷다리를 벌리듯이 누르면 고환 부분이 맨 위로 올라오는데 다른 한 명이 검지손가락과 엄지손가락으로 고환을 꽉 잡는다. 탁구공 위에 두꺼운 천을 덮은 다음, 그것을 집어올린 모습을 상상하면 될 것이다. 고환의 크기는 돼지마다 다르지만 메추라기 알보다 약간 작은 크기로 탄력이 있었다. 사람의 고환과 비슷할 것이다. 부위를 잘못 누르면 고환은 쓰윽 미끄러져 안쪽으로 파묻혀 버린다. 고환을 힘 있게 집어 올려 고정한 상태에서 다른 손에 들고 있던 면도칼로 표피를 쓱 긋는다.

절개부위는 짧을수록 좋지만 조절하기가 쉽지 않다. 게다가 칼에 베인 돼지는 온몸을 비틀며 울어댄다. 그러다 보면 겁을 먹고 피부 표면만 얇게 절개하고 말기 일쑨데, 그러면 다시 한 번 절개해야 한다. 돼지에게는 여러 번 고통을 주고 공포심을 심어준다. 그래서 죽을힘을 다해 쓱 절개했더니 표피 아래 막을 지나 고환을 싸고 있는 막까지 째고 말았다.

그랬더니 원래대로라면 절개부분으로 미끄러지듯 포도알갱이만한 고환이 나와야 하는데 고환의 내용물만 끈적끈적 흘러나왔다. 뭐 이 정도면 됐겠지 하고 검붉은 알맹이를 짜냈더니 "그렇게 하면 안 돼!" 하며 주의를 주었다. 안쪽에 조금이라도 내용물이 남아있으면 다시 부활한다고 한다. 정말 끈질긴 생명력이다.

똑바로 잡고 잘 절개했을때, 툭 튀어나온 고환은 짧은 관 같은 것으로 안에 있는 무언가와 이어져 있다. 절개부위 사이로 보이는 '속'은 어두워서 잘 안 보였다. 그래도 고환을 죽 잡아당겨서, 관이 또 다른 빨간 관으로 연결되어 있는 부분까지 빼낸 다음 면도칼로

싹둑 자른다. 이 두 종류의 관을 다 잘라야 한다! 고환을 잡아당겨 빼냈을 때의 느낌은 뭐라 표현할 수가 없다. 절개부위 안쪽의 어둠 속에 있는 무언가와 줄다리기를 하고 있는 느낌이었다.

그리고 고환은 한 개가 아니었다. 두 개가 한 쌍이었다. 게다가 안쪽의 관으로 연결되어 있었다. 작업에 능숙한 사람은 처음에 절개한 한쪽 부위 사이로 반대편의 고환을 손가락으로 밀어서 쏙 빼낸다고 한다. 그러면 또 한 번 절개를 안 해도 되니 돼지에게도 부담이 적다. 하지만 그런 작업은 신의 손가락으로 불릴 만한 기술이 없는 한 그렇게 간단히 할 수 있는 일이 아니다.

어쩔 수 없이 남은 한쪽도 절개해서 고환을 쏙 빼낸 다음, 쭉 당겨서 자르면 한 마리 거세 완료. 숙련된 사람은 1분도 안 걸리는 작업이다. 찢겨져 있는 상처에 요오드팅크 스프레이를 대고 안쪽의 어둠을 향해 칙칙 뿌렸다. 그런 다음 어미돼지 곁으로 돌려보냈다. "상처는 안 꿰매나요?" 묻고 싶었지만 꿀꺽 삼켰다.

거세 따위는 아무렇지 않은 새끼돼지들

아무래도 한 마리씩 한 땀 한 땀 꿰매고 있을 시간은 없어보였다. 그 날 거세시킨 새끼돼지가 어림잡아 최소 백 마리는 됐을 텐데, 그 많은 돼지의 상처를 일일이 꿰매고 있을 수는 없을 것이다.

그리고 무엇보다 새끼돼지들이 놀라울 정도로 강인했다. 작업자의 다리사이에 끼여서 거세당할 때까지 한 시도 안 쉬고 울어대던 놈들이 소독하고 우리에 풀어주자마자 아파하는 기색도 없이 우뚝 서서 아무 일도 없었단 듯 총총거리며 어미돼지 젖을 향해 걸어갔다.

그 모습이 하도 놀라워서 계속 보고 있자니, 열 마리 가운데 한 마리 정도는 그 자리에 맥없이 주저앉아 바들바들 떨었다. '너무 가혹한 일을 당한 후라 충격을 감추지 못하는 것도 당연해, 그렇게 심하게 울어댔으니 지칠 만도 하겠지……' 생각하며 지켜보고 있었다. 그런데 2분도 채 지나지 않아 웅크리고 있던 돼지가 영차 하고 벌떡 일어나더니 종종걸음으로 어미젖을 찾아갔다. 갓 태어나 걸음도 제대로 못 걷고 생사의 갈림길에서 비틀거리던 모습은 이미 온데간데없었다. 신기하다!

참고로 잘라낸 고환은 마늘간장에 찍어먹으면 맛있다고 한다. 나도 꼭 먹어 보고 싶었는데 이 농장에서는 먹는 사람이 없는지 이야기를 꺼냈더니 나를 이상한 눈으로 쳐다봤다. 내가 거세한 돼지는 한 어미돼지에게서 태어난 다섯 마리 정도였다. 그 중 한 놈을 유메로 분양받으면 좋을 텐데.

세 번째 돼지인 듀록은 암컷으로 결정!

이제 좀처럼 찾지 못했던 세 번째 돼지에 대한 이야기를 해볼까 한다. 흑돈이라면 도축해서 먹을 때 맛의 차이가 명확할 것 같아서 찾아달라고 부탁했는데 치바 현에서 흑돈을 키우는 사람이 드물어 찾기가 쉽지 않았다. 그렇다면 듀록은 어떨까? 인공수정과 교배할 때 본 듀록 수컷은 새까만 털로 덮여있었다. 흑돈은 아니지

수퇘지 거세   79

만 까마면 구별하기도 쉬울 거다.

그런데 이번에는 거세한 듀록을 찾기 힘들었다. 그렇다. 대부분의 농가에서는 LWD를 만들기 위한 씨돼지로 듀록을 사육하기 때문에 거세를 하지 않는다. 하루하루 돼지를 맞기로 한 날이 임박해왔다.

"암컷 듀록은 찾았는데⋯⋯"

연락을 받은 건 4월에 들어서였을 것이다. 치바현식육공사의 쿠나이 노부카즈 씨를 따라서 농장으로 향했다.

"3월 10일 전후에 태어났을 거야."

듀록은 한 마리밖에 안 태어났다고 말하면서도 듀록을 흔쾌히 분양해준 분은 마츠가야 씨였다. 어미돼지 천 마리를 키우는 대규모 농가다. 먼저 돼지를 보여줬다. 듀록은 육질이 좋은 품종이지만 번식력이 낮다고 한다. 한 배에서 한 마리만 태어난 건 확실히 적은 숫자다. 보통 한 배에서 태어난 새끼끼리만 한 우리에서 키우지만 듀록은 한 마리뿐이어서 비슷한 시기에 태어난 LWD 새끼돼지들과 함께 지내고 있었다. 귀에 오렌지색 표식이 달려있어서 짐작은 했지만 색이 옅어서 LWD와 구별이 잘 가지 않았다. 아니, 콧날이 곧은 LWD보다 얼굴이 쭈글쭈글 못 생겨서 오히려 구별하기 쉬우려나?

원래 이렇게 생긴 건가? LWD와는 완전히 다른 짙은 갈색 털을 상상하고 있었는데⋯⋯ 게다가 이 듀록은 암컷이다. 암컷이라⋯⋯ 세 마리 다 거세한 수컷으로 키우고 싶었는데⋯⋯ 하지만 이젠 남은 시간도 별로 없으니, 거세한 수컷과 암컷을 함께 키우는 수밖에. 다른 농가에서도 식용돼지는 거세한 수컷과 암컷을 함께 키우는데 뭘. 분명 별 차이는 없을 거다. 문제는 이름을 히데아키로 정해 놓았다는 점이다. 이름을 제공해준 분에게는 정말 미안하지만 히데로 부르면 괜찮겠지?

마츠가야 씨는 우리 안으로 넘어가 듀록을 안아 올려 밖으로 꺼냈다. 땅바닥에 내려놓으니 코로 땅바닥을 쿵쿵 문지르며 흙을 먹기 시작했다.

"지금 이 녀석, 처음 밖에 나온 거라 패닉 상태예요. 태어나서 쭉 우리 안에만 있었으니까."

"저, 돼지가 흙을 굉장히 많이 먹고 있는데, 괜찮을까요? 배탈 안 나요?"

"괜찮아요. 돼지는 원래 흙을 먹는 동물이에요!"

만져 보고도 싶고 사진도 찍고 싶었지만 듀록인 히데는 나 같은 건 안중에도 없다는 듯 계속 흙만 먹었다. 제멋대로인 녀석이로군!

우연일지도 모르지만 히데는 첫인상 그대로 늘 한눈도 팔지 않고 옆에 있는 인간을 거들떠보지도 않았다. 오로지 계속 먹고 자기만 해서 세 마리 중 몸집이 가장 거대해졌다. 평소 움직임도 무뎌서 나에게 장난을 치거나 애교를 부리는 일도 거의 없었다.

아사히까지 찾아와 실제로 세 마리 돼지와 놀아주고 간 친구들 모두에게 히데의 인상은 각인되지 않았다. 이것도 '기질'이라면 기질이랄까? 종에 따른 차이인지는 모르겠지만, 마치 먹히기 위해 태어난 듯 식용동물로서는 아주 훌륭한 기질(!)이었다.

생필품은 자전거로 사 나르다

마츠가야 씨는 돼지를 키운다는 내 이야기에 흥미가 생겼는지, 돼지우리를 만들 거면 상담을 해주겠다고 했다.

그렇다. 집을 정비하고 나면 바로 돼지우리를 만들어야 한다. 세 집의 농가 분들과 의논해서 돼지를 맞이하는 날을 5월 말로 정했다. 그 전까지는 돼지우리를 만들어야 한다. 어떤 우리가 좋을까? 집 주인은 돼지우리를 어떻게 만들든 상관없다고 했지만, 돼지를 잡아먹고 이 생활에 마침표를 찍으면 돼지우리를 헐고 다시 빈터로 돌려놓아야 한다. 그래서 조립식도 괜찮은지 묻자 돼지는 힘이 세서 대충 만들면 부서질 거라고 여러 사람이 겁을 줬다.

4월 들어 욕조 설치공사를 끝내고 폐가에 입주했다. 중고가게에서 냉장고, 전자레인지, 팩스전화, 세탁기를 샀다. 남은 생필품은 카세 씨의 안 쓰는 자전거를 빌려 타고 홈센터에 다니면서 구비해 두었다.

본격적으로 아사히 시로 거점을 옮기려면 인터넷 접속환경을 정비해둬야 했다. 내가 살게 될 미카와 지구는 한때 이오카마치에 속해 있다가 최근에 아사히 시로 합병된 곳이다. 문제는 현재로선 이곳 미카와 지구까지 광케이블을 깔 수 없다는 것이다.

할 수 없이 처음에는 만화 카페까지 열심히 자전거로 다녔는데, 이곳이 택시를 타면 2천9백 엔은 족히 나올 정도로 먼 거리였다. 만화 카페에 도착할 때쯤에는 이미 기진맥진! 도쿄에서도 자전거를 타고 다녔지만 거기서야 걸핏하면 신호에 걸려 멈춰야 해서 페달을 밟고 말고 할 것도 없었다. 그런데 아사히에서는 페달을 밟고 밟아 다리가 지칠 때까지 밟아대도 다음 신호가 보이지 않았다.

　게다가 이 지역에서 자전거로 이동하는 사람은 일부 노인과 고등학생 아래의 아이들 그리고 농업연수 명목으로 일하러 온 외국인노동자 같은, 철저히 사회적 약자뿐이다. 꼭 그런 이유에서만은 아니겠지만, 자전거도로가 갖춰져 있지 않다. 아스팔트를 뚫고 풀이 무성하게 자라있고, 자그락자그락 자갈이 빈틈없이 깔려있다. 속도를 내서 페달을 굴리다 잠깐만 방심해도 바퀴가 자갈에 걸려 넘어지려고 한다. 그리고 트럭은 물론 일반 자가용도 운전이 거칠다. 전화통화를 하면서 운전하는 건 당연하고 빵을 먹으면서 운전하는 사람도 많아서 언제 치일지 모른다.

　매일매일 자전거로 돌아다니다 집에 올 때는 홈센터에 들러 들 수 있을 만큼의 생필품을 사서 돌아오던 나날. 햇볕가리개도 접사다리도 자전거로 사서 날랐다. 덕분에 매일 밤 원고도 못쓰고 쓰러지듯 잠이 들었다.

　다행스럽게 이모바일이 이용권 내에 있다는 사실을 알게 돼서 신청했고, 이제 만화 카페에 안 가고도 일을 끝낼 수 있게 됐다. 그래도 역시 싼 자동기어 중고차를 찾아보기로 했다. 이대로 가다가는 돼지를 맞아들이기도 전에 자동차에 치어 죽을 것 같았다. 그때 토소식육센터의 오가와 씨한테 반가운 소식이 왔다. 자동차를 싸게 빌리는 방법이 있다는 것이다!

돼지우리
짓 기

돼지를 위해 치바 현민이 됐습니다!

토소식육센터의 오가와 씨가 가르쳐 준 건 이타코자동차판매소의 '원코인 리스'라는 시스템이었다.

이타코? 이타코라면 오소레잔(恐山)에 사는 무녀들 아닌가?

"아, 도쿄 사람은 잘 모르겠구나! 이타코는 이바라키 현의 지명이고, 여긴 이바라키와 치바에 있는 중고차판매 회사예요. 126호선을 달리다보면 길 옆에 이타코라는 간판을 봤을 텐데요? 중고차를 하루 500엔에 빌려주는 서비스가 있나 봐요. 치바에서 반년만 체류하는 거면 중고차를 사서 다시 파는 것보단 싸게 먹히지 않을까요?"

역시! 즉시 알아봤더니 중고차 보상판매를 통해 연식은 짧지만 주행거리는 길고, 이제는 상품가치가 없지만 자동차검사 기간도 아직 남은 잘 굴러가는 차를 하루 500엔에 임대한다는 것이었다. 현재 임대가능한 차 중에 마침 자동인 스즈키 에브리 이반이 나와 있었다.

이 차라면 새끼돼지와 먹이를 옮기기에도 괜찮을 것 같았다. 바로 신청하려고 전화를 걸었을 때 아주 귀찮은 일이 드러났다. 한마디로 말해서 임대는 렌터카와는 달랐다. 명의는 회사가 아닌 빌리는 본인이 된다. 그 명의변경에 약 4만 엔의 비용과 시간이 드는 것이었다.

렌터카처럼 신청하면 바로 탈 수 있는 것이 아니었다. 게다가 차고증명이 필요하다고! 나야 면허증만 있지 자동차를 소유해 본 적이 없으니 뭐가 뭔지 하나도 모르겠지만, 이 또한 시간과 돈이 든다고 했다. 그런데 자세히 읽어보니 치바 현의 경우, 경차는 차고증명이 필요 없다는 게 아닌가! 에브리 이반은 경차다. 야호! 에브리 이반 만세!

아니 잠깐만! 그렇다는 건 즉 치바 현민이어야 한다는 말? 서둘러 도쿄 도 아라카와 구의 차고증명을 알아봤더니 경차도 차고증명이 필요했다. ……역시. 내 주민등록상 주소는 니시닛포리 역에서 걸어서 3분. 그곳에서부터 2킬로미터 권내에 차고를 확보하기란 불가능하다.

기껏해야 반년 동안 돼지 세 마리 키우자고 내가 지금 뭘 하고 있는 건지 원…… 가족들도 기막혀 했지만 결국 달리 방법이 없어서 아라카와 구청에 전출신고서를 제출하고 치바 현 아사히 시로 전입했다.

이렇게 해서 나는 돼지를 위해서 혈연도 지연도 없고 살아보고 싶었던 적도 없는 치바의 현민이 되었다. 그런데 아사히 시에는 치바현립 동부도서관이 있었고 이곳 소장도서가 어마어마해서 그나마 위안이 됐다. 게다가 현립 중앙도서관과 서부도서관까지 연계되어 분관대출이 가능했다. 분교구립 도서관처럼 다음 날 바로 받아볼 수 있는 건 아니지만 일할 때 필요한 책도 일주일 안에 쉽게 받아볼 수 있었다.

자료가 많이 필요한 연재를 맡고 있었는데 정말 다행이었다. 결국 모든 수속을 끝내고 정식으로 자동차 임대를 신청해서 최종적으로 자동차를 받게 된 건 4월 말이었다.

물 하나 끓이는 데도 10미터는 걸어야 하는 집

내 폐가의 방 배치는 아주 기묘했다. 미닫이문으로 된 현관을 열면 13제곱미터(약 4평) 이상 되는 토방이 펼쳐져 있고, 한 단 높은 마룻귀틀에 올라서면 세 방향으로 방이 나눠져 있었다. 마루방이 달린 23제곱미터(약 7평)짜리 큰 방 하나, 16제곱미터(약 5평)짜리 방 두 개, 13제곱미터짜리 방 하나, 총 네 개의 다다미방이 있다. 남은 한쪽에는 의자 다섯 개 정도를 놓을 만한 카운터가 있고 그 너머로 19제곱미터(약 6평) 정도의 콘크리트 바닥으로 된 주방이 두 개.

안쪽 주방에는 서른 개 정도의 접시를 한꺼번에 씻을 수 있는 싱크대 세 개가 나란히 놓여 있었다. 가스레인지에서도 카운터에서도 멀었다. 너무 널찍했다. 빈둥대며 차를 마실라치면 다다미방을 나가서 샌들을 신고 주방 끝까지 10미터 이상은 걸어가야 한다. 사실 먼 건 문제도 아니다. 자칫 가스레인지에 불을 켜놓고 깜빡했다가는 큰일 난다.

게다가 가스레인지는 업소용이라 화구의 직경이 30센티미터나 돼서 우유 끓이는 냄비를 올릴 수 없었다. 할 수 없이 전기포트를 샀다. 일단 부엌에서 할 모든 일을 카운터 앞쪽에 있는 토방에서 해결하도록 했다. 집 뒤에 버려진 깊이 30센티미터 정도의 도기로는 수도 아래에 벽돌을 쌓고 올려놓아 싱크대로 사용하기로 했다. 그 옆에는 대형쓰레기에서 적당히 골라와 접시를 씻어 올릴 수 있는 선반도 덧대었다. 식기선반과 조리대 그리고 냉장고까지! 동선도 뭣도 없었지만 결국 부엌 완성!

안쪽 토방에는 칸막이도 없이 욕조가 있었다. 일단 샤워와 온수재탕 기능이 있는 욕조다. 발을 치면 아쉬운 대로 사용할 수는 있겠지만 33제곱미터(약 10평)가 넘는 휑뎅그렁한 공간이라서 터무니없이 추웠다. 욕실 주변을 막아야 하는데 대체 어떻게 막지? 할 일은 샘처럼 계속 솟아났다.

세 마리 돼지가 하루에 얼마만큼 똥오줌을 쌀까?

집안정리는 말할 것도 없고 돼지우리도 어떻게든 만들어야 한다. 돼지우리는 집과 도로 사이에 펼쳐진 주차공간에 만들려고 했다. 아스팔트로 굳어져 있어서 아무래도 기초공사는 나 혼자서는 불

돼지와 살았던 집 (초기단계) 치바 현 아사히 시 미카와 해발 7m!

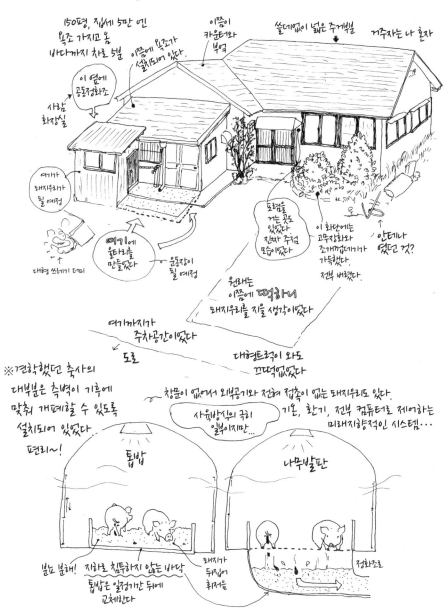

150평, 집세 5만 엔
옥조 가지고 옴
바다까지 차로 5분

이쯤에 옥조가 설치되어 있다.

이쯤이 카운터와 부엌

쓸데없이 넓은 주거부분 ↓

거주자는 나 혼자

이 옆에 공동정화조

사람 화장실

여기가 돼지우리가 될 예정

대형 쓰레기 더미

여기에 흙더미를 만들었다

운동장이 될 예정

도토리를 거는 공도 있었다 진짜 주검 모습이었다

이 화단에는 고무장화와 초개껍데기가 가득했다

안테나 였던 것?

전부 버렸다.

원래는 이쯤에 떡하니 돼지우리를 지을 생각이었다

여기까지가 주차공간이었다

도로

대형트럭이 와도 끄떡없었다

※견학했던 축사의 대부분은 측벽이 기후에 맞춰 개폐할 수 있도록 설치되어 있었다

편리~!

톱밥

나무발판

창문이 없어서 외부공기와 전혀 접촉이 없는 돼지우리도 있다.

사육방식의 극히 일부이지만...

기온, 환기, 전부 컴퓨터로 제어하는 미래지향적인 시스템...

분뇨 분해!

지하로 침투하지 않는 바닥 톱밥은 일정기간 뒤에 교체한다

돼지가 뒤집어 휘저음

정화조로

가능했다. 누구한테 맡길 수밖에 없는데 과연 어떤 돼지우리가 좋을까? 듀록을 주기로 한 마츠가야 씨에게 상담을 했다.

"혼자 키우는 거죠?"

"네……"

"그렇다면 가능한 손이 많이 안 가는 방법을 생각해 보는 게 좋겠어요. 먹이는 자동사료기를 설치해 자유롭게 먹을 수 있게 하고, 문제는 분뇨 처리예요."

"네."

세 마리의 돼지가 하루에 어느 정도 똥오줌을 쌀까? 돼지는 보통 출하해서 도축한 뒤 얻어지는 고기의 14배만큼의 분뇨를 배출한다고 한다.

참고로 돼지는 3킬로그램을 먹으면 1킬로그램이 찐다. 예컨대 도축 전 체중이 115킬로그램인 돼지라면 먹이를 345킬로그램 먹었고, 도축후 70킬로그램의 고기를 얻었다면 분뇨를 980킬로그램 배출했다는 의미다. 연비가 좋다고 해야 할지 나쁘다고 해야 할지 오리무중이다. 3킬로그램 먹고 1킬로그램 살찐다고 들었을 때는 뭐 이런 경제적인 동물이 다 있나 했다.

그런데 돼지분뇨가 어느 정도의 냄새를 풍길까? 그리고 밀집 사육은 아니지만 내 폐허처럼 여기저기 주택들이 산재해 있는 지역에서 주민들의 원성을 사지 않을 만큼 잘 처리하려면 어떻게 해야 좋을까? 며칠에 한 번씩 청소를 해야 할까? 전혀 감이 안 잡혔다. 아무리 양돈농가라고 해도 몇 마리 안 되는 돼지를 집 마당 한편에서 키워본 적이 없으니 조언을 해주고 싶어도 뭐라고 할 말이 없을 것이다. 요컨대 해보지 않으면 누구도 알 수 없다.

옛날에는 분뇨청소가 매우 힘든 육체노동이었다고 한다. 돼지우리에 볏짚을 깔고 거기에 돼지분뇨가 스며들게 했다. 분뇨가 스며든 볏짚은 쓸어내서 밭에 내다 뿌린다. 돼지우리에 깔 볏짚을 자르는 건 농가 아이들의 몫이었다고 한다. 1965년대에는 이런 광경이 아직 남아있었다.

지금 이런 방법으로 분뇨를 처리하는 양돈농가는 거의 없다. 치바에서는 전무하다고 봐도 될 것이다. 예전에는 벼농사를 짓는 농가에서 돼지를 키웠기 때문에 볏짚은 자기 집에 흔하게 있었다. 그런데 지금은 볏짚이 있어도 벼농사를 짓는 농가에서 구해와야 한다. 게다가 분뇨를 듬뿍 품은 볏짚을 그대로 내다 뿌릴 밭도 없다.

대량사육과 분뇨처리

양돈농가의 전업화, 농가당 사육마릿수의 증가, 고령화에 따른 농가의 노동력 감소 등으로, 돼지분뇨는 지금까지의 방식으로는 적절하게 순환할 수 없을 것이다. '야적과 매립'이라고 해서 그대로 땅에 쌓아올리거나 땅을 파서 묻어버린 상태로 방치하면서 수질오염과 악취 등의 피해가 커졌다. 돼지를 키우는 곳은 냄새가 지독하다는 이미지가 강해진 것은 야적과 매립 때문이다.

그래서 1999년 '가축배설물 관리의 적정화와 이용촉진에 관한 법률'(이하 '가축배설물법')이 시행됐다. 이 법에 따라 돼지의 분뇨는 콘크리트 바닥 같은 '불침투 소재'로 만든 시설에서 관리해야 했다. 방치해도 땅으로 스며들지 않게 됐다.

현재 대규모 양돈농가에서 실시하는 분뇨처리방법은 다양하다. 내가 본 농가에서는 축사 바닥을 망으로 만들어서 분뇨를 지하로 떨어뜨린 후, 병설한 정화조까지 자동으로 옮기는 방식을 사용하는 곳이 많았다. 정화처리시설의 설치와 관리에는 막대한 경비가 들지만 효과는 확실하다고 했다. 지자체에 따라 다르겠지만 가축배설물법을 시행하면서 일정기간, 이러한 정화처리시설 건설을 위한 보조금을 지원한 것도 크게 영향을 미쳤을 것이다.

물론 겨우 세 마리의 돼지를 키우는 경우에 이 법률은 적용되지 않는다. 사육마릿수가 소와 말은 열 마리 미만, 돼지는 100마리 미만, 닭은 2천 마리 미만이면 적용대상에서 제외된다고 정해져 있다.

아사히축산의 카세 씨는 돼지 세 마리의 배설물쯤은 개와 고양이나 다를 바 없다는 듯, 아스팔트 주차장 위에 울타리만 쳐놓으라고 했다. 똥은 퍼서 폐가 화장실에 흘려보내고, 오줌은 아무 데나 싸게 했다가 밤중에 바닥에 물을 뿌려 도로와 주차장 사이에 있는 도랑으로 흘려보내면 충분하다는 것이다.

그런 방법이 과연 괜찮을까? 확실히 위법은 아니다. 통보를 받더라도 나 몰라라 배짱을 부릴 수는 있겠지만, 별로 좋은 방법 같지는 않았다. 마츠가야 씨에게 이야기했더니 "당치도 않아, 뭔 소리를 들으려고!" 하며 안색을 바꾸며 반대했다. 농가에서 분뇨처리 문제는 그만큼 절실한 고민거리다. 전국의 양돈농가가 분뇨처리와 냄새 문제로 골머리를 앓고 주위의 항의를 받으면서 사람이 없는 더 깊은 산속으로 축사를 이전하거나 폐업으로 몰리는 지경까지 되었다.

톱밥 돼지우리라는 광명

심사숙고 끝에 마츠가야 씨가 말했다.

"그 집 주차장 공간이 꽤 넓지? 그렇다면 남은 방법은 톱밥우리네."

"뭐라구요? '톱밥' 말씀이신가요……?"

"맞아. 30센티, 아니 40센티미터 두께로 톱밥을 깔고 그 위에서 키우는 거야. 한 마리당 일정한 넓이는 필요하지만, 음, 그러니까(계산 중)……응, 그 주차장 공간이면 충분해. 세 마리지? 괜찮아. 똥오줌을 싸도 톱밥이 분해해 주니까, 6개월 정도면 분뇨를 따로 치울 필요가 전혀 없어. 그냥 싸게 하면 돼."

"정말인가요?"

정수리에 번뜻 광명의 빛줄기가 비치는 느낌이 들었다. 사실이 분뇨처리 문제 때문에 너무 우울했다. 냄새가 싫은 것이 아니다. 아시아 8개국의 화장실 상황을 취재하면서 구더기가 우글거리는 화장실에도 들어갔다 왔기 때문에 냄새 정도는 아무것도 아니다.

문제는 매일 아침저녁으로 거르지 않고 청소를 해야 한다는 점. 지방취재 등은 가능한 피하고 해외취재도 참고 연기할 수 있다지만, 아무래도 업무상 도쿄행은 불가피하다. 매일 꼼짝없이 돼지와 함께 붙어있는 건 매우 곤란하다.

내가 없는 동안 대신 돼지를 돌봐줄 사람을 확보하려고 계속 생각했다. 토소식육센터의 오가와 씨, 도매업자인 카세 씨, 치바현식육공사의 나이토 씨 등에게 상담했지만 다들 "그런 건 걱정마, 다들 도와줄 테니까." 하며 웃기만 할 뿐 딱히 수락하진 않았다.

다들 웃으면서 "○○라면 기꺼이 해줄 거야." 하고 말하지만 정작 본인이 하겠다고 나서는 사람은 아무도 없었다. 어쩌면 당연한 일이다. 누가 돼지의 똥오줌을 만지고 싶겠어? 어떻게 할까 고민하다가 자동차 면허와 폐가 청소에 매달리느라 분뇨처리 문제는 차일피일 미루고만 있었다. 그런데 톱밥이라면 그 같은 수고를 말끔히 해결해 줄 것 같았다.

조사하면 할수록 톱밥우리는 흥미로웠다. 마침 치바에 오기 직전에 내가 일러스트를 맡았던 『도쿄견변록』이 막 출판됐는데 그때 작업을 위해 친환경 화장실을 취재한 적이 있다.

친환경 화장실은 공원과 자연재해 지역에 설치하며 물을 사용하지 않는 화장실이다. 변기 밑에 톱밥이 깔려 있는데, 화장실을 사용할 때 스위치를 눌러 회전장치가 톱밥을 휘젓게 한 상태에서 배설한다. 그러면 톱밥 구석구석까지 수분이 흡수되고, 히터로 데우면서 발효시키면 분뇨가 분해된다. 실제로 세타가야 구의 공원에 만들어진 화장실에 가봤는데 공중화장실에 가면 으레 나는 분뇨냄새가 전혀 안 났다. 음식쓰레기도 처리할 수 있다고 했다. 톱밥 돼지우리와 똑같은 원리다.

톱밥 돼지우리는 돼지가 마구 뒤집어 주기 때문에 회전장치는 필요없다. 게다가 돼지의 체온 때문인지 히터로 데울 필요도 없다고 한다. 즉 톱밥을 일정 두께로 쌓아놓기만 하면 끝! 퇴비 위에서 돼지를 키우는 거나 마찬가지다. 물론 일정 기간이 지나면 톱밥은 교환해야 한다. 분뇨를 듬뿍 분해시킨 톱밥은 거의 퇴비에 가까운 상태지만, 일정기간 창고에 두고 뒤집어서 더 완전한 퇴비로 만들어 출하한다.

태풍이 오면 어쩌지?

다만 톱밥에는 약점이 하나 있는데, 바로 물이다. 친환경 화장실을 취재하면서 알게 된 사실인데, 재해지역에서 이용할 때 사용자가 늘어나 허용량을 초과하면 소변의 수분이 밑으로 고여 질퍽질퍽해지고, 그렇게 되면 톱밥 속의 박테리아가 죽어 더는 재생이 안 된다고 한다.

톱밥 돼지우리도 마찬가지다. 소변의 양이 허용량을 넘으면 그저 더러운 진흙탕으로 바뀌고 만다. 하지만 나는 적당한 넓이를 확보할 수 있고 단 세 마리뿐이니까 파묻힐 만큼 톱밥만 깔아 주면 된다.

"그보다 비가 문제야. 비가 안으로 들어오면 단번에 엉망이 되니까, 톱밥을 깔 바닥보다 1미터씩 넓게 지붕을 만들어야 해. 그리고 바람도 잘 들게 해야 하고. 여하튼 돼지는 더운 데 약하니까. 지붕도 꼭 있어야 돼. 없으면 타죽을 걸."

아휴, 돼지란 놈도 참 손이 많이 가는 놈일세…… 그나저나 그 정도의 지붕이 날아가지 않게 기둥을 만들면, 어떻게 되는 거지? 게다가 반년 만에 다시 부숴야 하는 돼지우리인데, 그 사이에 태풍이 오면. 아~ 태풍……

내 폐가는 동쪽이 밭이라서 앞이 훤히 뚫려있기 때문에 바람이 그대로 들이닥친다. 그냥 뒀다간 당할 게 뻔하다. 하지만 고작 한두 번 오는 태풍 때문에 철골지붕이라니, 말이 돼? 대체 돈이 얼마나 드는 거야?

아사히축산의 카세 씨 먼 친척인 S건축사무소 사장님과 술자리를 마련해 돼지우리에 대해 상담했다. 카세 씨는 사장님이 싸게 해줄 거라고 했다. 축사와 식육공사의 공사도 여러 번 맡은 적이 있다고 했다.

"뭐야, 책 쓰는 사람이었어? 샌님이구만. 근데 돼지를 키운다고? 대단하다! 응응 알았어. 해보지 뭐. 우리도 지금 공사가 밀려 있어서 가능한지는 전무에게 물어봐야 확실히 알 수 있겠지만, 내가 알아서 할게 …… 그럼그럼, 싸게 해 줄게."

110만 엔이나? 절대 못 내!

사장님이 하도 큰소리를 치고 돌아간 뒤라 마음 놓고 있었는데, 아무리 기다려도 연락이 없었다. 전화를 걸었더니 완전히 딴 사람처럼 굴었다.

"네? 누구시라고요?"

술자리에서 있었던 일은 까맣게 잊어버리는 사람이었다. 놀라긴 했지만, 이 지역에서는 흔한 일 같았다. 치바를 얕보는 게 아니었다. 꼭 다른 나라에 살고 있는 기분이다.

서둘러 다시 한 번 만나서 이야기를 했다. "흐음, 샌님이시구만! 책 쓰는 사람이네!"라며 또다시 감탄했다. 그 소린 엊그제도 했거든요! 나는 현기증이 날 지경인데 사장님은 그야말로 진지했다.

사장님은 뭐라고 투덜거리면서도 '그럼 일단 도면을 그려보겠다'는 말을 남기고 돌아갔다. 그리고 며칠 후, 화려한 도면과 견적서를 만들어왔다. 이상한 예감이 들었다. 펴보니 아무리 봐도 심하게 화려한 궁전 같은 설계도였다. 두려움에 떨리는 손가락을 억누르며 견적서를 펼쳤다. 110만 엔이라고 쓰여 있었다!

"뭐? 110만 엔?" 머릿속이 새하얘졌다.

"아니, 이것 봐, 이쪽에서 태풍이 오면 흔들릴 게 뻔해. 어쨌든 지붕과 기둥밖에 없잖아. 벽이 없는 만큼 더 튼튼하게 만들다보니 이렇게 돼 버렸지 뭐야……"

"아니, 저는 이런 돈 없어요. 6개월 후면 부셔버릴 거니까 가능한 싸게 해달라고 말씀드렸잖아요."

"음, 그러긴 했는데…… 출판사에서 돈 좀 끌어올 수 없나?"

"그-러-니-까, 못 끌어온다고 말했잖아요!! 전대미문의 대불황이에요. 사장님! 사장님 주변에 책 읽는 사람이 몇이나 돼요? 없죠? 책 읽는 사람이 없다는 건 책이 안 팔린다는 의미예요!!"

소리치고 보니 터무니없이 허무해졌다. 그렇다. 누가 부탁한 것도 아닌데 나는 이런 돈과 수고를 들여서 뭘 하고 있는 걸까? 그렇다고 이제 와서 그만둘 수는 없다. 밀고 나갈 수밖에.

"그럼 얼마나 낼 수 있는데?"

"이 견적의 10분의 1이요."

"그건……무리야."

"그러게 처음에 분명히 말했잖아요. 그렇죠, 카세 씨?"

분뇨문제는 나중에

나는 애먼 카세 씨를 노려보았다. 바로 그때 이제까지 줄곧 침묵하고 있던 카세 씨가 벌떡 일어서더니 폐가의 카운터와 부엌을 지나서 욕조가 설치된 안쪽 토방으로 성큼성큼 걸어갔다. 욕조와 세탁기를 들여놓은 곳이었다.

창문을 열자 신기하게도 사방 2미터쯤 되는 창고로 이어져 있었다. 그 안은 엉망진창으로 쓰레기가 쌓여 있었다. 어차피 안 쓸 공간이라 치우지도 않았던 곳이다. 이 창고가 왜 창문으로 집과 이어져 있는지는, 모든 정리가 끝나고 나서야 밝혀졌지만 이때까지만 해도 몰랐다.

카세 씨는 창고를 둘러보더니, 창문 옆에 붙은 작은 문을 열고 나가 바깥쪽에서도 창고를 바라봤다.

"이 창고에서부터 여기 바깥쪽으로 같은 넓이의 울타리를 친 다음 여기서 키우자."

"아, 그렇게 하면 싸게 할 수 있겠네."

"톱밥은 어떻게 하고요?

"창고 안에 깔면 돼. 잠은 안에서 자고, 울타리를 친 곳이 운동장이 되는 거지. 새끼돼지 때는 창고 안에서만 키우고 말이야."

음, 그럼 운동장으로 내보냈을 때의 분뇨를 어떻게든 처리해야 한다는 말인데…… 똥은 퍼내면 될 테고 오줌이 문제네 오줌이……

"그러니까 그건 호스로 흘려보내면 아무도 모른다니까……!"

머릿속이 빙글빙글 돌 지경이다. 하지만 6개월만 쓰고 버릴 우리에 110만 엔이란 돈을 쓸 수는 없다. 분뇨문제는 나중에 생각하자. 나는 머리를 싸쥐며 돼지우리 건설계획에 '고(GO)' 사인을 보냈다.

마 중
전 야

초보운전

운전은 예상보다 힘들었다. 아사히 시의 도로는 자동차 통행량도 적은데, 나는 운전이 서툴러서 교통표지판을 읽거나 운전만 하기에도 벅찼다. 게다가 길치여서 자칫 일방통행 길로 잘못 들면 가본 적도 없는 낯선 곳에 와 있기 일쑤였다.

걸어가거나 자전거를 타고 가다 길을 잘못 들면 돌아서 나오면 그만이다. 그런데 자동차는 중간에 돌릴 수가 없다. 갈림길에서 대충 이쪽이겠지 하고 다음 길을 돌아 직진하다 보면 어느새 길이 점점 좁아지면서 농로가 나오고 퍼뜩 정신을 차렸을 땐 논두렁 같은 좁은 길에서 오도 가도 못하는 상황에 빠져 있었다. 결국 쩔쩔매다가 수십 미터를 끙끙대며 후진으로 빠져나와야 했다.

그런 일의 연속이었다. 매일 운전하다가 완전히 녹초가 돼서 집에 들어오면 자리에 눕기 무섭게 바닥으로 빨려들듯 곯아떨어졌다. 원고를 못 쓰기는 자전거로 돌아다니다 지쳐서 잠들었을 때와 별반 다르지 않았다. 어찌된 일인지 원!

그래도 건축자재를 살 때는 매우 편해졌다. 자전거를 타고 갔을 때는 살 수 없었던 패널이나 벽돌 같은 자재도 차에 척척 실을 수 있었다. 굉장했다. 카인즈홈 이외에 더 먼 곳에 있는 홈센터에도 가볼 수 있었다.

홈센터의 주차장은 아주 넓었는데 유독 건물 바로 근처만 혼잡했다. 다들 한 발짝이라도 덜 걸으려고 출입구 옆에 주차하고 싶어 했다. 아사히 시민의 주차에 대한 고집은 이상하리만큼 강했고 출입구 근처에 주차할 자리가 없으면 자리가 빌 때까지 기다린다고 했다.

나는 주차실력이 형편없어서 다들 꺼려하는 전후좌우가 텅텅 빈 동떨어진 구석에 차를 댔다. 카트에 벽돌을 대여섯 개 실으니 자꾸 이상한 방향으로 돌아가려 해서 손잡이를 꽉 잡고 밀면서 홈센터 계산대에서 주차장 구석 끝까지 끌고 갔다. 자동차에 콘크리트벽돌을 옮겨 싣고 나서 왔던 만큼의 길을 되돌아서 카트를 반납하러 갔다.

포악한 건지, 신경질적인 건지

돼지들을 맞아들일 날짜는 체중이 30킬로그램쯤 될 즈음인 5월 26일로 정해졌다. 그 무렵은 마침 어미돼지의 초유에서 얻은 면

역력이 저하될 시기여서 질병에 걸리기 쉬울 때라며 우려 섞인 의견도 있었지만 그런 얘기를 일일이 다 듣고 있다가는 돼지가 쑥쑥 커버릴 것만 같아 그 정도면 됐다고 딱 잘라 말했다.

돼지를 주기로 한 세 농가는 각기 다른 곳에 있는데다 다들 바쁘기 때문에 굳이 분양 날짜를 맞출 필요는 없을 거라 생각했는데, 한 마리씩 따로따로 우리에 넣는 것은 좋지 않다고 했다.

"타이틀 매치는 한 번에 끝내야지."

농가나 업자뿐 아니라 근처 술집의 사장님과 손님들까지 모두가 그 말에 동의했다. 농가도 아닌데 어떻게 그런 것까지 아냐고 묻자, 농업고등학교 출신이어서 돼지를 키운 적이 있다고 했다. 아사히 시에는 그런 사람들이 정말 많다.

여하튼 한 우리 안에 여러 마리 돼지를 넣으면 반드시 서열싸움이 일어난다고 한다. 우두머리가 정해지면 서열이 가장 낮은 돼지도 정해진다. 서열싸움은 꽤 격해서 돼지들 체력 소모가 많아지기도 한다.

때에 따라서는 사투가 벌어지기도 하는 모양이다. 돼지가 그렇게 포악한가……? 그래도 아직 새끼인데다 싸움도 적당히 하면서 커야 튼튼하게 자라지 않을까 생각했지만, 좌우간 농가 분들은 돼지에게 가해지는 스트레스와 부담을 싫어한다. 너무 예민하게들 싫어한다. 스트레스를 받으면 바로 먹는 양이 줄고 체중이 늘지 않는 정도가 아니라 아예 마를 때도 있기 때문이라고 한다. 마르면 출하시기가 늦어진다. 돼지에게는 사는 장소가 바뀌는 것만으로도 상당한 스트레스인데, 집과 동료돼지까지 바뀌는 것이니 일생일대의 사건이 아닐 수 없다.

양돈장의 돼지는 어미돼지와 한 우리에서 지내는 수유기를 비롯해 젖을 떼는 이유기와 비육기를 거치는 동안 여러 번 우리를 옮긴다. 우리를 옮길 때도 한 배에서 태어난 형제돼지는 뿔뿔이 흩어지지 않도록 최대한 주의를 기울인다고 한다. 하긴 내 경험에 비춰보면 이해가 가고도 남는다. 초등학교에 입학할 즈음 이사를 했기 때문에 유치원 때의 친구가 한 명도 없는 환경에 좀처럼 적응하지 못했다.

실제로 스트레스를 받았다. 아는 사람이 한 명이라도 있을 때 그 장소에 적응하기 쉽다. 그런데 얘들은 사람이 아닌 돼지다 돼지! 그렇게까지 신경질적이라면 애초에 대량사육에 적합하지 않다는 생각도 든다.

그리고 먼저 우리에 들어간 돼지는 아무래도 나중에 들어온 돼지보다 유리해진다. 역시 그것도 어렴풋이 알 것 같다. 나중에 들어오는 놈이 아무래도 불리하다. 동시에 우리에 넣으라는 건 가능한 평등한 조건에서 싸우게 하라는 의미다. 다들 어쩜 그렇게 돼지에게 친절한지!

바람이 쌩쌩 부는 욕실을 어떻게 좀 해줘!

어쨌든 한 달 뒤면 돼지가 온다. 그 전에 창고를 돼지우리로 만들어야 한다. 게다가 바람이 들어오는 욕실도 손을 봐야 한다. 돼지가 오면 샤워도 자주 하게 될 것이다.

아사히 시는 태평양에 인접한 온난한 곳이라고 들었다. 확실히 채소가 잘 자라는 것 같다. 하지만 5월에 들어섰는데도 밤은 여전히 썰렁했다. 이제 곧 여름이 올 거라 참았는데 폐가에 있던 전기 담요만으로는 추위를 견디기 힘들었다. 인터넷으로 얇은 깃털이불을 두 장 사서 두 장 다 덮었다. 집에서 가져온 일인용 전열매트에서 나오기 싫을 정도로 추운 날도 있었다.

그렇게 지내던 어느 날 "우치자와 씨 벌써 치바에서 사는 거야? 재미있어 보이는데 다 같이 놀러 가도 돼? 사람 손이 필요하면 도와줄게"라는 속 편한 메일이 왔다. 변방 모험작가인 타카노 히데유키 씨의 메일이었다. 타카노 씨는 도보여행작가 미야타 타마키 씨와 둘이서 엔터테인먼트 논픽션이라는 장르를 만들어 월간지《책의 잡지》와 연계하여 훌륭한 엔터테인먼트 논픽션 작품목록을 소개하고 있다. 그들과는 그 잡지에 졸작인 『세계도축기행』을 소개해 준 인연으로 만났다.

황금연휴가 끝나갈 무렵 배낭을 짊어진 타카노 씨, 미야타 씨, 그리고《책의 잡지》의 스기에 요시츠구 씨 세 명을 데리러 이오카 역까지 자동차를 끌고 나갔다. 내 자동차를 본 순간 모두들 갑자기 박장대소하기 시작했다. 운전이 너무 서툴다고 했다. 자동차가 꼭 벌벌 떠는 작은 동물 같다고 했다.

미야타 씨가 "내가 운전할게요." 하며 운전대를 잡았다. 그 후에도 도쿄에서 누군가가 올 때마다 이 말을 안 들은 적이 없었고 결국 운전석을 내줘야 했다.

세 명은 목욕탕 가림막을 만들어줬다. 반년만 쓰고 허물 거라서 대충 적당하게 만들어도 되지만 일단은 목욕탕의 수증기가 부엌 구석의 카운터에 올려둔 컴퓨터까지 안 오도록, 그리고 욕실에 들어갈 때 춥지 않게 만들어달라고 부탁했다.

그러자 세 명이서 뭔가 소곤소곤 의논하더니 "진짜 대충 만들테니 그리 알아요!" 하며 플라스틱 골판지와 샤워커튼으로 욕실 주변을 둘러쳐줬다. 소재가 소재인 만큼 밀폐되지는 않지만 컴퓨터에 수증기가 직접 닿지 않았고 욕실주변도 왠지 모르게 따뜻해졌다. 창문으로 목욕하는 모습을 보이고 마는(!) 참사도 이로써 모면했다. 고마웠다.

다음은 지붕 위에 망월대(望月臺)를 만들자는 말들이 오가기에, 나는 이때를 놓치지 않고 그럴 거면 돼지우리의 지붕을 만들어 보지 않겠느냐고 제안했다. 하지만 그러한 실용적인 것에는 별로 흥미가 없는지 내 말은 가볍게 무시당했다.

공짜보다 비싼 것은……

욕실정리가 끝나자 돼지우리 작업에 들어갔다. 먼저 창고의 물건들을 밖으로 꺼내야 했다. 문을 열자 영문을 알 수 없는 물건들이 뒤죽박죽 쌓여있었다. 하나씩 밖으로 꺼내 분리해서 쓰레기봉투에 넣었다. 창고 앞쪽은 주방에서 나온 물건들로 꽉 차 있었다. 수십 개에 달하는 술병, 재떨이, 손잡이가 떨어진 프라이팬, 금이 간 플라스틱 소쿠리 등등. 이곳이 음식점이었음을 여실히 보여주는 쓰레기였다.

그녀는 왜 돼지 세 마리를 키워서 고기로 먹었나

시골의 쓰레기 문제가 대단하다고 들었는데 정말로 깜짝 놀랐다. 일단 쓰레기봉투가 비싸다. 쓰레기를 많이 배출하는 사람이 비용을 부담한다는, 어떤 의미에서 보면 공평한 제도인 건 분명하지만, 이것들은 내가 버린 것도 아닌데…… 하는 생각에 좀 화가 났다. 고작 반년이라고는 하지만 가뜩이나 황폐한 폐가에 사는 것도 서러운데 쓰레기 더미에서 살고 싶지는 않았다. 남들은 나를 뭐든 괜찮아하는 사람으로 보는데 나도 이것저것 싫어하는 것들이 있다.

주방을 정리했을 때 일반쓰레기는 주차장 한쪽에서 몰래 태웠다. 여하튼 엄청난 양이었다. 청소를 도와준 젊은이들은 처음에는 와글와글 떠들며 재미있어하더니 먼지투성이의 제단(祭壇)을 불 속에 던져 넣었을 때는 하나같이 안색이 어두워졌다. 게다가 안쪽 방에서 나온 호랑이를 탄 오월인형(오월 단오에 장식으로 쓰이는 무사차림의 인형–옮긴이)을 가져오자 "그건 도저히……"라며 이내 꽁무니를 빼고 말았다.

그래도 막상 버리려면 쓰레기봉투에 들어갈 크기로 부숴야 하고, 또 부술 바에는 차라리 태우는 게 낫다는 생각이 들긴 했지만…… 어쨌든 이 집 주인이 놓고 간 오월인형과 함께 반년 동안 한 지붕 아래에서 사는 건 딱 질색이었다. 어쩔 수 없이 나는 '에라 모르겠다!' 는 심정으로 불 속으로 던져 넣었다. 그러자 합성섬유로 만들어진 머리카락에 '툭' 하고 불이 붙었고, 다들 차마 보고 있을 수 없었던지 도망가 버렸다.

모닥불로 쓰레기를 꽤 줄였다고 생각했는데 왠지 끝없이 계속 쏟아져 나왔다.

주방에서 나왔던 쓰레기를 한 번 싹 정리하고 나니 내가 청소하기 전부터 창고에 있었던 물건들이 얼굴을 드러냈다. 그런데 맙소사! 대량의 타일과 목공도구였다. 아무래도 이 집은 주점을 하다 망한 뒤, 이 주점과 관계가 있는지 없는지는 모르겠지만, 어쨌든 아이가 있는 가족이 살았고, 그 뒤에는 한동안 내부설비 기술자가 살았던 것으로 보였다. 주변 사람들 말로는 홈센터를 지을 당시에 세들어 살았을 거라는 이야기였다.

좌우지간 왜 역대의 거주자들은 이렇게 많은 짐을 두고 계약을 끝내버린 걸까? 예상할 수 있는 답은 하나, 야반도주? 알 게 뭐야. 보증금과 소개비가 공짜라는 말에 끌리긴 했지만, 공짜만큼 비싼 건 없다더니 내 꼴이 딱 그 짝이다!

돼지우리와 운동장 완성

산처럼 쌓여있던 타일은 새것이었는데, 아주 난감하게도 타일 사이사이에 얇은 갈색종이가 한 장씩 끼워져 있었다. 설상가상으로 그 얇은 종이가 흠뻑 젖어 있었다. 왜 젖었지? 문득 위쪽을 올려다보니 천장에 덧대진 석고판자에 대리석 무늬의 얼룩이 져 있었다.

비, 가, 샌, 다…… 머리가 희끈거려 그대로 타일 위로 쓰러질 것 같았다. 이곳은 톱밥을 깔아서 돼지들의 침실을 만들 공간이었다. 비가 새면 곤란하다.

나는 결코 야외활동을 좋아하지도 않고 미국사람들처럼 뭐든 스스로 만드는 개척하는 삶이 대단하다고도 생각하지 않는다. 에콜로지 정신도 그닥 높지 않다. 나는 돈만 있으면 조금이라도 쾌적한 주거를 선택할 정도로 게으름뱅이고 도시생활을 선호한다. 나는 다만 물이 새는 일 없이 돼지와 반년만 살고 싶을 뿐이다.

재앙은 그것으로 끝나지 않았다. 놀랍게도 흰개미가 끓는다! 흰개미에게는 몇 백 장의 타일 사이에 끼워져 있던 젖은 종이가 그야말로 진수성찬이었는지, 가벼운 트라우마가 될 정도로 흰개미들이 우글우글 진을 치고 있었다.

비명이라도 지르고 싶은 것을 꾹 참고 온몸에 닭살이 돋는데도 숭숭숭 구멍이 뚫린 습한 종이와 흰개미가 붙어있는 타일을 걸레로 한 장 한 장 닦은 다음 밖으로 가지고 나와 집 주위에 쌓아갔다. 죽어서 지옥에 가면 사이노카하라(죽은 아이들이 간다고 하는 삼도천(三途川)의 모래강변. 이곳에서 아이들이 부모 공양을 위해 돌을 쌓아 탑을 만든다는 이야기가 있다-옮긴이)에서 돌을 쌓는 아이들을 보고 분명 이때의 기억을 떠올리게 되리라. 도와줄 사람을 찾고 싶었지만 그럴 여유가 있으면 차라리 혼자 하는 게 빨랐다. 비가 새는 곳도 수리해야 하니 정말로 손을 늦출 수 없었다.

죽을 똥을 싸며 쓰레기와 타일과 도구류를 죄다 끌어내자 드디어 바닥이 드러났다. 그런데 드러난 바닥에 웬 구멍이 하나 뚫려있었다. 배수구멍이었다. 그리고 네 곳에 벽돌을 쌓은 흔적이 있었다. 수도관 같은 것도 있었다. 아마 욕실이었던 모양이다.

이 구멍도 막아야 했다. 안 그러면 구멍 사이로 톱밥이 떨어지고 만다. 구멍에 스티로폼을 끼워 넣은 다음 시멘트를 발라야겠다. 목공쯤이야 목공이 취미였던 아버지를 도운 적이 있어서 대충 감이 잡혔지만 시멘트는 달랐다.

홈센터의 진열장 앞에 쭈그리고 앉아 봉투에 적혀 있는 사용방법을 진지하게 비교하며 읽고 빨리 마르는 시멘트를 구입했다. 인간이란 의욕만 있으면 못하는 게 없는 존재다. 돼지를 키우면서 설마 시멘트까지 반죽하게 되리라고는 생각지도 못했지만.

빨리 마르는 시멘트의 용도는 주로 금이 간 부분을 보수할 때 쓰이고 비가 한창 내리는 중에도 바를 수 있다고 쓰여 있었다. 오호라, 그럼 비가 새는 데에도 효과가 있겠군!! 나는 서둘러 천장의 얼룩으로 까매진 석고판자의 이음매 등에 시멘트를 발랐다. 이것으로 비가 안 새면 좋을 텐데……

창고우리에 문이 달린 철 울타리를 설치하는 작업은 전문가에게 맡겨 하루만에 뚝딱 끝났다. 역시 외주는 빠르고 편했다. 공장에서 만들어 온 울타리를 아스팔트에 박아서 고정하고 용접만 하면, 끝! 과연 전문가의 손길은 어딘가 달라도 다르다! 그런데 만일, 용접까지 할 수 있으면 여러 가지 편리하겠구나 하는 엉뚱한 생각도 들었다.

나중에 알게 됐는데 양돈농가들은 실제로 목공기술이 뛰어나다. 사소한 축사보수에 돈을 들이면 아깝기 때문이다. '백성'(百姓 일본에서는 농부를 이렇게 부른다–옮긴이)이란 백 가지 일을 할 수 있기 때문에 백성이다' 라는 말을 어느 책에서 읽었을 때는 말도 안 되는 소리라고 생각했는데 이제야 그 말에 납득이 갔다.

그리고 창문이 너무 적다며 벽 양쪽에 체인톱으로 구멍을 내줬다. 돼지우리는 더워도 안 되고 추워도 안 되며 바람이 있어도 없어도 안 된다. 기껏해야 돼지지만 그래도 돼지다.

이렇게 해서 돼지우리와 운동장이 완성되었다. 돼지는 뭐든 코로 부숴버린다면서 혹시라도 망가뜨리지 못하게 건축사무소 사장님이 직접 집 벽면에 콘크리트 패널을 붙여줬다. 창고우리의 출입구에서 톱밥이 흘러넘치지 않도록 여기에도 40센티미터 높이의 판자를 덧대주었다.

사료기와 급수기도 달았다!

사료기와 급수기는 마츠가야 씨가 가져다줬다. 생각보다 무거웠다. 혼자서는 끌어당기기도 힘들었다. 마침 수도공사를 하러 온 직원이 도와줘서 사료기를 우리 안에 넣었고, 바닥에 톱밥을 깔았을 때를 생각해 적당한 높이가 되도록 쌓아놓은 벽돌 위에 올려서 벽에 고정했다. 아니, 그 직원이 해줬다!

수도업체 직원이 몇 번이나 "이건 여자 혼자서는 못 할 텐데…… 전문도구도 필요하고……"라며 중얼거리기에 기회다 싶어 부탁했다. 말은 일단 해보고 볼 일이다! 그의 차 안에는 일러스트로 그리고 싶을 정도로 드릴, 육각형 렌치, 나사돌리개 등이 각 사이즈별로 아름답게 죽 놓여 있었다. 확실히 나에게 있는 전동드릴 하나와는 비교가 안 된다.

사료기와 급수기를 설치한 뒤에는 물을 끌어와야 한다. 사료기는 물을 마시면서 사료를 먹을 수 있다. 분말사료를 먹으면 목

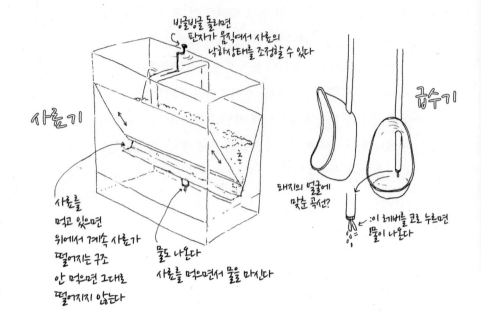

빙글빙글 돌리면
판자가 움직여서 사료의
낙하상태를 조정할 수 있다

사료기

급수기

사료를
먹고 있으면
위에서 계속 사료가
떨어지는 구조
안 먹으면 그대로
떨어지지 않는다

물도 나온다
사료를 먹으면서 물을 마신다

돼지의 얼굴에
맞춘 곡선?

:이 레버를 코로 누르면
물이 나온다

이 막히기 때문이다. 사료에 물을 섞으면 좋겠지만 그렇게 하면 사
료가 쉽게 상한다.

먹을 때 섞는 것이 가장 좋다고 한다. 참 멋진 아이디어다. 물론
리퀴드로 불리는 질퍽한 액체 상태의 사료도 있지만, 관리가 어렵
고 액체사료를 항상 흘려보낼 파이프 같은 기구를 설치해야 한다.

그리고 그 기구는 고장도 잘 나기 때문에 대규모 농가에서도
액체사료는 별로 사용하지 않는다고 한다. 말할 것도 없이 그러한
기구는 대규모 축사용으로 설계된 것이라 내 돼지우리에는 사용
할 수도 없다. 세 마리면 매번 손으로 먹이를 줘도 될 텐데 운 좋게

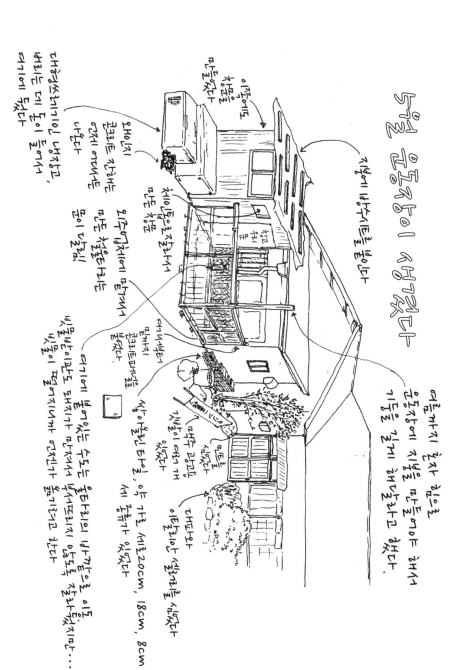

자동사료기를 빌릴 수 있었던 것만으로도 감사하다.

　사료기와 급수기의 물이 나오는 부분에 레버가 달려있어서 돼지가 코로 누르면 물이 나오고 코를 떼면 물이 멈춘다. 실내에 있는 수도관에서 호스로 물을 끌어와 급수기 관에다 끼우면 될 줄 알았는데, 관 끝의 연결부위가 부러져있어 호스를 연결할 수 없었다.

　난감해 하다가 홈센터로 급수기를 가지고 가서 점원에게 방법을 물었다. 집으로 돌아온 나는 배운 대로 호스와 급수기의 관 사이에 물리는 금속부품과 부품을 연결할 때 둘러감는 얇은 고무테이프로 그럭저럭 겨우 설치했다. 거 참, 세상에는 생각지도 못한 별난 도구와 부품이 많기도 하다!

밤에 홀로 지붕에 올라

이것으로 만반의 준비는 끝났다. 이제 돼지만 오면 된다고 믿고 있던 어느 날, 비가 내렸다. 돼지우리를 들여다보니 보란 듯이 비가 새고 있었다. 위에서 내리는 물을 아무리 시멘트로 막아봤자 그 원인을 차단하지 않는 이상 부질없었다. 지붕에 방수시트를 덮으면 괜찮을 거란 말을 듣고 영업이 끝나기 직전인 홈센터로 달려가 방수시트와 각재, 지붕 작업등을 사왔다.

　밤 아홉 시가 넘은 시각, 자동차를 돼지우리 옆에 바짝 대놓고 자동차 지붕을 밟고 돼지우리 지붕으로 올라갔다. 이제 시간이 없다. 게다가 낮에 지붕에 올라갔다간 타죽고 말 것이다. 반년 뒤면 도쿄로 돌아가야 하는데 얼굴에 기미는 더 늘리고 싶지 않았다. 결국 그 뒤에도 혼자 작업할 때는 한밤중에 했다.

지붕은 밤이슬 때문에 미끄러웠고 바람까지 불어 방수시트가 금방이라도 날아갈 것 같은 상황에서, 이러다 떨어져 죽으면 웃음거리가 되겠지? 하는 생각에 쓴웃음을 지으며 둘둘 말린 방수시트를 조금씩 펼쳐서 각재를 덧대고 못을 박았다. 재미있는 건 방수시트에 직접 못을 박으면 안 들어가는데 목재를 대고 못을 박으면 고정된다는 거였다.

좋았어! 이제는 정말 괜찮을 거야. 돼지를 만나기까지 이렇게 고생하게 될 줄은 꿈에도 몰랐지만, 드디어! 드디어! 돼지들을 만날 날이 코앞으로 다가왔다.

드디어
돼지가
왔 다

건강해 보이는 놈으로!

드디어 돼지들을 맞이하기로 한 날이 다가왔다. 도쿄에서 주식회사 미시마의 미시마 쿠니히로 씨와 치바에 사는 가축사(家畜史) 연구자인 고토 히데카즈 씨가 급히 도와주러 달려왔고, 마츠가야 씨가 오전 중에 트럭에 톱밥을 실어왔다.

방수시트에 톱밥을 펼쳐놓고 바가지로 퍼서 우리에 넣었다. 깊이 30센티미터 이상은 깐 것 같다. 나도 뒹굴고 싶을 만큼 폭신폭신한 멋진 침대가 만들어졌다. 톱밥을 다 깔고 난 뒤 마츠가야 씨가 농장으로 돌아가며 말했다.

"이따가 듀록을 데려올게."

중요크셔인 '신(伸)'이 있는 우노 씨의 농장까진 자동차로 40분 정도 걸리는데 여전히 운전에 자신이 없는 나에게는 너무 먼

거리였다. 그래서 어쩔 수 없이 중요크셔 매입영업을 하는 토소식육센터의 직원 이시카와 씨에게 운반을 부탁했다.

내가 맡은 일은 삼원돈인 '유메(夢)'를 쇼와축산에서 데려오는 것이었다. 한 마리 정도는 직접 데려오고 싶었다. 카세 씨에게 개를 옮기는 케이지를 빌려서 고토 씨와 함께 쇼와축산으로 향했다. 카세 씨는 케이지에 개 전용 분뇨시트도 깔아줬다.

돼지를 낯선 곳으로 데리고 나가면 긴장한 탓에 계속 똥오줌을 싼다고 했다. 내 폐가에서 쇼와축산까지는 십 분 정도 걸리는 거리에 있지만 아사히 시의 한복판을 지나야 한다. 돼지를 태우고 역 앞의 북적대는 거리를 달릴 생각을 하니 살짝 신이 났다.

쇼와축산에 도착해서 종업원인 타무라 씨에게 인사를 했다. 여전히 바빠 보였다. "아, 돼지 말이지? 그 무렵에 태어난 놈은……" 하며 안내해준 곳은 윈도우리스 축사. 문자 그대로 창문도 없이 온도와 습도를 자동으로 제어하는 우주선 같은 제어판이 설치된 축사였다. 안으로 들어가자 어둑어둑한 우리에 수십 마리의 돼지가 밀치락달치락하고 있었다.

"요 부근에 있는 놈들인데……어떤 돼지로 가져갈래요?"

내가 직접 거세한 돼지를 받고 싶었지만 대체 누가 누군지 분간할 수가 없었다. 이런 식으로 섞이는구나. 소도 아니고 재래종도 아닌 삼원돈은 대부분 무리 단위로 관리한다.

"음, 건강한 놈으로요!" 직접 잡고 싶었지만 제법 커서 들어올릴 자신이 없었다. 타무라 씨가 적당히 골라서 케이지에 넣어줬다. 이로써 아쉽지만 출산과정부터 완벽하게 추적 가능한 돼지는 한

그녀는 왜 돼지 세 마리를 키워서 고기로 먹었나

마리도 없게 되었다!

그곳에서 먹던 사료도 봉투에 담아줘서 자동차에 싣고 농장을 떠나왔다. 폐가로 돌아가는 길, 뒷자리에서 고토 씨가 뭐라고 자꾸 소리를 질렀는데 내 운전솜씨로는 돼지를 신경 쓰기는커녕 그저 사고 없이 무사히 집에 도착하기만 해도 다행이었다. 겁을 먹은 유메는 시트가 안 깔린 곳에 똥오줌을 계속 지리고 있었던 모양이지만, 그깟 똥오줌은 나중에 얼마든지 치울 수 있잖아!!

세 마리의 첫 대면

폐가에는 이미 이시카와 씨가 운전해 온 트럭이 도착해 있었다. 짐칸에는 중요크셔인 신이 타고 있었다. 몸집이 컸다. 유메보다 두 배는 거대했다. 꽁하게 화난 표정 같기도 했다. 이날은 쾌청하고 햇볕이 강했기 때문에 카세 씨가 물도 뿌려주고 골판지로 그늘도 만들어 주고 있었다.

케이지 안에 있는 유메는 기운 없이 엎드린 채 고개를 숙이고 있었다. 신보다 비실비실하고 크기도 작았다. 기운이 있고 없고의 문제가 아니었다. 삼원돈은 힘이 세다고 들었는데, 수백 마리 중 약한 놈도 한두 마리는 있을 것이다.

겁쟁이를 데려온 건가? 타무라 씨는 바빠 보이던데 그냥 가장 잡기 쉬운 놈으로 골라준 건가? 하는 수 없지만 뭐……

잠시 후에 마츠가야 씨가 트럭에 듀록인 '히데'를 싣고 왔다. 트럭 짐칸에 앉아 있는 신을 보고 놀라는 눈치다.

"뭐야, 중요크셔는 꽤 크네. 이렇게 크기가 다르면 다른 두 마리를 괴롭힐 텐데……"

"중요크셔는 성장이 느리니까 차이가 있는 편이 좋다고 해서 그렇게 한 건데요."

"그건 그렇지만, 차이가 너무 나는데?!" 마츠가야 씨는 걱정스럽게 중얼거렸다.

돼지우리 문 안쪽에는 톱밥이 밖으로 흘러넘치지 않게 하려고 바닥에서 40센티미터 정도 높이까지 판자를 대어 놓았다. 지금의 몸집으로는 아직 혼자서 그 판자를 뛰어넘지 못할 것 같았다.

엉덩이를 밀면서 신과 히데를 수월하게 우리 안으로 넣었다. 마지막으로 유메를 우리에 넣으려던 찰나 겁을 먹어 울상이 된 주제에 온몸으로 반항했다. 억지로 밀었더니 꽤액~! 하고 울었다. 나는 그만 겁을 먹고 마츠가야 씨를 돌아봤는데 그는 줄곧 돼지가 아닌 나를 관찰하고 있는 게 아닌가!

비록 짧은 기간이지만 나는 앞으로 돼지사육사가 된다. 이쯤에서 돼지사육사로서의 본보기를 확실히 보여줘야 한다. 배에 힘을 모으고 힘껏 들어올리려고 했지만 쉽게 들리지 않았다. 내 근력으로는 경험해본 적 없는 무게였다. 유메가 다시 꽤액~ 하고 울었다. 포기하면 지는 거다. 한 번에 성공하지 못하면 그만큼 돼지가 날 우습게 생각할 것이다. 마지막 한 번으로 해치우자. 힘을 집중시키자. 으쌰. 꽤액~. 털썩. 휴~ 들어갔다……

사료기에 사료를 넣고 문을 닫은 순간에도 이 안에 돼지가 있다는 게 실감나지 않았다. 집 안으로 들어가 욕실로 가서 창문을

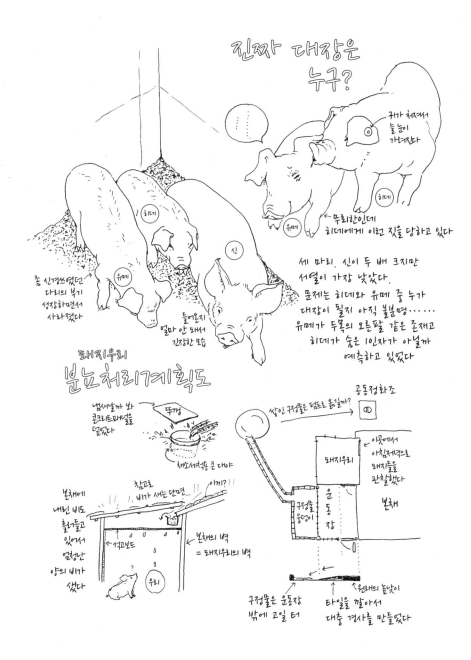

열었다. 세 마리가 동시에 내 쪽을 쳐다봤다. 있다, 돼지가 있어!
드디어 돼지가 왔구나!!

다시 밖으로 나가자 모두들 돌아갈 준비를 하고 있었다. 마츠
가야 씨가 돌아가기 직전에 한마디 했다.

"저기 말이야, 그 삼원돈…… 앞다리 관절이 좀 부어 보이던데!
질병에 걸리기라도 하면 큰일이라구. 얼른 말해서 다른 돼지로 바
꾸는 게 좋을 거야."

아, 네…… 하지만 이제 와서 그런 말을 어떻게 한단 말인가!
이만저만 도움을 받은 게 아닌데. 게다가 위생 관리체제상 한 번
농장 밖으로 나온 돼지를 되돌려 보내는 건 거의 불가능한 일이다.
이미 다른 농장의 돼지와 접촉했으니 새로운 병원균을 가지고 돌
아가는 상황이 발생할 수 있기 때문이다. 확실히 유메의 앞다리는
가늘고 관절이 부어 보이긴 했다.

모기, 거미, 도롱이벌레 등 엄청난 양의 벌레들

"뭐 또 도울 일 있나요?"
고토 씨와 미시마 씨가 물어왔을 때, 문득 창문에 방충망을 쳐야
한다는 사실이 떠올랐다. 좌우간 무시무시한 양의 모기가 있었다.
뒤쪽 공동정화조에서 무진장 들끓고 있었다.

모기뿐만 아니라 이곳에는 여하튼 벌레란 벌레는 다 모여있
는 것 같았다. 검지손가락만한 쐐기가 기어다니고 정원수에는 도
롱이벌레가 수백 마리나 매달려 있었다. 타란툴라(나르본독거미의

별칭-옮긴이)처럼 큰 거미도 눈송이 같은 알을 품고 집안을 돌아다니고 있었다.

다시 모기 이야기로 돌아가면, 모기를 통해 감염되는 질병에 주의해야 하는 건 어미돼지와 씨돼지뿐이다. 식용돼지는 근본적으로 모기와는 별로 상관이 없다고 한다. 하지만 세 마리 모두 아직 새끼라서 피부가 얇다. 모기에 물리면 가려울 것이다.

두 사람은 홈센터에서 사온 방충망을 설치해줬다. 그들을 배웅할 때쯤 밖은 이미 어두워졌고 몸은 지쳐있었다. 하지만 먹이는 매일 안 줘도 되고 지금은 톱밥 위에 있으니 똥오줌을 따로 치울 필요도 없다. 물도 돼지가 마시고 싶을 때 나온다.

너무 신나서 잠이 안 온다

돼지우리만 제대로 갖추어져 있으면 따로 돌볼 필요는 없을 거라고 생각했다. 운동장 부분에 지붕만 설치하면 더는 큰 문제도 없으리라. 지금까지는 힘들었지만 실제로 키우는 건 의외로 편하다는 생각을 하며 카운터에서 커피를 끓여 컴퓨터로 향하던 그 순간.

두두두둥 하는 소리와 함께 꽤~~액 하는 비명이 들려왔다. 서둘러 욕실로 들어가서 불을 켜고 창문을 열었다. 우두머리를 정하는 타이틀매치가 시작된 것이다. 깜짝 놀랐다. 낮에 다른 사람들이 있었을 때는 무지 얌전하게 있더니.

"그만둬!"

소리를 질렀지만 어차피 우두머리는 정해야 할 테니 조용히 지켜보기로 했다. 이 페가는 너무 넓고 관리하기도 힘들지만 창문 한 장을 사이에 두고 집과 돼지우리가 붙어 있어 맘껏 관찰할 수 있다는 점은 정말 멋졌다.

세 마리가 좁은 우리 안을 빙빙 돌고 있었다. 세상에, 히데와 유메가 결탁해서 덩치가 큰 신을 공격하고 있었다. 신의 양옆에 딱 붙어서 귀 뒤쪽을 집요하게 물어뜯으며 공격했다. 몸집이 두 배나 되는 신이 울먹였다. 귀에서 피가 났다.

"그만해!"

조용히 구경할 생각이었는데 나도 모르게 호통을 치고 말았다. 세 마리가 딱 멈춰서더니 문득 내 쪽을 올려다봤다. 유메는 마치 '이 사람 뭐래는 거야, 지금?' 하는 표정으로 날 올려다봤는데, 이미 낮에 비실비실하던 모습은 온데간데없다. 심술궂어 보이는 불량학생의 눈빛이었다. 히데도 포악한 얼굴을 하고 있었다.

이 녀석들은 의외로 바보가 아닐지도 몰라. 그날 밤은 하도 신기하고 재미있어서 몇 번이나 창문을 열었다 닫았다 하며 돼지들을 보고 또 보았다. 싸움이 끝난 뒤에도 신은 상당히 겁을 먹고 있는 듯이 보였고, 유메와 히데가 잠든 뒤에도 좀처럼 잠들지 못했다. 창문을 열 때마다 바르르 떨며 고개를 들고 내 쪽을 바라봤다.

"신짱, 어서 자." 엉겁결에 중얼거렸다. 자야 하는 건 오히려 나였다. 시계는 12시를 넘어서고 있었다. 앞으로 돼지와 지낼 날이 많다고 나 자신을 타이르며 겨우 침실로 돌아갔다.

비가 샌다! 왜?

돼지가 오고 나서 이삼일은 별 일 없이 지나갔다. 그러던 어느 날 아침, 비교적 큰 빗소리에 잠이 깼다. 돼지우리는 괜찮은지 잠옷 차림으로 욕실로 갔다. 창문을 열었다. 낑낑거리며 동시에 내 쪽을 올려다보는 세 마리. 천장을 올려다보니 빗방울이 떨어지고 있었다. 창문에서도 비가 새어들고 있었다.

서둘러 옷을 갈아입고 자동차를 타고 홈센터로 날아갔다. 원예용품 매장에 가서 방수시트와 염화비닐관을 찾아들고 계산대로 달렸다. 머릿속으로 지하철역의 누수대책 같은 대응책을 떠올렸다. 빗방울이 떨어지는 주변을 방수시트로 넓게 덮고 한쪽으로 물이 쏠리게 한 다음 욕실 창문으로 흐르게 한다. 창문 아래에는 양동이를 받쳐놓는다. 욕실바닥은 전부 콘크리트고 배수구도 있으니까 양동이에서 물이 넘쳐도 문제없다.

방수시트와 검테이프를 들고 돼지우리로 들어갔다. 가장 먼저 신이 내게 다가왔다. 신은 세 마리 중에서 가장 약했지만 사람을 가장 잘 따랐다. 맨 처음으로 친해져서 코를 갖다 대기도 했다. 그 다음으로 유메가 나를 따랐다. 히데는 전혀 다가오려는 기색도 없었고 자기 멋대로여서 빙빙 겉돌기만 했다.

어쨌든 돼지들은 날 방해했다. 샌들에 티셔츠와 트레이닝복을 입고 우리 안으로 들어가면 셔츠소매를 잡아당기고 달려들어 발을 물어서 일을 할 수가 없었다. 바로 작업복과 장화를 샀다. 비바람이 불어오면 우리 안은 꽤 추워졌다. 서둘러 안쪽 창문에 방수시트를 붙였다.

방수시트는 나사못으로 박았다. 도구와 재료를 조금이라도 바닥에 떨어뜨리는 순간 세 마리가 입 속에 넣고 우물우물 먹어버릴 터라 확실하게 고정해야 했다. 신은 이미 검테이프를 물어뜯고 있었다. 정말 못 말려!

비는 그칠 기미가 안 보였다. 욕실의 양동이는 빗물로 금세 가득 찼다. 다행히 톱밥은 안 젖었지만 태풍이 오면 이런 임시방편으로는 감당이 안 될 것이다. 방수시트를 덮어놓은 터라 비가 샐 구멍이라고는 시트에 박은 못 구멍밖에 없을 텐데, 왜 이 정도의 비에도 양동이에 한가득 차는 걸까?

다음 날 아침 날씨가 개자마자 카세 씨에게 큰 사다리를 빌려와 다시 한 번 옥상에 올라갔다. 이번에는 돼지우리 지붕이 아닌 돼지우리와 연결된 본채 건물의 옥상으로 올라가봤다. 본채 건물 옥상에 올라가자 멋진 전망이 펼쳐졌다. 이웃한 밭과 집 뒤쪽으로 펼쳐져 있는 논이 한눈에 들어왔다. 논 건너편에는 홈센터가 있고 산 위에는 풍차가 돌아가고 있었다. 상쾌했다. 작업하러 올라온 게 아니면 좋았을 텐데……

본채 지붕과 돼지우리 지붕이 맞닿아있는 곳으로 갔다. 본채 지붕에 달린 빗물받이 위로 돼지우리의 지붕이 겹쳐져 있었고 겨우 손이 들어갈 정도의 틈이 있었다. 그 틈 사이로 손을 넣었더니 끈적이는 감촉. 바로 이거였구나!

빗물받이에 진흙이 쌓여있어서 빗물이 홈통을 타고 아래로 흐르지 못하고 돼지우리 지붕과 벽 사이로 넘치고 있었던 것이다. 지붕에 납죽 엎드려서 빗물받이에 쌓인 진흙을 꼼꼼하게 손으로 긁어냈다. 그런데 이렇게나 많은 진흙이 대체 어디에서 온 거지? 의아해 하며 본채 지붕으로 눈을 돌렸을 때 흠칫 놀라고 말았다.

이 집에 들어와 살기 시작했을 무렵부터 지붕색깔이 좀 이상하다고 생각했다. 옅은 녹색을 띤 회색. 그건 지붕 자재가 아니었다. 곰팡이인지 이끼인지 정체를 알 수 없었다. 그것이 지붕 전체를 뒤덮고 있었는데, 그것이 여기저기 벗겨지면서 빗물에 쓸려 빗물받이로 떨어진 것이다. 지붕에서 벗겨내 보니 두께는 3센티미터 정도였고 뒷면은 말랑말랑한 흑토가 되어 있었다.

지붕에 무성하게 자라있는 것을 그대로 뒀다간 비가 올 때마다 빗물받이로 떨어질 것이다. 가만, 지금 나더러 지붕까지 청소를 하란 말이야? 제발 나 좀 살려줘! 소리치고 싶었지만 꾹 삼키고 이끼처럼 생긴 그것을 벗겨내 밑으로 던졌다.

며칠 후 비가 내리던 날 아침, 떨리는 가슴을 안고 돼지우리로 달려갔다. 그리고 이번에야말로 확실히 비가 안 샌다는 것을 확인했다. 나도 모르게 "좋았어!" 라고 승리의 포즈를 취하며 소리쳤다. 비가 새는 것을 완벽하게 막아냈다는 승리선언이었다. 만일을 대비해 그대로 붙여놓았던 방수시트를 전부 벗겨냈다.

신과 유메는 이제 내가 우리로 들어서기만 하면 천연덕스럽게 내 장화를 물고 늘어졌다. 어느덧 열흘째가 된다. 세 마리 모두 몸집이 더 커진 것 같았다. 우리에만 있기에는 좁아보였다. 운동장으로 내보내야 할 날이 시시각각 다가오고 있었다. 하루 빨리 콘크리트 바닥에 싸게 될 똥오줌의 처리방법을 생각해내야 했다.

타일을 까는 것도 모르타르를 붓는 것도 혼자 힘으로!

똥은 톱밥이 섞여있으니 집 화장실에 흘려보내면 막힐 것이 분명했다. 이것저것 고민하고 의논한 결과, 집터 옆에 구덩이를 파고 그곳에 묻기로 했다. 그리고 운동장 바닥의 바깥쪽에 흙벽돌과 콘크리트로 담을 쌓아 바닥을 씻어낸 물과 오줌을 도로로 흘러나가지 못하게 흙이 깔린 곳까지 길을 내기로 했다.

그리고 거기에 큰 구멍을 파서 플라스틱으로 된 큰 통을 묻어둔다. 그렇게 해서 통에 쌓이는 물과 오줌은 펌프를 이용해 공동정화조로 옮기면 이웃주민에게 폐를 끼치는 일은 없을 것이다.

우선은 바닥에 똥만 남고 오줌은 울타리 밖으로 흘러가 고이도록 운동장 바닥에 경사를 만들어야 했다. 바닥에 경사를 만드는 일은 돼지가 우리 안에서 살 동안에 반드시 끝내야 했다. 세 마리를 일단 운동장에 풀어주면 우리로 다시 돌려보내는 데 애를 먹을 게 뻔하다. 천방지축 날뛰는 유메의 모습이 눈에 선하다.

그런데 사방 2미터쯤 되는 바닥에 얼마만큼의 콘크리트를 부어야 할까? 적어도 빨리 마르는 콘크리트를 샀을 때와 같은 1, 2 킬로그램 단위의 작업은 아니다. 큰 포대로 살 거라면 일반 모르타르가 가격 면에서 부담이 적긴 한데 그건 굳을 때까지 하룻밤은 꼬박 걸린다고 했다.

누군가 도와줄 사람을 찾고 싶었지만 날씨 때문에 날도 잘 골라야 하고 세 마리의 몸집도 점점 커지고 있어서 한시가 급했다. 그냥 혼자 해 버리자고 마음먹고 홈센터에서 대용량 모르타르를 사왔다. 이제껏 경험해 본 적 없는 무게였다. 기록을 갱신하고 말았다!

모르타르를 콘크리트패널에 전부 부어서 쌓아놓고 한 가운데에 물을 부어가며 반죽했다. 이때도 큰 삽으로 이기려고 했더니 모르타르 때문에 무거워진 삽을 내 힘으로는 도저히 들어 올릴 수가 없었다. 어쩔 수 없이 원예용 삽으로 조금씩 반죽해 나가는 수밖에 없었다.

이처럼 재미있는 일이 또 있을까. 다만 처리해야 할 양에 비해 내 근육이 턱없이 부족한 것이 아쉬울 따름이다. 모르타르 사용량을 조금이라도 줄여보려고 묘안을 떠올렸다. 전에 집 옆에 쌓아두었던 타일을 떠올린 것이다. 타일을 깔아서 경사를 만들고 그 위에 모르타르를 바르면 되지 않을까? 오오, 역시 나는 천재다!

모든 것은 계획대로 진행됐다. 빚는 데는 소질이 있어서 흙손으로 매끄럽고 정교하게 다듬었다. 내가 봐도 홀딱 반할 정도로 아름다운 경사바닥이 완성되었다. 굳을 때까지 기다렸다가 이윽고 돼지우리의 문을 열었다. 처음에는 주저하는 눈치더니 이내 즐겁게 뛰어놀기 시작했다.

다다다다, 주르륵~ 꽈당!! 어머나!

콘크리트 바닥을 너무 미끄럽게 만들었는지 돼지가 미끄러지면서 굴러버렸다. 이러다간 다리를 다칠 수도 있다. 행여나 못 걷게 되면 큰일이 한두 가지가 아닐 것이다. 내가 상상할 수 있는 큰일이란 도축장에서 일반돼지와 나란히 줄을 설 수 없게 될 가능성이다. 아니, 줄을 서는 건 고사하고 도축장에 어떻게 데려가야 하는지부터가 문제가 될 것이다.

바닥을 꺼칠꺼칠하게 다시 칠해야 했다. 하지만 세 마리는 이미 운동장에서 뛰노는 즐거움을 알아버렸다. 최악이다. 하룻밤만 우리에 가둘 수 없을까? 망설이고 있을 때가 아니다. 도움의 손길이 필요하지만 시간도 없다. 결국 혼자서 널빤지를 사용해 세 마리를 억지로 우리에 몰아넣었다. 어쩌다 문이라도 열려버리면 큰일이다 싶어 널빤지로 문을 고정해서 세 마리가 가까이 오지 못하게 했다. 자유를 속박당해 울어대는 패거리의 목소리를 들으면서 (한 시간이 지나자 새까맣게 잊어버리고 잠이 들었지만) 서둘러 바닥을 다시 칠했다. 이번에는 흙손을 사용하지 않고 대빗자루로 표면을 거칠게 만들어 발굽이 걸리게 했다. 이젠 괜찮겠지! 이렇게 하여 세 마리가 안심하고 뛰어다닐 수 있는 바닥이 완성됐다.

양돈마을에는 돼지전문 의사가 있다

그런데 마음에 걸리는 문제가 하나 더 있었다. 유메의 다리였다. 무슨 일이 있어도 이대로 키울 작정이었지만 어떤 상태인지 궁금했다. 전에 마츠가야 씨의 농장에서 소개받은 수의사 하야카와 유코 씨에게 전화를 했다. 그녀에게 받은 명함에는 〈주식회사 피글렛〉이라고 쓰여 있었고 돼지의 그림이 그려져 있었다. 그렇다, 이 마을에는 양돈전문 가축진료소가 따로 있다! 그냥 수의사가 아닌 '돼지를 위한 의사'다. 역시 양돈마을답다.

의사는 질병이 유행하지 않도록 돼지에게 백신을 접종한다. 그뿐만 아니라 사육방법을 지도하고 생산효율 증가를 위한 컨설팅도 한다고 한다. 참으로 업무가 다양하다. 세 마리는 나한테 오기 전에 각 농장에서 이미 백신주사를 맞았지만 아우제스키병 백신은 한 번 더 접종하는 것이 좋다고 했다.

하야카와 씨(처음에는 '하야카와 선생님'이라고 불렀는데 금세 친구가 되어 편하게 부르게 됐다)는 젊고 아름다운 여성이다. 양돈취재를 하다보면 여성과 이야기를 나눌 기회가 매우 드물기 때문에 얼마나 기뻤는지 모른다. "우리 집 돼지 좀 진찰해 줄 수 있어요?" 떨리는 가슴으로 어렵게 말을 꺼내자 흔쾌히 승낙해 주었다.

"확실히 양쪽 앞다리가 부어 있네요. 좀 만질게. 잠깐만 만지게 해주렴…… 아파하지는 않네요. 살갗이 떠 있는 것 같기도 하고 관절에 달라붙어 있는 것 같기도 하고…… 아직 단언할 수는 없지만 조금 더 상태를 지켜봐도 될 것 같아요."

조금 안심이 됐다. 그냥 이대로 키우자. 이미 정도 들었는데, 뭘. 실제로 유메의 양쪽 앞다리의 부기는 성장하면서 깨끗하게 사라졌다. 정말 다행이다. 키우기 시작한 지 보름도 안 지났는데, 꼭 아이의 발육을 걱정하는 엄마가 된 기분이었다.

돼 지
엄 마

같은 돼진데 왜 이렇게 다르지?

그건 그렇고 돼지들은 잘도 잤다. 하루의 정해진 리듬 같은 건 딱히 없었다. 어느새 일어나 먹이통에 코를 박고 허겁지겁 먹이를 먹다 물을 마시고는 다시 벌러덩 드러누웠다. 말 그대로 먹고 잤다.

그러다가도 가끔 문득 생각났다는 듯 벌떡 일어나 종종거리며 다녔다. 가장 잘 뛰는 놈은 신이었다. 저녁에 호스로 물을 뿌려주면 기분 좋은 울음을 내지르며 좁은 운동장을 이리저리 뛰어다녔다.

그러다 보면 어느새 유메도 덩달아 우리에서 뛰쳐나와 달리기에 동참하기도 하고, 힘이 남아도는 건지 뭔지 신의 등에 올라타기도 한다. 교배흉내를 내는 것이다. 신은 유메보다 훨씬 몸집이 크지만 가엾게도 유메가 시키는 대로 가만있었다. 그런데 이상하

← 귀 언제나 순순히
태워주는
신…

하루에 한 번은
유메가 신에게 올라탄다
그리고 나에게도…
두 마리 다 거세했는데
그리고 암컷인 히메에게는 전혀
올라타지 않는 유메…

← 성기

이것은 파리

파리가
엄청 들끓었다

유메(LWD)는
귀 갈수록 검은
반점이 생겼다

큰일 보는 중
정해진 장소에 일을 보면서도
몸에 바르는 것을 정말 좋아한다
먹이를 바꾸면 냄새도 달라진다
당연한 건데도 신기했다

게도 유메가 히데 등에 올라타는 일은 절대 없었다.

두 마리가 붙었다 떨어졌다 하며 놀고 있을 때도 히데는 전혀 아랑곳하지 않고 폭포탕에라도 와 있는 것처럼 등에 물을 맞으면서 조용히 엎드려 누워 있었고 그러다 싫증이 나면 우리로 돌아가 묵묵히 사료를 먹었다. 히데가 먹는 건 사료만이 아니었다. 울타리 안으로 들어온 쐐기나 민달팽이 같은 벌레를 무표정한 얼굴로 닥치는 대로 먹었다. 그런 것까지 먹고 싶냐고 묻고 싶을 지경이다. 끔찍하기까지 했다.

인간이라면 틀림없이 비만경보가 울렸을 거다. 이대로 가다간 뚱보가 될 테니 더 많이 움직이라고 소리치고 싶었다. 그런데 생각해보면 가축으로서 돼지는 살찌는 게 일이다. 오히려 그편이 더 바람직하다.

그래도 귀여웠다. 처음에는 양돈농가처럼 사료만 먹여 키울 생각이었다. 그런데 어느 날 수의사인 하야카와 씨가 집터 주변에 자라있는 풀을 돼지에게 먹인 후부터 내 결심은 와르르 무너졌다.

"염소도 아니고 돼지가 풀도 먹어요?" 화들짝 놀라 묻자 하야카와 씨는 태연하게 "네, 먹어요. 칡 같은 게 좋을까? 자 이거 먹어." 하며 울타리 너머로 풀을 내밀었다. 그러자 호기심이 강한 신이 바로 다가와서 덥석덥석 맛있게도 받아먹었다. 세상에! 한편 유메는 경계를 하면서 겁먹은 표정으로 풀을 씹고 있었다. 그리고 히데는 맛없다는 듯 입을 에 벌리고 뱉어냈다. 너희들은 똑같은 돼진데 어쩜 이렇게 식성이 다 다르니!!

손으로 먹이주기는 재미있어!

그런데 손으로 먹이를 주는 재미가 제법 쏠쏠했다. 각기 다른 세 마리의 특성을 잘 파악할 수 있었다. 원래 돼지는 밭에서 난 채소와 가정에서 나온 잔반을 먹여 키우는 동물이었다.

고기의 맛을 좌우할 정도로 먹이는 것도 아닌데, 채소나 과일을 좀 먹여도 되겠지? 홈센터 근처에 있는 식료품 매장에서 한 봉지에 19엔 하는 콩나물이나 물러진 바나나, 그리고 손님이 벗겨놓고 간 양배추 이파리들을 구해다 하루에 한 번씩 먹여봤다. 물론 잔반도 나오면 줬다. 마츠가야 씨가 자극적인 생강, 파, 생무 같은 건 안 주는 게 좋다고 했다.

신은 뭐든 가리지 않고 덥석덥석 잘도 먹었다. 집 앞에 심은 이탈리안 파슬리 같은 향이 좀 강한 채소도 맛있게 먹었다. 다른 사람들이 말하길 원래 중요크셔 종은 잔반을 먹여 키웠기 때문에 그런 거란다. 개체의 차이인지 종의 차이인지는 모르겠다.

반면 히데는 사료를 훨씬 좋아했다. 사료통에 얼굴을 처박고 먹는 바람에 항상 이마와 정수리 사이에 사료를 이고 다녔다. 듀록은 사료를 효율적으로 먹도록 만들어진 종이 아닐까하는 생각마저 들었다.

여러 가지를 먹여봤는데 세 마리가 가장 좋아한 건 옥수수였다. 역시 사료의 주재료 중 하나답다. 마침 그 해에는 치바현식육공사의 유지들이 공동으로 밭을 빌려 옥수수를 심었다. 식육공사의 정화조에서 나온 오물을 비료로 사용했다고 했다. 판매하는 옥수수보다 크기는 좀 작지만 생으로 먹어도 매우 달고 맛있었다.

나보고도 먹어보라며 한 상자 가져다주었다. 그런데 시험 삼아 돼지에게 줘 봤더니 희한하게도 세 마리 다 좋아하며 먹었다. 그 모습이 너무 귀여워서 매일 세 마리에게 옥수수를 먹이게 됐다.

그랬더니 이제는 내가 작업복을 입고 청소하러 운동장에 들어가기만 해도 돼지들은 기다렸다는 듯이 우리에서 뛰쳐나왔다.

똥은 쓰레받기에 퍼담아 집터 옆에 있는 구덩이에 던져 넣고 흙을 덮었다. 운동장으로 돌아와서 콘크리트 바닥에 물을 뿌려 똥이 있었던 자리를 씻어내고, 비집고 들어오는 세 마리에게 물을 뿌리고 마시게 했다. 울타리 밖에 만들어놓은 오물받이에 똥오줌이 섞여 쌓여있는 건 스퀴지로 밀어서 구덩이 속에 묻어둔 큰 통에 담았다.

여름이 돼서 물을 뿌려주는 시간이 길어지자 구덩이에 오물이 금방 차서 똥바가지로 오물을 퍼내 공동정화조로 옮기는 작업도 일과가 됐다. 초반에는 똥의 양도 적어서 바닥도 별로 안 더러웠고 덥지도 않아서 매일 정화조로 퍼내지 않아도 됐다.

유메와 신은 이 작업의 흐름을 완벽하게 파악하고 있어서 내가 스퀴지로 오물을 밀어내기 시작하면 들뜬 걸음으로 운동장을 걸어다녔고 나를 뜨거운 눈빛으로 쳐다봤다.

손을 씻고 집안으로 옥수수를 가지러 갈 때쯤 되면 이웃집에 들릴 정도로 큰 소리로 울어대기 시작했고, 심지어 유메는 울타리에 앞발을 올리고 서서 난동을 부리기 시작했다.

옥수수를 먹일 때는 더 난리다. 세 마리에게 공평하게 나눠주고 싶지만 유메는 마치 슛을 날리려는 농구선수를 방어하듯 가로

막고 서서 몸으로 밀치기도 하고 때로는 물고 늘어지는 위협을 가하며, 모든 옥수수를 혼자 차지하려고 기를 썼다. 마치 덩치로 위협하는 꼬마악당 같다.

돼지는 태어난 지 며칠 안 돼서 양쪽 송곳니 끝을 자른다. 그것과 관련은 없겠지만 세 마리 다 옥수수 먹는 방법이 서툴렀다. 단단히 벼르고 있다가 옥수수를 덥석 물어간 것까지는 좋은데 뼈대를 남기고 알맹이만 갉아먹는 게 쉽지 않아 보였다.

툭 떨어뜨리거나 코로 계속 밀다가 결국 옥수수를 울타리 밖으로 밀어내기 일쑤였다. 그들의 도구는 코와 입이 전부였다. 개나 고양이처럼 앞발로 물건을 눌러 붙잡을 줄은 모르는 것 같았다. 그나마 그 중에서 신이 옥수수 알맹이를 비교적 잘 빼 먹었다.

유메는 턱의 힘으로 우적우적 통째로 씹어댔기 때문에 입밖으로 알맹이들이 질질 흘러내렸다. 그래서 그런지 걸근대는 것에 비하면 실상 많이 못 먹는 것 같았다. 게다가 자기 것은 다 먹지도 않고 신의 코에 강한 펀치를 날려 먹고 있던 옥수수를 뺏어먹었다. 피하면 될 걸, 약한 주제에 신은 꽥꽥 울어대면서 우직하게 유메에 맞섰다.

싸우다 보면 어느 순간 옥수수는 어디론가 날아가 버리고 없다. 그것을 주워서 넣어주면 두 마리는 다시 서로를 공격하며 옥수수를 빼앗으려고 했다. 흥분한 유메는 신의 다리 가랑이에 코를 박고 신의 허리를 뒤집으려는 거친 기술을 선보인다.

두 마리가 의미 없는 싸움을 하고 있는 틈을 타 나에게 다가온 히데는 옥수수를 덥석 입에 물자마자 잽싸게 뒷걸음쳐 우리 안으

그녀는 왜 돼지 세 마리를 키워서 고기로 먹었나

로 들어가 버린다. 유메가 신에게 한눈을 파는 사이 히데는 견제 당하지 않는다.

히데는 옥수수를 벽에 밀어붙이는 기술을 발휘해 혼자 몰래 천천히 먹었다. 요령 있게 잘 먹기도 하지만 거의 싸우지도 않으니 세 마리 중에서 에너지 소모도 가장 적었다. 인간 중에도 이런 에너지절약형 인간이 꼭 있다.

내 말에 반응하거나 감정을 밖으로 표출하는 일이 드물어서 둔감하게 느껴지지만 히데는 꽤 견실하다. 신으로 말할 것 같으면 유메에게 잡혀 쓸데없이 저항하다 에너지만 낭비한다. 처음에는 다른 두 마리보다 몸집이 두 배나 컸는데 어찌 된 건지 성장속도는 더디기만 했다.

세 마리가 맨 처음 왔을 때 가장 대장은 히데라고 생각했다. 대장이 사료기의 가장 가까운 곳에서 잔다고 배웠다. 확실히 히데는 항상 사료기 맨 앞에 진을 치고 있었다.

한 우리 안에 스무 마리 가까이 있을 때는 사료기 주변에 대장들이 진을 치고 있고, 가장 약한 돼지는 사료기에 가까이 가지 못해서 야위는 경우도 있다고 했다. 우리 집에 설치한 사료기는 폭이 70센티미터 정도라서 동시에 두 마리만 머리를 넣을 수 있었다. 즉 한 마리는 둘 중 한 놈이 사료기에서 물러날 때까지 마냥 기다릴 수밖에 없었다. 고작 세 마리뿐이라 사료기에 전혀 다가가지 못하는 일은 없다. 유메나 히데가 밖에서 낮잠 자는 사이에 먹으면 된다. 큰 문제는 없을 거라고 생각했다.

그런데 신과 어느 한 마리가 사료기에 머리를 처박고 사료를 먹고 있으면 다른 한 마리, 즉 유메나 히데가 다가와서 신의 옆구리를 코로 쿡쿡 찌르며 '비켜!' 명령한다. 초반에는 저항하던 신도 이젠 익숙해졌는지 어느 한 놈이 와서 비키라고 하면 얌전히 뒤로 물러서며 '아, 네~' 하듯 자리를 양보해 버렸다. 특히 유메가 심했다. 방금 전에 충분히 먹었으면서 변덕스럽게 신을 밀어냈다.

똑같은 시선으로 서로를 바라보며

해결방법이 없을까? 이대로 뒀다간 유메의 횡포가 더 심해질 터였다. 신의 발육이 걱정됐다. 창문과 울타리 밖에서 지켜보기만 해서는 도저히 마음이 놓이지 않았다. 그래서 모기향을 교체하러 우리로 들어갔을 때 유메를 혼내보기로 했다. 훈육이었다.

신을 코로 밀치며 사료기로 비집고 들어가려는 유메를 발로 막아봤다. 전혀 효과가 없었다. 껴안고 끌어당겨봤다. 꽤 무거워졌다. 엄청난 힘에 오히려 내가 나가떨어졌다. 톱밥이 깔린 바닥에 주저앉아서 우적우적 먹이를 먹는 히데와 유메의 엉덩이를 바라봤다. 그 순간 신이 내 쪽으로 다가왔다.

동물과 지낼 때는 눈높이가 매우 중요하다. 으르렁 위협하는 개와 사이좋게 지내고 싶다면 일단 개와 똑같은 눈높이로 웅크리면 된다. 정확한지는 모르겠지만 꽤 효과가 있었다. 그리고 비과학적일지도 모르지만 가능한 마음을 열 것!

그건 너무나 달콤한 유혹이었다. 웅크린 자세로 신과 같은 눈높이에서 서로를 응시한 순간, 신의 표정이 달라졌다. 갑자기 표

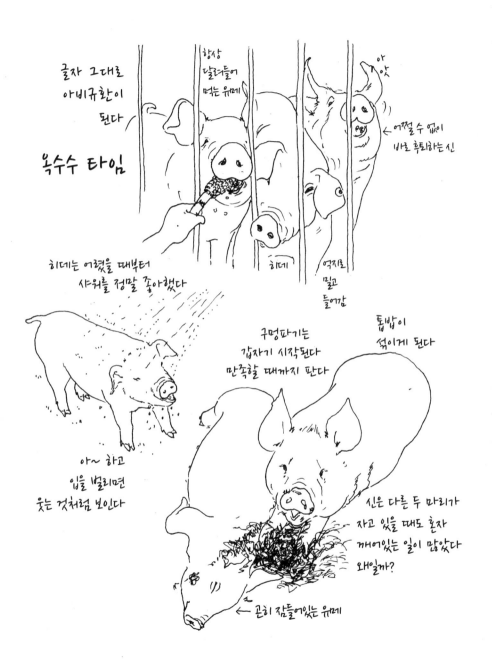

글자 그대로
아비규환이
된다

옥수수 타임

항상
달려들어
먹는 유메

아
앗

← 어쩔 수 없이
바로 후퇴하는 신

히데는 어렸을 때부터
샤워를 정말 좋아했다

히데

억지로
밀고
들어감

구멍파기는
갑자기 시작된다
만족할 때까지 판다

톱밥이
섞이게 된다

아~ 하고
입을 벌리면
웃는 것처럼 보인다

신은 다른 두 마리가
자고 있을 때도 혼자
깨어있는 일이 많았다
왜일까?

← 곤히 잠들어있는 유메

정이 풍부해졌고, 호기심 가득한 눈을 반짝이며 내게로 다가왔다. 역시 너희들은 내가 서서 내려다보는 건 별로 안 좋아하는구나. 그래 좋아 이리와. 신은 냄새를 맡듯 내 옆까지 다가왔다. 조심스레 머리를 쓰다듬었다. 신은 눈을 가늘게 뜨고 돌출된 턱을 들어올렸다.

　손으로 먹이를 주는 것으로도 모자라 한 발짝 더 돼지에게 다가가고 말았다. 어쩌지? 그렇지만 얼마나 귀엽고 재미있는지 모른다. 개보다도 표정이 다양했다.

돼지와의 경계가 점점 애매해지다

신은 나에게 곧잘 애교를 부리게 됐다. 장화를 가볍게 물기도 하고 코를 얼굴에 갖다대거나 허벅지 쪽으로 바짝 다가와 무릎베개를 하듯 머리를 기대고 엎드려 눕기도 했다. 배를 만져주면 기분 좋게 웃었다. 얼굴 생김새 때문에 그렇게 보였는지도 모르지만. 신의 눈매는 세 마리 중에서 가장 인간과 비슷했다. 카메라를 갖다대면 신에게만 픽 하고 얼굴판별 기능이 작동했다.

　그러다가 신은 성기까지 만지게 해줬다. 처음부터 내가 만지려고 해서 만진 건 아니었다. 어느 날 밤 창문을 열고 우리를 들여다보고 있는데, 히데가 신의 성기를 코로 툭툭 거칠게 건드리고 있는 게 아닌가!

　눈을 의심했다. 괴롭히는 거라고 생각했는데, 이게 웬걸! 신은 오히려 기분 좋게 배를 내놓고 누가 봐도 즐기고 있는 모습이었다. 히데는 내 시선을 알아채고는 하던 동작을 딱 멈춰버렸다. 그래도 신은 좀 더 만져주길 바라는 듯 그대로 배를 내놓고 드러누워 있었다.

동물도 성기를 자극하면 기분이 좋은가보다. 아무리 그렇다지만 신은 거세한 수컷이다. 거세했기 때문에 남성호르몬 같은 게 나오더라도 상당히 억제되어 있을 텐데 그래도 다름없이 기분이 좋은가? 아니면 단순히 히데의 교배흉내였을까?

이리저리 머리를 굴려봤지만 도저히 알 수가 없었다. 어쩔 수 없이 직접 시험해 보기로 했다. 돼지를 의인화할 생각은 없다. 돼지를 만져보고 싶을 뿐이다. 하지만 그건 어떤 의미에서 보면 인간과 동물의 경계를 넘어선 행위가 되진 않을까?

공교롭게도 이 집에는 돼지와 나뿐이라서 말릴 사람도 없었다. 사람들과의 교류도 없이 원고를 쓰면서 돼지만 보고 있자니 점점 경계가 애매해져 갔다.

신이 싫어하면 그때 그만두면 된다. 안 그러면 엄연한 동물학대다. 신은 내가 우리에 들어가 앉자마자 내 옆에 와 드러누웠다. 배를 쓰다듬는 김에 아랫배 쪽까지 손을 뻗어봤다.

아랫배라고는 하지만 돼지의 성기는 배의 한 가운데쯤에 있고 참외배꼽처럼 보인다. 배 가운데서부터 아랫배 쪽으로 쭉 생식기가 들어있다. 신은 몸을 살짝 움츠렸지만 바로 만지게 해 주었다. 다만 매번 그런 건 아니다. 내켜하지 않을 때도 있었다. 그럴 때는 벌떡 일어서버렸다. 꽤 신경질적이었다. 그 부분을 만져서 기분이 좋은 건지 어쩐지는 알 수가 없었다.

수의사인 하야카와 씨에게 이야기했더니 그녀도 만져보고 싶다고 했다. 나는 하야카와 씨를 데리고 우리 안으로 들어가 신이 드러눕기를 기다렸다가 만져보게 했다. 신은 단호히 거절하고 일어서서 가 버렸다. 그녀는 우리 집에 오는 사람들 중에서도 세 마리가 특히 잘 따르는 사람이었다. 그런 하야카와 씨에게도 만질 기회를 주지 않다니, 역시 나는 그 녀석들에게 특별한 존재인가 보다. 좀 자랑스러운 기분이 들었다.

돼지에게는 돼지의 기준이 있다

돼지는 자기 똥을 코로 만지작거린다. 코로 바닥에 싼 똥을 땅콩버터처럼 예쁘게 펴서 그 위에 드러눕기도 한다. 돼지는 깨끗한 것을 좋아한다고 들었다. 장소를 가려서 똥오줌을 싸고 샤워를 좋아하지만 몸에 온통 똥을 묻히는 것도 매우 좋아했다.

돼지에게는 돼지의 청결과 불결의 기준이 있을 것이다. 하지만 아무리 그렇다 해도 똥을 펴바른 코로 얼굴을 비비려고 하면 나는 가차없이 피해버렸고, 똥범벅이 됐을 때는 껴안고 놀지도 않았다. 놀 때도 고무장갑은 끼고 있었다. 돼지들은 내가 자신들의 그런 점을 더럽게 생각한다는 것을 민감하게 알아차렸을 것이다.

유메와 히데와도 신처럼 사이좋게 지냈는지 묻는다면 전혀 그렇지 않다. 히데는 나에게 전혀 다가오지 않아서 얼굴을 쓰다듬지도 못했다. 운동장에서 쿨쿨 자는 시간이 많아서 사진은 남보다 갑절이나 많이 남았지만 거의 만진 적도 없이 가끔 장화를 무는 정도였다. 그나마 친해진 것은 도축장에 보내기 겨우 3주 정도 남겨둔 시점에서였다.

유메로 말하자면 웅크려 눈을 맞추는 사이 어느새 나를 아랫사람이나 되는 양 얕잡아봤다. 대실패였다. 신은 작업복과 장화를 장난치듯 가볍게 물었지만 유메는 진짜로 물었다. 물기만 하는 게 아니라 잡아당기기도 했다. 바지자락을 있는 힘껏 잡아당겨 넘어 뜨리려고 하거나 작업복 지퍼를 재주 좋게 입으로 물고 내렸다.

내 등 뒤로 돌아가서 목까지 가려주는 햇빛차단용 모자의 나풀거리는 천을 입에 물고 장난을 치는구나 싶은 순간 쿵하고 뒤로 나자빠졌다. 개처럼 목을 흔들어대서 모자의 끈이 목을 죄었다. 이 얼마나 난폭한 돼지인가!

또 다른 날은 웅크려 똥을 쓸어담고 있는데 폴짝 내 등 위로 올라탔다. 교배자세! 완전한 패배의 순간이었다. 그때는 아직 버틸 만한 무게였다. 그런데도 무거웠다. 등에 발굽이 파고들고 목덜미에 흥흥거리는 숨소리가 느껴졌을 때는 정신이 다 아찔했다.

위험천만이다. 만약 체중이 100킬로그램을 넘어서도 지금처럼 놀다가는 자칫 잘못하면 압사당할지 모를 일이다. 이를 어쩐담!

돼지들이
탈출했다

애완동물과 가축의 경계

아사히축산의 카세 씨가 한 잔 하자고 해서 근처 주점에서 만났다.

"왜 돼지한테 이름까지 지어준 거야……?"

술을 마시던 카세 씨가 불쾌한 얼굴로 말했다. 돼지를 키울 거라면 꼭 아사히 시에서 키우라며 셋집의 보증인까지 자처해 준 카세 씨였다. 그런데 돼지에게 이름을 지어준 건 탐탁지 않았던 모양이다. 애완동물이 아니라는 이유에서였다. 결국은 도축장에 출하해서 고기로 만들어 먹을 돼지에게 쓸데없는 애착을 쏟는 게 가없다고 했다.

그렇게 말하지 않아도 오래 전부터 익히 알고 있었다. 이름은 하나의 경계선이다. 먹거리로 볼지 애완동물로 볼지에 대한 경계선 말이다. 지금도 씨돼지에게 이름을 지어주는 농가가 많다. 그런 씨돼지들은 고기용으로 출하하는 건 아니지만 생식능력이 떨어지면 어차피 도축장으로 보내진다.

씨돼지는 우리에서 혼자 살고 몸집도 큰데다 이미 다 성장한 상태이기 때문에 겉모습으로 구별하기도 매우 쉽다. 농가 사람들은 번식작업을 하면서 식용돼지와는 비교도 안 될 만큼 씨돼지와 자주 소통을 하게 되니 자연스럽게 이름도 생기는 것이다.

그렇다. 많은 사람들이 엄연히 다르다고 믿는 애완동물과 가축의 경계를 나는 감히 무너트리고 싶었다. 이름을 불러주고 그들의 본성을 파악하며 충분히 마음을 나눈 뒤에 잡아먹어보고 싶었다. 수십 년 전 서양의 소규모 농가에서도 그랬고 지금의 변두리지역 농가에서도 매우 일반적으로 벌어지는 일이다.

그런 내 생각을 이미 여러 사람들에게 설명한 바 있다. 처음 말했을 때는 이렇다 할 반응들이 없었다. 취해서 제대로 못 들었던 걸까? 막상 돼지를 키우면서 이름을 부르자 주변 사람들이 웅성대기 시작했다.

술에 취한 카세 씨는 나를 도깨비라고 부르며 시비를 걸었다.

"사실은 식육공사에 맡기려는 게 아니라 직접 죽여보고 싶은 거지?"

분명 그런 생각을 안 한 건 아니다. 하지만 칼조차 제대로 잡아본 적 없는 내가 연습도 없이 세 마리를 죽이고 내장을 상처 없이 꺼낼 수 있을 리가 없다.

껍질도 벗기지 못할 게 뻔하다. 그리고 무엇보다 자가도축은 위법행위다. 그런 내용은 원고에도 못 쓰고 위생검사도 받지 않은 고기를 다른 사람에게 대접할 수 도 없지 않은가! 150킬로그램에 달하는 돼지 세 마리의 고기를 혼자서 먹거나 보관하는 것만 해도 엄청난 비용이 들 것이다.

아무리 생각해도 현재의 내 상태로는 불가능한 일이다.

카세 씨가 20대였던 1980년대 초반까지는 도축장의 작업형태에도 옛날방식이 아직 남아 있었다. 도매업자는 개별농가를 일일이 돌며 돼지를 끌어모아 도축장에 데려가서 직접 돼지의 배를 가르고 내장을 적출하는 일까지 했다. 그런 까닭에 카세 씨는 껍질은 못 벗기더라도 돼지를 죽일 수는 있었다.

무엇이 불쌍하고 무엇이 불쌍하지 않은지

아사히 시 변두리에서는 멧돼지가 출몰한다. 논밭을 훼손하기 때문인지 덫을 놓는데, 만약 그 덫에 새끼 멧돼지가 걸리면 데려다 키우는 농가가 있는 모양이다. 실제로 보러 가진 못했지만 흔히 있는 일이라고 한다. 애완동물로 키우는 것이 아니라 양돈농가에서 사료를 받아와 맛있게 살찌운 후에 잡아먹는다고 한다. 다 크고 나서 잡힌 멧돼지는 사람을 따르지 않지만 새끼 때부터 키우면 정이 들어 맘고생이 심하다고 돼지우리를 공사하러 온 직원이 말했다.

그런데 멧돼지는 유전학적으로는 일반돼지에 가깝지만 결국 야생짐승이지 가축이 아니다. 그러므로 멧돼지의 자가도축은 위법이 아니다. 카세 씨는 가끔 농가의 부탁을 받고 멧돼지를 도축

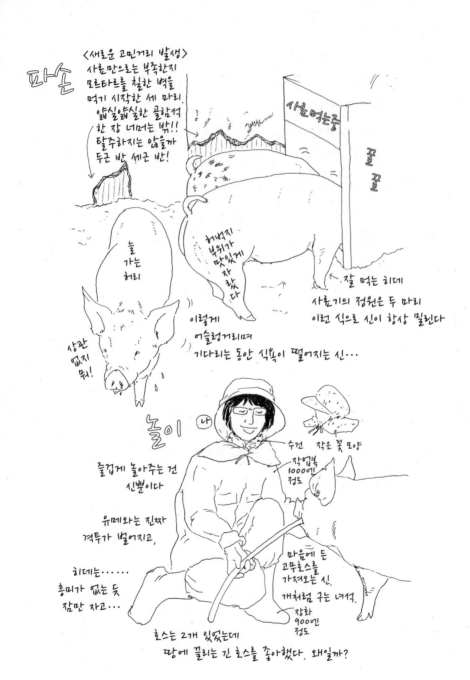

파손

〈새로운 고민거리 발생〉
사료만으로는 부족한지
모르타르를 칠한 벽을
먹기 시작한 세 마리.
얘실얘실한 골함석
한 장 너머는 밖!!
탈주하지는 않을까
두근 반 세근 반!

사료먹는중

먹고 먹고

늘
가는
허리

허벅지
부위가
맛있게
자랐다

상관
없지
뭐!

이렇게
어슬렁거리며
기다리는 동안 식욕이 떨어지는 신…

잘 먹는 히데
사룐기의 정원은 두 마리
이런 식으로 신이 항상 밀린다

놀이 나

즐겁게 놀아주는 건
신뿐이다

수건 작은 꽃 모양

작업복
1000엔
정도

유메와는 진짜
격투가 벌어지고,

히데는……
흥미가 없는 듯
잠만 자고…

마음에 든
고무호스를
가져오는 신.
개처럼 구는 녀석.

장화
900엔
정도

호스는 2개 있었는데
땅에 끌리는 긴 호스를 좋아했다. 왜일까?

해주기도 한다고 했다.

　그런 지역색에 개인색까지 가진 사람이 그깟 이름에 반발할 줄은 꿈에도 몰랐다. 나보다 젊은 축산농가의 한 남성도 그랬다.

　"옛날에는 아무리 소규모로 키웠다지만 그래도 죽일 때는 옆집 농가의 돼지와 바꿔서 잡아먹었어요."

　주점에서 일하는 여자애들에게도 "애완동물처럼 귀여워하다가 잡아먹다니, 불쌍하지 않아요? 좀 잔인하다……" 하는 말을 몇 번이나 들었다.

　한편 이 마을은 어항(漁港)도 있고 돌고래가 자주 잡혀서 옛날에는 생선가게에서도 돌고래 고기를 쉽게 찾아볼 수 있었다. 지금도 간혹 팔고 있다고 한다. 그녀들에게 "돌고래 고기 먹어?"라고 묻자, "무하고 쪄서 먹어요." 하는 대답이 태연하게 돌아왔다. 미국사람과 호주사람이 들으면 기겁할 일이다.

　주위 사람들이 그런 반응을 보일수록 결국은 무엇이 불쌍하고 무엇이 불쌍하지 않은지, 또 무엇을 먹고 무엇을 안 먹을 것인지 기준의 근거가 과연 무엇인지 갈피를 잡기 힘들었다. 그건 단순히 그들의 습관에서 나온 기준으로밖에 보이지 않았다. 그런데도 많은 사람들은 그 기준에 절대적인 확신을 갖는다. 때로는 금기인 것처럼 요란을 떤다. 정말 이해가 안 간다. 그렇게 되면 오기로라도 그 틀을 깨버리고 싶다는 욕구가 솟구친다.

　하지만 그런 문제는 차치하더라도 매일 돼지를 돌보고 있으면, 아니 키우기 시작한 그날부터 돼지들이 미치도록 귀여웠다. 가축이니 애완동물이니를 따지기도 전에 이미 애정이 생긴 터라

그들과 더 부대끼고만 싶어졌고 그 마음은 걷잡을 수 없이 커져
만 갔다.

생각지도 못했던 소리가 ……

그러던 어느 날 밤의 일이다. 혼자서 돼지우리를 청소하고 있었다.
돼지가 커갈수록 똥도 많이 쌌다. 금속제 스퀴지로 가정용 쓰레받
기에 똥을 긁어 담았는데 플라스틱 쓰레받기가 흔들릴 정도로 똥
이 수북이 쌓였다. 한손으로 들어올리면 손이 떨렸다.

이제 쓰레받기를 큰 걸로 바꿔야겠네! 운동장의 울타리에 달린
문을 열고 나가 손을 뒤로 뻗어 문을 닫았다. 문은 밖으로 열리고
자물쇠를 거는 고리가 문과 바깥틀에 나사로 고정되어 있었다. 똥
이 수북이 쌓인 쓰레받기를 땅바닥에 내려놓기가 귀찮아, 자물쇠
를 걸지 않고 걸고리만 탁 닫고 고리를 세로로 돌렸다.

이렇게 하면 문이 열릴 일은 없다. 집 옆으로 돌아가서 구덩이
에 똥을 털썩 던져넣었다. 구덩이는 집 옆에 폭 40센티미터 깊이
40센티미터 정도로 파놓았다. 전체 길이 5미터 남짓. 놀러온 사람
들이 파준 것이다. 이 집터의 흙은 바다가 가까워서인지 거의 모
래라서 파기 수월했다.

판 흙은 구덩이 옆에 쌓아두었다. 구덩이에 똥을 넣고선 옆에
쌓아놓은 흙을 덮어 구덩이를 매웠다. 구덩이는 절반까지 차 있
었다. 이 높이가 될 때까지 하루도 빠짐없이 똥을 묻어왔다고 생
각하니 감개가 무량했다. 어두워서 잘 안 보였기 때문에 구덩이를

그녀는 왜 돼지 세 마리를 키워서 고기로 먹었나

뚫어져라 쳐다보며 똥이 완전히 모습을 감출 때까지 여러 번 흙을
덮었다. 돼지우리에는 작업등이 켜져 있고 도로에는 가로등이 있
어서 주차장과 현관을 훤히 비추고 있었지만 구덩이는 집 귀퉁이
에 가려 불빛이 와 닿지 않았다.

'찰칵. 끼-익!'

생각지도 못했던 불길한 소리가 조심스럽게 들려왔다.

철문을 열고 닫을 때 나는 소리다!

설마? 잘못 들었나? 설마했던 일이 벌어졌다. 우리가 보이는
쪽까지 돌아왔더니 문은 열려있고 당장에라도 신이 우리 밖으로
나올 태세였다. 유메는 이미 우리 밖으로 나가 주차장 겸 앞마당
에서 냄새를 맡으며 돌아다니고 있었다. 두 마리 다 신바람이 나
기 보다는 오히려 살금살금, 쭈뼛쭈뼛 모든 신경을 코에 집중시켜
킁킁거리며 앞으로 걸어가고 있었다.

가로등에 비춰진 아스팔트 위를 하얀 돼지가 살금살금 움직이
고 있었다. 유메보다는 신이 바깥세상을 한가롭게 즐기는 것처럼
보였다. 정말로 명랑한 녀석이다. 유메는 바깥세상에 대한 의심을
풀지 않고 이것저것 냄새를 맡고 다녔다. 하여튼 경계심이 강했다.

보지도 않고 손을 뒤로 뻗어 문을 잠근 게 실수였다. 고리가 제
대로 걸리지 않았던 것이다.

당황한 기색을 보여선 안 돼

진정해라, 우치자와! 일을 더 크게 만들면 안 된다. 자고 있는 히

데에게 이 상황을 알게 해서는 안 된다. 어쨌든 세 마리 앞에서 당황한 기색을 보여서는 안 된다.

태연하게 우리로 걸어가 문 바로 옆에 있던 신을 쓰다듬는 척하다가 단숨에 목덜미를 잡고 다른 한 손으로는 문을 열었다. 꽤애액-꽤-꽥! 비명을 지르며 신이 바둥댔다. 이를 어째! 히데가 깨고 말았다. 이럴 때 바깥쪽으로 열리는 문이라니! 정말 난감하다. 그렇다고 여기서 주춤거려선 안 된다. 거의 발로 차다시피 해서 신을 울타리 안으로 밀어넣었다. 문을 닫고 고리를 단단히 걸었다.

유메는 멀리서 그 모습을 가만히 지켜보고 있었다. 아직은 그나마 집터 안에 있지만 1미터만 더 나가면 바로 도로다. 유메가 도로로 나가는 건 어떻게든 피하고 싶었다. 밤중에는 다니는 차량이 적지만 한 번씩 지나갈 때는 엄청난 속도로 지나간다.

"유~메~짱!" 나는 최대한 부드럽게 유메를 불렀다. 하지만 유메는 보란 듯이 도로 바로 앞까지 뒤뚱뒤뚱 걸어가고 말았다. 위기일발의 순간, 유메는 다행히 도로 옆에 난 풀숲으로 들어갔다. 돼지는 자기영역에 매우 민감한 동물이라고 한다. 유메는 첫 외출인데도 어디까지가 우리 집터인지 아는 듯, 도로까지는 나가지 않고 도로 옆길을 따라 걸었다.

옆에 있던 밭으로 뛰어들지도 않고 계속 그 상태로 걷다가 현관 쪽으로 돌아왔다. 잘했어! 잘했어! 그대로 현관의 냄새를 맡으며 돼지우리 쪽으로 다가왔다.

히데와 신은 울타리 안에서 그런 유메를 보며 흥분해 있었다. 이런 상태에서 문을 열면 두 마리 다 뛰쳐나올 게 분명하다. 골치가 아팠다. 현관에 서 있는 유메의 등을 쓰다듬으며 문 앞까지 함께 걸었다. 유메가 문 앞을 그냥 지나치려던 찰나 유메의 꼬리를 덥석 잡아봤다. 돼지를 붙잡으려면 꼬리를 잡으면 된다고 누군가에게 들었던 기억이 났기 때문이다. 꽥! 하고 비명을 지르며 아파하는 유메. 실패다. 아파하는 유메를 보니 차마 손에 힘이 들어가지 않았다. 하지만 지금 놔버리면 흥분해서 더 날뛸 것이다.

나는 순식간에 유메의 등을 덮쳐 어깨너머로 앞다리를 안아들었다. 내가 유메 위에 올라타 교배자세를 취한 꼴이 되었다. 유메가 크게 비명을 지르며 더 난폭하게 바둥거렸다. 순간 몸이 붕 떴다. 돼지에게 끌려간 것이다. 건너편 집에 불이 켜졌다. 이크, 큰일이다!

혼신의 힘을 다해 유메를 잡아당겼다.

어떻게 해서 유메를 우리에 넣었는지 기억도 잘 안 난다. 머릿속이 새하얘진 채 뭐라고 고함을 치면서 한 손으로 문을 열고 다른 한 손과 발을 써서 소란을 피우는 두 마리에게 유메를 떠넘기듯 밀어넣고 문을 닫고 자물쇠를 걸고선 땅바닥에 주저앉았다. 몸이 부들부들 떨렸고 몸 전체의 근육이 굳어져 움직일 수 없었다. 숨도 제대로 쉬지 못했다. 위급상황 때 발휘된다는 초인적인 힘이 나에게도 있었던 모양이다.

십 분 정도 그렇게 있었을까? 굳어있던 몸이 겨우 좀 풀려 운동장 안을 들여다봤다. 두 마리는 우리로 들어갔는데 유메만 홀로 운동장에 있었다. 유메 역시 기진맥진했는지 뒷다리는 구부리고 앞다리로 서서 머리를 숙인 채 눈을 내리깔고 부들부들 떨고 있었다.

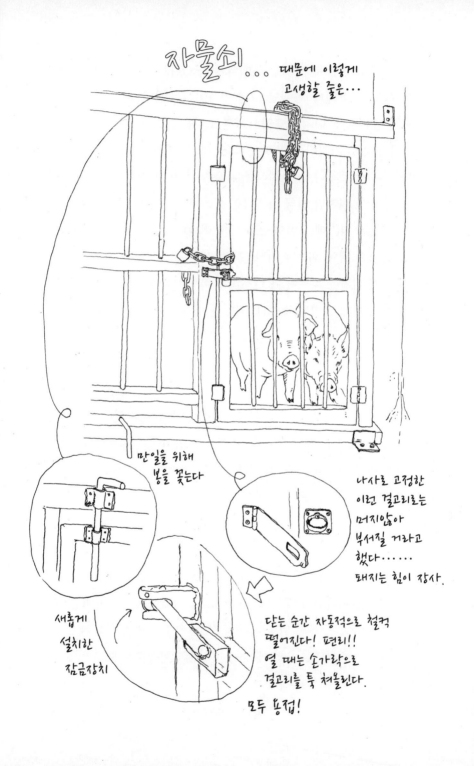

유메의 입장에서 보면 지금까지 톱밥 위에서 함께 뒹굴며 놀고, 때로는 등에 올라타기도 했던 인간에게 당한 것이다. 충격이었을까? 유메 못지않게 나도 충격이었다.

문을 열고 유메에게 다가갔다. 흠칫 몸을 사렸다. 쓰다듬으려고 하자 내 손길을 피했다. 달리 방법이 없었다. 문을 닫고 잘 잠겼는지 확인하고 또 확인했다. 지금처럼 나사로만 고정해서는 돼지가 맘먹고 육탄전으로 밀어붙이면 언제든 부숴지고 말 것이다.

천근만근 무거운 몸을 질질 끌고 집으로 들어가 샤워를 했다. 무릎도 팔꿈치도 온몸이 멍투성이였다. 여하튼 이만하길 다행이지만 이젠 한계다. 만일 유메가 5킬로그램만 더 쪘더라도 아마 막지 못했을 것이다.

다음날부터 유메는 얼마 동안 나를 피해다녔다. 쓰다듬으려고 하면 냅다 도망쳤고 교배자세도 취하지 않았다. 그건 그것대로 또 서운한 마음이 들었지만 어떻게 할 도리가 없었다. 아무리 동등하게 놀아준다고 해도 결국 나는 이 돼지들의 관리자다. 도로로 나가면 이웃주민에게 막대한 폐를 끼치게 된다. 그게 바로 동물을 키우는 일이다.

무거운 쇠사슬을 샀다

우리의 문을 어떻게든 고쳐야 한다. 돼지우리는 보통 안쪽으로 열리게 문을 만들어야 한다고 했다. 이런 망할 건축업자! 축사 공사를 여러 번 해봤다면서 바깥쪽으로 열리게 만들어 놓다니!

일단 홈센터로 달려가 무거운 쇠사슬을 1미터씩 두 줄 샀다. 이곳에서 참 다양한 물건을 샀지만 설마 쇠사슬까지 사리라고는……더구나 셀프서비스여서 매장에 놓인 전용 절단기를 사용해서 필요한 만큼 쇠사슬을 직접 잘라야 했다.

살다살다 쇠사슬까지 자르게 될 줄이야! 내 팔뚝보다 굵은 쇠사슬과 큰 자물쇠를 들고 와서 문과 울타리 틀에 돌돌돌 세 겹으로 감고 자물쇠를 채웠다. 맨 위에 하나, 옆에 하나. 그런데 들락날락할 때마다 매번 쇠사슬을 거는 게 매우 번거로웠다.

문 때문에 고민하는 나를 보더니, 카세 씨가 치바현식육공사의 하세가와 히카리 씨에게 의논해보라고 했다. 왜 하세가와 씬지는 모르겠지만 일단 전화를 걸었다.

"알겠습니다. 방법을 찾아보죠. 지금 그쪽으로 가겠습니다."

이틀 후, 하세가와 씨는 젊은 남자직원과 함께 트럭을 타고 왔다. 트럭에는 용접도구와 발전기가 실려 있었다.

"문을 닫으면 철컥 하고 떨어지는 자물쇠로 만들었어. 그리고 만일을 대비해서 위에 이렇게 생긴 철로 된 봉을 꽂아서 잠글 수 있게 하려고."

그는 그렇게 말하며 쓰고 버린 폐자재로 손수 제작했다는 잠금장치와 봉을 보여줬다. 식육공사 한쪽 어디에 이런 멋진 폐자재가 있었단 말인가! 하긴 방문할 때는 늘 돼지와 소 그리고 직원들 보기에 바빴었지…… 어쨌든 굉장하다.

"이거 전부 하세가와 씨가 만들었어요? 이런 일은 보통 철물점 같은 데 맡기는 거 아니에요?"

그녀는 왜 돼지 세 마리를 키워서 고기로 먹었나

"아니, 우리 식육공사도 이제 낡을 대로 낡아서 말야 …… 계류소의 울타리도 그렇고 이곳저곳 부서진 곳이 많아. 그래도 예산이 없으니까 웬만한 건 우리가 직접 고치지."

그러면서 용접기에 타닥타닥 전기를 넣었다.

약 한 시간 만에 새로운 잠금장치가 완성됐다. 이젠 안심이다. 하세가와 씨에게 비용을 지불하려고 했지만 폐자재로 만든 거라 필요 없다며 얼른 돌아가 버렸다.

결투 같기도 하고 애니멀 세라피 같기도 하고

유메는 한동안 나를 피하더니 안정을 찾았는지 다시 난폭하게 장난을 치기 시작했다. 하지만 유메는 단순히 난폭한 게 아니라 뭐랄까 탈주한 날을 경계로 나를 한층 더 유심히 '지켜보게' 됐다.

7월의 어느 날, 나는 유방암 치료 문제로 도쿄에 있는 병원과 대판 싸우고 울면서 집에 돌아왔다. 하염없이 눈물을 흘리며 청소하러 우리에 들어갔을 때부터 유메는 어쩐지 싸움을 걸 듯 덤벼들었다. 나는 손으로 유메는 코로 까닭 없이 서로 치고 받으며 한바탕 싸우고 나니, 멍이 들 정도로 물렸지만 기분은 왠지 후련했다.

착각일지 모르지만, 어쨌든 그때는 유메가 큰 위로가 되어주었다. 그걸 애니멀 세라피라고 하는 걸까?

유메와는 그 뒤로도 줄곧, 그가 세상을 떠나는 날까지 애완동물도 가축도 아닌 결투상대로 지내는 날이 계속되었다.

궁극의
돼지사료

순환형 농장과 돼지

유메와 신의 탈주사건을 전후해서 세 마리는 이미 새끼돼지라고 부를 수 없을 만큼 거대해져 갔다. 과연 생후 반년 만에 출하할 수 있는 가축답다. 처음에는 넓게만 보였던 톱밥우리도 점점 비좁아졌다.

정확한 원인은 모르겠지만 세 마리는 우리 벽면에 1센티미터 정도의 두께로 발라놓은 모르타르를 으드득으드득 파먹기 시작했다. 벽면은 평평한데 어떻게 팠지? 코로 문질러 구멍을 낸 건가? 작은 구멍에 코를 박고 매일 힘 좋게 과자라도 씹어 먹듯 으깨먹었다.

부서진 모르타르벽 뒤로 골함석이 보였다. 그 뒤는 바로 바깥. 집 안에 버려져 있던 냉장고를 돼지우리 앞에 눕혀놨기 때문에 당장 뚫고나갈 순 없을 것이다. 그렇다고 해서 방심할 순 없다.

머리를 굴리던 차에 메일이 왔다.

"거기에 콘크리트패널을 붙여 줄까요?"

전날 놀러왔던 양돈농가의 나미키 토시유키 씨가 보낸 메일이었다. 그가 하는 일은 번식작업에서 식용돼지를 도축장으로 출하하는 것까지 하는 일반농가와는 조금 달랐다.

'예탁'이라고 해서 어미돼지가 될 새끼들을 키워서 임신가능한 시기가 되면 대규모 농장에 번식용으로 출하하는 일을 한다. 번식작업은 인공수정에 교배에 출산까지, 게다가 그에 필요한 시설설비도 갖춰야 하고 풍부한 경험도 필요해 여간 수고스러운 게 아니다. 하지만 어미돼지를 육성하는 일은 태어난 지 3개월 정도 된 새끼돼지를 5개월 정도만 사육하면 되기 때문에 비교적 편한 작업이다. 사실 나미키 씨는 양돈업에 뛰어든 지 얼마 안 된 새내기다. 아무것도 없는 상태에서 일을 시작했다.

지금까지 만났던 대규모 농가 사람들은 모두 부모의 일을 물려받은 사람들이었다. 원래 양돈뿐만 아니라 농업도 아무것도 없는 상태에서 시작하기는 힘들다. 자급자족이나 겸업의 목적이 아닌, 생산물을 현금화하여 생계를 꾸려나가려면 어느 정도의 규모는 되어야 한다.

30년 전에 비해 돼지 한 마리 당 가격이 낮아진 것과 더불어 분뇨처리의 조례도 바뀌었다. 널찍한 토지에 자동급수기와 자동환기시설이 있어야 하고 분뇨처리시설 등도 따로 마련하도록 바뀌었다. 초기투자비용이 어마어마하게 들어간다. 양돈농가에서 일을 하면 기술은 배울 수 있지만 어느 농가나 급여는 많지 않다. 부족한 일손을 해외에서 온 농업연수생으로 충당해야 하는 곳도 많다. 창업비용을 모으기도 힘들다. 그런데도 왜 돼지를 키우려는 걸까?

"먼저 순환형 농장을 하려고 했어. 양돈은 그 일환이었고. 원래 우리 집은 할아버지 대부터 쌀농사를 지어왔고 돼지도 키웠지. 어렸을 때는 학교에서 돌아오면 돼지우리에 깔 볏짚부터 잘라야 했어. 농가 아이들은 모두 그랬지. 분뇨를 흡수한 볏짚은 그대로 가져다 밭에 뿌려서 비료로 썼어. 그때는 순환형이란 말도 없었지만 자연스럽게 그렇게 했지. 무엇보다 그땐 한가로웠으니까. 할아버지는 매일 1킬로미터 정도 떨어진 강가로 돼지를 산책시키러 갔는데 그때 나도 씨돼지 등에 타고 함께 가곤 했어. 지금 같으면 말도 안 되는 소리지?"

돼지를 산책시키다니, 동화 속에나 나올 법한 이야기다. 나미키 씨는 1961년생이다. 그가 중학생일 무렵에 가족들은 돼지 키우는 일을 그만뒀다고 한다. 현재는 쌀과 채소를 재배하는 전업농가다. 나미키 씨는 전혀 다른 일을 하다 우연히 어떤 사업을 접하면서 순환형 농장을 만들기로 결심하게 된다. 그건 바로 파리를 이용해 돼지 똥을 처리하는 방법이다.

구더기 - 궁극의 에코사료 겸 돼지 똥 처리

나미키 씨와는 독특한 방식으로 분뇨를 처리하는 곳이 있다고 해서 취재를 하러 갔다가 우연히 알게 됐다. 현재 대규모 축산농가의 가장 일반적인 분뇨처리 방식은 정화조 시설을 만들어 처리하는 것이다. 차선책은 바닥에 톱밥을 깔고 그 위에서 돼지를 키우다 분뇨를 흡수한 톱밥을 다른 장소로 옮겨 발효시킨 뒤 비료로 사용하는 방법이 있다.

나미키 씨가 개발에 참여한 '주 컴포스트(ZOO COMPOST)'는 파리를 이용해 분뇨를 분해시켜서 비료로 만드는 시스템이다. 축사에 파리가 들끓는 건 당연하다. 세 마리만 키워도 엄청난 양의 파리가 어딘가에서 날아온다. 우리 집도 돼지우리와 바로 붙어 있어서 모기도 파리도 쉴 새 없이 드나든다. 집 안에 파리잡이용 끈끈이를 늘 열 개 이상 달아놓는데 순식간에 새까매진다.

파리는 똥에 알을 낳는다. 알이 부화하면 구더기가 된다. 구더기는 똥 속에 들어있는 영양분을 먹고 자란다. 러시아 우주국은 이 점에 주목했다. 우주공간에서 인간의 배설물을 분해하고 우주식을 자급자족할 방법을 고민하고 있었던 것이다.

그렇다. 구더기는 고단백질 식품이다. 더구나 더러운 장소에서도 쑥쑥 잘 자라기 때문에 체내에 엄청난 항균력을 보유하고 있다고 한다. 벌의 유충도 고단백질 식품이라고 하니 이치에 맞는 말인 건 분명하다. 다만 자기 똥을 먹고 자란 구더기를 먹는 건 쉽지 않을 것이다.

러시아 우주국은 집파리를 품종개량하여 불과 일주일 만에 알에서 깨어나 똥을 완전분해하고, 구더기 즉 유충은 번데기 직전까지 성장한다는 슈퍼 집파리를 만들어냈다. 게다가 유충의 타액에 들어있는 효소로 분해된 똥은 양질의 유기비료가 된다. 궁극의 에코식품이란 실로 이런 걸 두고 하는 말일 것이다.

이렇게 파리를 이용해서 돼지의 똥을 처리하는 방식이 바로 주컴포스트다. 톱밥을 퇴비로 만들려면 약 3개월이 걸리지만 파리를 이용하면 분뇨는 일주일 안에 완전하게 퇴비가 된다. 성장한 구더기는 펄펄 끓여 건조시킨 후 가축의 사료에 섞어 먹인다.

닭과 돼지의 영양보조식품 같은 느낌이랄까? 금붕어 같은 물고기의 먹이로도 만들어져 나온다고 한다. 애당초 인간이 먹으려고 개발했기 때문에 인간이 먹어도 된다.

시설을 견학하러 갔을 때 말린 뱅어처럼 생긴 구더기를 보고 바로 집어서 입에 넣었다. 놀랍게도 참 맛있었다. 뱅어를 기름에 튀겨낸 듯한 맛이다. 지방이 상당히 많았다. 큰 쟁반에 담긴 똥 속을 헤집으며 자라는 구더기를 보니 확실히 반질반질 윤기가 흘렀다.

집파리 사육

이 시스템에 대한 이야기를 들었을 때 가장 궁금했던 건 러시아에서 온 파리였다. 요즘은 재래종 보호문제가 강화되었다. 해외에서 그런 파리를 과연 들여올 수 있었을까? 그런데 놀랍게도 파리는 검역대상이 아니기 때문에 문제가 없다고 한다. 물론 후생노동성의 인가를 받았다. 그리고 이 집파리는 고온다습한 환경이 아니면 살지 못하기 때문에 만에 하나 시설 밖으로 날아가면 바로 죽는다고 한다.

그렇다. 이 시스템의 핵심은 분뇨를 트레이에 깔고 여러 단 겹쳐놓은 사육실에 있다. 분뇨 위에 집파리의 알을 뿌려놓으면 일주일째에 바슬바슬한 퇴비와 구더기가 만들어진다는데 그러기 위해선 실온 30도 습도 70퍼센트를 유지해야 한다. 집파리가 일본생태계를 파괴할 우려가 없는 대신, 사육할 때 설비와 노고가 그만큼 더 들 수밖에 없다.

시험 삼아 우리 집 돼지의 똥을 콘크리트 위에 올려놔봤다. 파리가 똥 위에 바로 알을 낳았는데 어째 일주일이 지나도 바슬바슬한 퇴비가 되기는커녕 흙도 되지 않았다. 역시 바깥에 쌓아두면 어떠한 변화도 일어나지 않는다. 제대로 품종개량된 파리가 아닌 듯하다.

나미키 씨는 돼지우리에 콘크리트패널을 붙이러 와준 김에 돼지들에게도 꼭 먹여보라며 튀긴 뱅어 같은 집파리 유충을 갖다줬다. 세 마리 다 매우 맛있게 먹어서 매일 한 주먹씩 주기로 했다.

이젠 돼지도 어느 정도 자라 드디어 비육기에 돌입했다. 돼지의 먹이는 이유기, 자돈기(仔豚期), 그리고 비육기(肥育期)로 크게 세 단계로 나눠진다. 자돈기 때까지 뼈와 몸을 튼튼하게 만들고 비육기 때는 맛있는 지방이 적절히 밴 고기로 키운다. 보리와 율무 등 돼지에게 먹인 사료를 이름으로 사용하는 브랜드 돼지는 비육기에 먹일 사료를 통일해서 만드는 경우가 많다. 고기의 맛을 가장 크게 좌우하는 것이 비육기의 사료라고 해도 좋을 것이다.

꼭 먹여보고 싶은 먹이, 인분

다만 그 전에 딱 한 번이라도 좋으니 꼭 한 번 먹여보고 싶은 먹이가 있었다. 그건 바로 인분! 그렇다. 나는 예전에 아시아의 화장실을 취재하면서 네팔과 태국의 산악지대에서 실제로 인분을 맛있게 먹는 돼지들을 봤다. 오키나와에서도 전쟁 전까지는 돼지우리와 바로 연결된 화장실이 있었다.

하지만 이 세 마리의 돼지는 나만 먹을 게 아니라서 매일 먹이지는 못할 것 같았다. 그리고 네팔에서 먹었던 돼지는 영양상태가 나빴던 탓도 있었겠지만 그다지 맛있지도 않았다. 비육기에 똥을 먹이면 고기의 맛에 영향이 있을지도 모른다.

죽이기 두 달 전이라면 무엇을 먹이든 몸에 남지 않을 거라는 내 멋대로의 논리를 내세우며, 비육사료로 바꾸기 전날 밤 쓰레받기를 들고 재래식 화장실로 갔다. 재래식 화장실은 이럴 때만큼은 참 편리하다!

밤을 선택한 건 누군가 보는 게 싫어서였다. 우리에 불을 켜고 똥이 담긴 쓰레받기를 들고 세 마리를 불렀다. 후다다닥! 먹을 건 귀신처럼 안다! 신나게 뛰쳐나오는 세 마리. 아니, 히데는 여전히 반응이 좀 느렸지만 그래도 나왔다. 기대에 부풀어 눈을 반짝이는 세 마리. 그야 늘 내가 가지고 온 건 양배추나 옥수수였으니까!

"여러분, 오늘 간식은 이겁니다."

울타리 너머로 툭 하고 떨어뜨렸다. 달려드는 세 마리. 덤벼들어 먹나 했더니 움직임이 딱 멈춰버렸다. 히데가 곧장 우리로 돌아갔다. 포기가 빠른 돼지다. 신은 잠시 냄새를 맡더니 얼굴을 들어 왠지 의미심장하게 나를 쳐다봤다.

이거, 먹는 거 아니지?

맹렬한 슬픔이 밀려왔다. 뭔가 터무니없이 비상식적인 짓을 하고 만 것 같은 절망감. 다들 너무해! 네팔 돼지는 그렇게 잘 먹더구만…… 태국 산간지역에서는 풀덤불에 쭈그려 앉자마자 여러 마리의 돼지가 우르르 나를 에워쌌는데. 그 나라 돼지들은 평소에 뭘 안 먹이고 굶기는 걸까? 어쨌든 너희도 똑같은 돼지잖아!

유일하게 유메만 몇 번이고 다시 냄새를 맡았다. 먹을 것이 분명하다며 열심히 냄새를 맡았다. 일단 저 멀리 갔다가도 다시 빙 돌아와서 냄새를 맡았다. 그래도 결국 끝까지 먹으려고 하지는 않았다.

세 마리가 모두 우리로 돌아가고(혀를 차는 소리가 들리는 것 같았다!) 깨끗이 청소해 놓은 바닥에 인분만이 홀로 쓸쓸히 남겨졌다. 다음 날 아침 운동장으로 나가보니, 바닥에는 이미 세 마리의 똥이 산재해 있었다. 게다가 누가 밟았는지 드러누웠는지 범벅이 돼서 어떤 게 내 똥이고 어떤 게 돼지 똥인지 도저히 분간할 수 없었다.

비육사료는 브랜드 돼지와 같은 것

비육 이야기로 돌아가자. 비육사료는 처음부터 정해져 있었다. 중요크셔인 신을 분양해준 우노 씨의 농장에서 주력하고 있는 '다이아몬드 포크'에 먹이는 것과 똑같은 사료를 먹이기로 했다. 이제까지는 일반적인 배합사료를 만드는 데에 밀과 옥수수가 원재료로 사용되었다. 알다시피 그 재료들은 해외수입에 의존하고 있다.

바이오에탄올의 수요가 증가하면서 옥수수의 가격이 폭등하여 한동안 논란이 되었다. 먹이를 수입에 의존해야 하는 현실이 안타까운 건 생산농가뿐만 아니라 우리 소비자들도 마찬가지다. 그러한 상황에서 국내자급률을 높이려는 움직임이 일어났고 에코푸드, 즉 국내에서 나오는 음식물 쓰레기를 활용한 사료개발이 주목받았다.

옛날에는 가정에서 나온 잔반과 밭에서 난 채소를 먹여 돼지를 키우는 일이 아주 당연했다. 1950년대에는 외발수레를 끌고 음식점을 돌며 잔반을 얻어와 큰 냄비에 푹 삶아서 돼지에게 먹였다고 한다. 관서(關西)지역에서 돼지는 주로 재일한국인이 키웠다고 한다. 어머니들이 계약한 가게를 돌며 수레에 잔반을 담아와 그 안에서 흰밥을 골라낸 다음 나머지를 마당 한쪽에서 키우던 돼지에게 먹였다고 들었다. 건져낸 흰밥으로는 막걸리를 만들었다고 한다.

"음식점 잔반은 이쑤시개가 섞여있기도 해서 말이야…… 그렇게 되면 돼지한테 안 좋으니까 이쑤시개는 잔반에 버리지 말아달라고 미리 부탁해놓고 받았다나 봐." 하는 이야기도 들었다. 아사히 시는 어항(漁港)이 가깝기 때문에 썩은 생선을 삶아서 먹인 시기도 있었는데, 그런 돼지는 '황돈'이라 하여 지방이 노래지고 고기 냄새도 안 좋아 금방 없어졌다고 한다.

그럼 현재의 에코푸드는 어떤가? 직접 모으러 다니기에는 품이 너무 많이 들고 사육마릿수가 대량이면 조달하기도 매우 힘들다. 게다가 이제는 '고기라고 무조건 다 팔리는 시대'가 아니다. 더 좋은 고기의 맛을 내기 위해 성분균형을 고려한 사료를 만들어내고 있다. 전문업자가 만드는 리퀴드라는 액상사료부터 펠릿, 분말 등 여러 가지가 있다. 재료도 다양하다.

'다이아몬드 포크'의 비육사료는 원재료의 20퍼센트가 치바 현 산(産) 베니아즈마라는 고구마였다. 1950년대 치바 현에서 많은 농가가 중요크셔를 키우던 시절 먹이로 준 것이 고구마였다. 고구마를 먹여 키운 돼지고기의 맛을 잊을 수 없다는 어르신들도 있다고 한다. 그러고 보면 흑돈 왕국인 카고시마도 고구마의 산지다.

아사히 시에서 차로 1시간 반쯤 떨어진 훗츠 시에 후지에코피드센터가 있다.

이 센터는 타일 등을 시공하는 주식회사 후지요교(不二窯業)가 새로운 환경사업을 추진하려고 2005년에 발족하여 2007년부터 공장을 가동했다. 공장을 견학하다보면 아주 달콤하고 좋은 냄새가 난다. 이곳에 모이는 음식물 쓰레기는 주로 식품을 가공하거나 제조하는 공장에서 온 것들이다. 큰 양동이의 뚜껑을 열어서 보여줬는데 그 안에 빵이 잔뜩 들어 있었다. 밤쿠엔 같은 케이크도 들어온다고 한다.

어느 것 하나 상처난 게 없다. "충분히 먹을 수 있어요." 시이나 마사유키 소장이 말했다. 하루에 한 번 회수되기 때문에 빵은 여전히 부드러운 상태였다. 이것들이 왜 버려져야 하는지 모르겠지만 빵 공장에서는 필요가 없어진 것들이다.

베니아즈마도 마찬가지다. 썩은 고구마가 아니다. 흔히 먹는 어엿한 고구마다. 집 근처 슈퍼에서 팔아도 전혀 문제될 게 없어 보인다. 그저 굵고 큰 베니아즈마의 엄격한 규격에 미치지 못했을 뿐이라고.

성분을 균일하게 하려는 노력

음식쓰레기라고 하면 선뜻 편의점 도시락이나 호텔 뷔페에서 남은 음식을 떠올리지만 실제로 다양하다. 시이나 소장의 말에 따르면 편의점 도시락 등을 재료로 해서 사료를 만드는 곳도 있지만 그렇게 하면 아무래도 품질을 균일화하기 어렵고 유지방분이 많아진다고 한다.

그렇다. 초짜인 나도 그 부분이 맘에 걸렸었다. 그런데 이곳의 에코푸드는 빵이면 빵, 채소면 채소 등 단품으로 처리해서 안정화시킨 후 배합한다. 그렇게 되면 성분이 균일해진다.

대형 처리기에 들어가는 재료는 약 5톤. 70도 이상의 열로 가열하면서 5일 동안 휘저어 발효와 건조를 시킨다. 이 과정을 거치면 탄수화물은 점성이 생겨 소화흡수도 쉬워진다고 한다.

완성된 상태는 거의 분말이다. 배합은 빵과 국수를 포함한 음식쓰레기 70퍼센트, 베니아즈마 20퍼센트, 양배추 같은 부스러진 채소 4퍼센트, 어분(魚粉) 1퍼센트, 밀기울 3퍼센트, 거기에 미네랄과 칼슘 등의 보조식품이 약 2퍼센트(2009년 당시) 들어간다. 시험장에서 실시하는 육질분석결과도 순조롭다고 했다.

나는 숫자는 잘 모르지만 다이아몬드 포크의 베이컨을 먹으면 하얀 지방이 달고 부드러워 정말 맛있다. 다이아몬드 급의 지방이라고 해서 붙인 이름이라고 한다.

배합된 사료는 약간 갈색을 띤 분말상태이고 달달한 냄새가 난다. 돼지가 달달한 냄새를 좋아한다고 한다. 이 사료로 팬케이크라도 구워먹고 싶을 정도였다. 실제로 나중에 어떤 사정 때문에 이 사료로 팬케이크를 구울 일이 있었는데, 별로 달지도 않고 맛도 사람이 먹기엔……좀 그랬다. 어쩜 당연한 얘기지만.

사료를 바꿔도 세 마리는 평소와 다름없이 아귀아귀 잘도 먹었다. 다만 배합사료처럼 알갱이가 아닌 미세한 분말이라서 사료기가 쉽게 막히다보니, 사료기를 코로 툭툭 치는 소리가 자주 들렸다. 사료기의 입구를 넓히기도 하고 매일 위에서 막대기로 쑤시면서 사료가 제대로 떨어지는지 확인해야 했다.

가장 큰 변화는 똥이었다. 지금까지는 세 마리가 각자 다른 색깔의 똥을 쌌다. 노란색, 갈색, 까만색. 세 마리의 담즙양이 달라서였을까? 덕분에 누구의 상태가 안 좋은지 단번에 알 수 있었다. 그런데 새로운 사료를 먹고 나서는 모두가 똑같이 아주 새까만 똥을 쌌다. 그리고 냄새도 지독했다. 중요크셔를 분양해준 우노 씨에게 말했더니 "당연히 고약하겠지, 인간이 먹는 거랑 비슷한 걸 먹는데." 하며 웃었다.

왜 치바 현 동부에서 양돈이 성행하는가?

에코푸드를 보고나니 당연히 배합사료의 제조회사가 궁금해졌다. 그것은 왜 치바에서, 그것도 동부에서 양돈이 성행하는지와도 상관이 있다. 아사히 시에서 북쪽으로 올라가면 토네가와라는 강을 건너, 채 30분도 못 가 카지마 항에 도착한다. 외국에서 밀과 옥수수가 도착하는 항구에는 사료공장도 있다. 카지마 지구에만 11개의 사료회사가 있고 연간 400만 톤의 사료를 생산하며 전국 2위의 생산량을 자랑한다. 사료의 양이 막대하기 때문에 수송비용도 만만치 않다. 항구에 가까운 치바 현 동부는 사료값이 싸다는 점에서 대규모 양돈이 유리했다.

카지마 항은 거대하다. 마침 정박해 있던 파나맥스 선(최대크기의 화물선)도 거대하다. 전체가 한 눈에 들어오지 않을 정도다. 작물은 파이프관을 통해 항구에 높게 치솟은 원형탑 모양의 저장탱크로 옮겨진다. 밀과 옥수수와 콩 알갱이 하나도 밖에서는 보이지 않는다. 곡물은 저장탱크에서 다시 각 공장으로 보내지고, 그곳에서 분쇄와 제분의 과정을 거친다. 물론 사료뿐만 아니라 박력분, 강력분, 옥수수녹말, 포도당, 콩기름, 채유 등 사람이 먹는 가루를 만드는 공장도 있다. 오히려 이쪽 공장이 주역이다. 사료에는 밀기울, 콩, 유채를 짜고 남은 찌꺼기 등도 사용된다.

인분에서 항생제 함유 배합사료까지

견학한 사료회사는 저장탱크가 즐비한 카지마 항 바로 옆에 있는

그녀는 왜 돼지 세 마리를 키워서 고기로 먹었나

사료회사 중 한 곳으로 1988년에 설립했다. 처음에는 소의 사료를 만들었다고 하는데 2005년에 양계양돈사료 전용공장으로 바뀌었다. 일반 배합사료도 만들고 있지만 대규모 농가마다 독자적인 배합방식을 주문한다고 한다.

기본적인 작업은 분쇄, 선정, 계량, 배합이다. 24시간 돌아가는 공장 안은 굉장히 덥다. 사료분말을 실제로 볼 수 있는 건 봉투에 담을 때뿐이다.

사료에는 비타민과 항균제 등의 첨가물도 들어간다. 항생물질이라고 바꿔 말해도 좋을 것이다. 새끼돼지의 사료에는 항생물질이 첨가된다. 포유기, 자돈기에 맞게 양도 규제하고 이것과 이것은 섞으면 안 된다는 등의 자세한 규정이 있다.

농림수산부가 정한 사료첨가물은 비타민, 효소, 무기물, 항산화제 등등 A4 용지 세 장을 빽빽이 채울 정도의 분량이다. 항균성물질 이외의 첨가물은 일부를 제외하고는 양의 규제가 없는 모양이다. 엽산과 비타민A 등 사람들이 부지런히 챙겨먹는 것도 많다. 내 돼지도 자돈기까지는 이 물질들 덕을 톡톡히 보며 자랐다.

그건 그렇고 최근 50년 동안 돼지의 사료는 이렇게나 많이 달라졌다. 그리고 태국과 필리핀의 산악지대에서는 지금도 여전히 인분을 돼지에게 먹이고 있다.

현기증이 난다. 파나맥스가 운반해 오는 옥수수와 밀기울의 생산지보다도 돼지에게 인분을 먹여 키우는 마을이 거리로 보면 일본과 더 가깝다. 묵묵히 돌아가는 혼합기를 가만히 지켜보면서 나는 왠지 모를 안타까움에 휩싸였다.

돼지 세 마리를
어 떻 게
먹을 것인가?

거대화가 멈췄다?

8월하고도 중순에 접어들면서 돼지의 도축일을 정하자는 이야기가 나왔다. 세 마리는 부쩍부쩍 거대해졌지만 기분 탓인지 최근 들어서는 살찌는 속도가 더뎌 보였다. 특히 신의 성장은 거의 멈춘 듯했다. 이제는 다른 두 마리와 비교했을 때 큰 차이가 나지 않았다. 그리고 앞뒤 길이만 길어질 뿐 옆구리에 살이 붙지 않았다.

가장 살이 많이 찐 돼지는 히데였다. 항상 먹고 자기를 반복하는 돼지의 모범과도 같은 히데는 허벅지도 어깨도 포동포동 굵어졌고 턱살도 출렁출렁했다. 다리도 굵어졌다. 신보다 배는 되어 보였다. 만족스러운 '족발'이 돼줄 것 같았다. 그런데 그 토실토실한 다리는 운동을 너무 안 해선지 뒷굽이 떨어져 나가고 없었다.

돼지는 보통 앞굽으로 걷는다. 아무리 뚱뚱해져도 하이힐을 신고 있는 것처럼 앞굽으로 선다. 그런데 가끔 뒷굽까지 지면에 붙이고 걷는 돼지가 있다고 한다. 돼지 본연의 걸음걸이가 아니기 때문에 다리를 다치기 쉽다.

이 상태로 체중이 늘면 다리를 질질 끌게 될 수도 있다고 한다. 뒷굽 때문에 괜스레 더 걷기 싫어진 것 같기도 했다. 돼지우리와 운동장의 바닥높이를 같게 만들어야 했을까? 아니면 이 녀석은 선천적으로 운동을 싫어해서 이렇게 된 건가? 여러 가지로 고민하며 속을 태웠지만 농가분들도 수의사인 하야카와 씨도 크게 문제될 건 없다고 했다.

그리고 히데만큼 뚱뚱하진 않지만 아무 문제없이 튼튼하고 순조롭게 자라고 있는 유메. 무릎에 혹이 있으면 어쩌나 걱정했던 게 꼭 거짓말 같다. 처음에는 히데와 공동전선을 펼치고 있다고 생각했는데 어느새 천하를 호령하고 코끝 하나로 두 마리를 물리쳐 간식도 사료도 자기가 먹고 싶을 때 먹는 안하무인이다.

탈주했을 때 힘껏 얻어맞고 질질 끌린 이후로 얌전해졌고 나도 유메에게 좀 주인다워졌던 것도 잠시. 유메는 무거워진 몸으로 내 등에 다시금 올라타려고 했다.

역시 잡종은 강하다고 해야 할지! 유메는 쿵쿵 뛰어다니며 신을 괴롭힌다. 한밤중에 신의 비명소리가 들리면 나는 순간적으로 벌떡 일어나 잽싸게 돼지우리를 들여다보는 창문을 힘껏 열어젖힌다. 세 마리는 움직임을 멈추고 동시에 이쪽을 돌아본다. 수상하다.

"뭐하는 거야, 유메!"라고 소리치면 "꿀(흥!)"하고 뻔뻔스러운 대답이 돌아온다. 그렇다, 혼나는 횟수가 하도 많아선지 유메는 자기 이름까지 인식하고 있었다. 세 마리 모두 내 목소리와 다른 사람의 목소리를 완벽하게 구별했지만 이름까지 알아듣는 건 유메뿐이었다.

돼지를 살피러 온 농가와 식육공사 분들은 "성장이 좀 느리지 않아? 이 정도면 80킬로그램도 안 나가겠는데. 하긴 앞으로 3주 정도 남았으니까, 그 안에 잘 먹이면 100킬로대엔 들지 않겠어?" 하며 돼지들의 크기와 무게를 걱정했다.

내가 보기엔 지금 이대로도 충분히 잡아먹을 수 있을 것 같은데…… 고기는 무게로 거래되기 마련이고, 너무 크면 대관, 적정 체중에 못 미치면 소관으로 분류돼 제대로 된 등급조차 받지 못한다. 즉 손해 보는 가격이 된다. 그들이 출하체중에 연연하는 이유는 사활이 걸려있기 때문이다.

그건 그렇고 다들 눈대중으로 체중을 잘도 맞췄다. 이야기를 들어보니까 체중계는 있지만 한 마리씩 체중을 재서 출하하기는 도저히 불가능하다. 한 번에 수십 마리 내지 수백 마리를 출하한다. 최근에는 돼지우리와 통로 사이의 바닥에 체중계가 설치되어 있어 한 마리씩 지나갈 때마다 출하체중에 도달한 돼지는 이쪽, 아직 도달하지 않은 돼지는 저쪽 하는 식으로 유도하는 자동문이 달린 장치도 있다고 한다. 내가 직접 견학했거나 이야기를 들은 농가에서는 아직도 눈대중으로 체중을 어림잡는 곳이 대부분이다. 돼지우리의 울타리나 막대기에 대어보고 경험으로 이 정도면 몇 킬로그램 나가겠거니 가늠한다고 한다.

하지만 이 세 마리는 유통시키지 않고 지방과 뼈를 발라낸 고기를 받아서 사람들을 초대해 함께 나눠먹기로 했다. 그래서 그들의 절박감이 나에게는 와 닿지 않는다. 여차해서 출하체중에 못 미쳐도 어쩔 수 없지 하는 생각도 있었다.

더 심해지는 세 마리의 파괴활동

이 무렵 무엇보다 체중이 신경쓰여 다른 것을 할 여유가 없었다. 태풍을 대비해 돼지우리와 운동장 주변을 튼튼하게 손보고 있었다. 집의 동쪽은 논밭이라서 휑하다. 이쪽에서 불어오는 바람이 세서 돼지우리를 곧바로 친다.

운동장 지붕은 얇은 콘크리트패널과 단열재로 만들어져 있고 철울타리에 덧대놓은 여러 개의 각재 위에 박혀 있을 뿐이다. 굵은 철사로 튼튼하게 고정했는데 지금은 헐렁하게 휘었다. 이대론 불안하다. 이 상태로 두면 지붕이 날아가 버릴 수도 있다고 모두들 겁을 줬다.

돼지우리는 동쪽으로 문이 나있는데, 마침 이 무렵 세 마리의 파괴활동으로 문이 완전히 떨어져나가는 광경이 눈앞에서 펼쳐졌다. 마치 패싸움 현장을 보는 듯했다. 이미 고장이 나서 훤히 열려 있었기 때문에 떨어져나가도 상관은 없지만……

그리고 2009년의 여름은 그다지 덥지 않았다. 아침저녁으로 꽤 쌀쌀했다. 코를 질질 흘리는 신을 보더니 우노 씨는 혹시라도 폐렴에 걸리면 큰일이라며 밤에는 운동장을 방수시트로 둘러쳐서 바람을 막아주라고 했다.

참고로 여름이 되면서 직사광선을 막으려고 큰 발을 빙 둘러쳤고, 울타리 부분에는 콘크리트패널을 새롭게 더 동여맸다.

주변경치를 볼 수 없게 되자 세 마리는 매우 불만스러워 했지만 어쩔 수 없었다. 그 전까지는 내가 차를 타고 외출할 때면 밖으로 나와 울타리에 코를 대고 "꿀꿀(잘 다녀와)" 인사해줬는데, 이젠 그 모습을 볼 수 없게 돼 나도 아쉬웠지만 달리 방법이 없었다. 그래도 아직 확실한 대비가 더 필요하다.

매일 아침저녁으로 할 일이 생겼다. 누가 개 키우기보다 쉽다고 한 거야? 봄에 이 집에 들어와 살기 시작한 이래, 결국 치바에 있는 동안 대부분의 시간을 돼지우리 짓는 데에 쏟았다. 돼지를 키우고 있다기보다 목공일을 하러 온 게 아닐까 의심될 정도로 돼지우리는 좀처럼 '완성'될 기미가 없었다.

카세 씨나 나미키 씨 그리고 주변 사람들에게 도움을 많이 받았지만 혼자서 해결한 일도 많다. 예쁘게 길렀던 손톱은 부러지고 목공도구는 하나둘 늘어만 가고…… 솜씨도 조금은 좋아졌다.

그리고 여름이 되고 나서는 집 주변에 난 풀을 베고 구덩이에 쌓인 오물을 똥바가지로 퍼내 공동정화조로 옮기는 작업도 더해졌다. 매일 하는 일이라 횟수는 생략하겠다. 1.5리터를 떠낼 만한 큰 똥바가지로 퍼냈더니 팔근육에 복근까지 생겼다. 도와줄 겸 놀러 온 여자친구들에게 해 보라고 했지만 거의 들어올리지 못해 깜짝 놀랐다.

나는 원래 힘이 센 사람이 아니다. 오히려 허약체질에다가 7월

엔 네 번째 유방암 수술을 받은 지 겨우 일 년이 지난 상태였다. 그런 내가 왜 이런 일을 하고 있는 건지…… 방수시트를 걷어 올릴 수 있게 지붕 주변에 고리를 붙이다가 그런 내 모습이 어이가 없어 혼자서 웃어버렸다.

대규모 축산 농가도 애정 없이는 힘들다

우노 씨는 신의 더딘 성장이 심히 걱정된다며 이렇게 말했다.

"중요크셔는 굉장히 섬세한 돼지야. 가장 활발한 놈으로 골랐는데…… 역시 스트레스에 약하니까 LWD와 한 우리에 넣지 말았어야 했나 봐."

먹는 돼지는 애완동물이 아니니 정을 주면 안 된다고 말한 것도 우노 씨지만 그도 돼지를 사랑한다. 다른 농가도 분명 똑같은 마음일 것이다.

2010년 미야자키 현에서 구제역이 발생했을 때, 감염을 막기 위해 많은 소와 돼지가 살처분을 당했다. 그런데 장사할 목적으로 키워서 도축장에 보내는 농가사람들이 살처분을 당하는 소와 돼지를 보고 '불쌍하다'고 말하는 데에 위화감을 느꼈다는 의견이 인터넷에 올라왔다. 축산현장을 직접 경험해보지 않은 사람은 그렇게 생각할지도 모른다.

하지만 다르다. 축산은 그런 단순한 것이 아니다. 내가 돼지를 키우면서 알게 된 건 생물을 키우다보면 자연스럽게 애정이 생긴다는 것이다. 대량사육의 경우 애완동물과는 느낌이 다르지만 그래도 일단 건강하게 커주길 바라는 마음이 없으면 돼지는(소도 닭도) 크지 않는다(특히 소는 마릿수도 적기 때문에 한 마리 한 마리에게 애정이 생기기 쉬울 것이다). 물론 경제적인 타격을 받고 실의에 빠지긴 했지만 그게 다가 아니다.

"건강하게 자라렴." 하며 애정을 담아 키우는 것과 그것을 출하하고 도축해서 고기로 만들어 돈으로 바꾸는 것. 동물의 생과 사, 그리고 내 생존이(가령 돈 문제와 관련이 있다고 해도) 유기적으로 공존한다는 사실에 나는 일종의 풍요로움을 느낀다. 대규모화로 미약해지긴 했지만 역시 축산의 근본에는 이 풍요로움이 있다. 고기를 먹는 처지에 있는 사람들이 그 점을 실감하면 좋을 텐데……

세 마리를 어떻게 먹을까? 먹을 수 있을까?

세 마리를 여럿이서 먹기로 한 이상 살코기뿐만 아니라 머리도 내장도 발도 껍질도 빠짐없이 먹고 싶다. 『세계도축기행』을 집필할 때 시나가와에 있는 〈도쿄도 중앙도매식육시장〉을 취재하며 분해작업 단계에서 머리와 내장은 각각 별개의 업자들이 따로 가져간다는 것을 알았다. 즉 농가가 자기 돼지의 내장을 회수해서 먹고 싶어도 좀처럼 그럴 수 없다는 얘기다.

치바현식육공사도 그 점에서는 다르지 않았다. 치바현식육공사에서 하루에 처리하는 돼지는 시바우라 도축장보다 많고 1천8백 마리가 상한이다. 라인이 하나밖에 없어 오후 다섯 시까지 작업은 계속된다. 그렇게 정신없이 바쁜 곳인데도 나이토 씨는 "순서를 제일 마지막으로 돌려서 회수할 수 있도록 업자에게 말해 놓을게, 괜찮아, 우리가 해줄게." 하고 말해줬다.

그런데 식육공사에서 할 수 있는 것은 지육(枝肉 머리, 내장, 발을 잘라 내고 아직 각을 뜨지 아니한 고기-옮긴이) 단계까지다. 정육(精肉, 지방과 뼈를 발라낸 살코기-옮긴이) 작업이 문제다. 이 작업은 세 마리를 몇 명이서 어떤 요리로 만들어 먹을지하고도 관련이 있다. 요리방법에 따라 정육방법도 달라지기 때문이다.

자세한 사항은 뒤에서 말하겠지만 다행히 내 시도를 흥미로워하며 흔쾌히 수락해준 요리사들을 확보했고 시식회장과 결산해 줄 사람도 찾았다. 그들과 함께 시식회장에 수용할 수 있는 인원수를 계산해 보니, 세 마리를 전부 요리하면 남을 거라는 결론에 도달했다.

요리가 남는 건 절대 싫다. 버리는 건 참을 수 없다. 그럴 바에는 한 마리만 통째로 먹고 세 마리의 맛을 비교하는 건 일정 부위로 제한하기로 했다. 그리고 두 마리의 남은 고기는 조금씩 포장해 시식회장에서 팔기로 했다. 그렇다면 일단 정육한 후 통째로 요리할 한 마리와 두 마리의 삼겹살 부위를 각각의 요리사에게 보내고, 사람들에게 팔 나머지 고기는 시식회 직전까지 치바의 창고에 보관하면 된다. 그럼 세 마리 중 누구를 통째로 요리할까?

"그건…… 유메가 좋겠죠?"

무심코 말을 꺼냈다. 요리를 맡아주기로 한 프렌치 레스토랑의 슈리도 역시 유메에 한 표를 던졌다.

그녀는 내 오랜 친구인데 셰프인 센다 씨와 함께 돼지를 보러 치바까지 두 번이나 왔었다. 그들은 작업복으로 갈아입고 돼지우리 안으로 들어가 세 마리와 놀기도 해주고 청소도 해줬다. 그뿐만 아니라 나와 세 마리가 놀고 있는 영상도 찍어줬다. 먹이를 독점하려는 유메의 난폭한 모습과 가냘프지만 붙임성 있게 애교를 부리는 신의 성격까지 제대로 파악하고 있었다. 히데로 말하자면 전혀 놀아주지 않은 모양이다.

어느 한 마리를 골라야 한다면 역시 유메가 인상적이다. 탈주했을 때 맞붙어 싸웠고 무엇보다 심보는 고약한데 머리는 좋다는 점이 "먹어주겠다!"는 결심을 부추긴다. 좋아, 유메를 요리해 먹자!!

시식회의 큰 틀이 정해지고 드디어 도축에서 정육과정까지의 절차를 정했다. 치바로 돌아왔을 때 치바현식육공사의 나이토 씨가 우리 집에 바로 와서 울타리 너머로 세 마리를 가리키며 도축일정을 정했다. 유메는 요리용, 신과 히데는 포장해서 팔 거라는 계획도 보고했다. 세 마리의 머리, 내장, 발은 요리에 사용할 것이다. 준비절차는 이상하게 복잡했다. 처리능력이 떨어지는 나는 머릿속이 뒤죽박죽 얽혀서, 손가락질을 당하는 세 마리가 어떤 표정을 짓고 있는지 살필 겨를도 없었다. 다만 "유메를 통째로 요리해서 먹을 거예요." 하고 몇 번이나 말했던 것만은 기억하고 있다.

자신의 도축일을 아는 돼지

다음 날 아침 운동장으로 나가보니 유메가 한쪽 구석에 웅크려 앉아있는 게 아닌가. 머리를 푹 숙이고 통증을 참고 있는 것처럼 보였다. 꿈쩍도 하지 않고 물도 마시지 않는다. 양배추를 입에 대줘봤지만 거부했다. 수박도 안 먹는다.

세상에 이럴 수가!

이제까지 아픈 적이 한 번도 없었기 때문에 몹시 놀랐다. 설마 내가 한 말을 알아들었을 리가 없는데…… 연락을 받고 와준 카세 씨는 물을 안 마시는 건 걱정이지만 상태를 더 지켜봐도 될 것 같다고 했다. 그러더니 혼잣말처럼 중얼거렸다.

"저 LWD는 사람을 가린단 말이야! 왠지 찜찜해."

그렇다. 신이 우리 집에 오는 모든 사람에게 애교를 부리고 히데가 일관되게 잠만 자는 것에 비해 유메는 오는 사람에 따라서 반응이 몹시 다르다.

앞에서도 말한 슈리 씨는 여성이고 나와 목소리가 비슷해서 유메와 잘 놀았지만, 도쿄에 있는 공연장 시어터 이와토의 영상 워크숍팀 청년들이 돼지우리 공사를 도우러 온 김에 촬영을 해줬을 때는 유메의 태도가 180도 바뀌었다. 유메는 그들이 무슨 짓을 해도 전혀 상대해주지 않았고 놀아보라고 수건을 흔들어도 반응이 시원찮았다.

그런가 하면 초시 시에서 놀러온 또 다른 지인 Y씨는 키가 180센티미터에 체격도 제법 탄탄했지만 유메는 그의 얼굴을 보려고도 않고 엎드려있었다. 참고로 치바현식육공사의 나이토 씨와 하세가와 씨는 자주 와서 그런지 울음소리도 안 내고 자연스럽게 잘 따랐다. 왜 그렇게 사람에 따라서 태도가 바뀌는 거니, 유메야?

하지만 그렇다고 자신의 도축일이 정해진 것까지 알아차릴 거라고는 생각지도 못했다.

이건 미야자와 켄지의 『프랜돈 농업학교의 돼지』(한 농업학교에서 사육되는 지능과 대화능력이 있는 돼지가 학생들 손에 죽기 전까지 괴롭힘을 당하는 돼지의 고뇌를 그린 단편동화. 자신의 죽을 날을 아는 돼지는 괴로워하며 그날을 맞는다-옮긴이)에나 나올 법한 일 아닌가! 그건 말도 안 된다고 생각했지만 유메의 상태가 안 좋은 건 분명했다. 마음이 복잡해서 일이 전혀 손에 잡히지 않았다. 사료는 그렇다 쳐도 물을 안 마시는 건 큰일이다.

유메는 하루 종일 마시지도 먹지도 않다가 겨우 일어나 물을 마시기 시작했다. 다행이다! 일단은 다행이다 다행이야! 세 마리에게 "그럼 이제 엄마는 일을 해야 하니까 잠깐 나갔다 올게"라는 말을 남기고 밀린 원고를 쓰기 위해 노트북을 챙겨 차를 타고 근처 카페로 갔다.

유메의 저주일까?

조금만 더 쓰면 원고를 끝낼 수 있는 상황인데 아쉽게도 카페영업이 끝나버려서 그대로 쿠주쿠리 해안으로 갔다. 쿠주쿠리 해안은 모래사장까지 차를 타고 들어갈 수 있는 희한한 곳이다. 밤바다를 보면서 차 안에서 책상다리를 하고 앉아 노트북 자판을 치

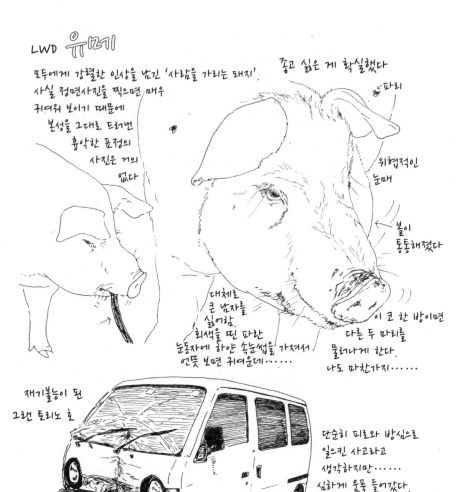

LWD 유기기

모두에게 강렬한 인상을 남긴 '사람을 가리는 돼지'.
사실 정면사진을 찍으면 매우
귀여워 보이기 때문에
본성을 그대로 드러낸
흉악한 표정의
사진은 거의
없다

좋고 싫은 게 확실했다

파리

위협적인
눈매

볼이
통통해졌다

대체로
큰 남자를
싫어함.
회색을 띤 파란
눈동자에 하얀 속눈썹을 가져서
언뜻 보면 귀여운데……

이 코 한 방이면
다른 두 마리를
물러나게 한다.
나도 마찬가지……

재기불능이 된
그런 토리노 호

단순히 피로와 방심으로
일으킨 사고라고
생각하지만……
심하게 움푹 들어갔다.
그렇다고 잡아먹지
말자는 생각을
한 건 아니다!

고 있었다.

밤 12시가 다 돼서야 겨우 마무리를 하고 출판사로 전송했다.

"자 이제 집에 가자!"

조수석에 노트북을 올려둔 채 모래사장에서 차를 빙 돌려 방향을 튼 다음 도로를 향해 달렸다. 모래땅의 언덕길이 울퉁불퉁한 탓에 조수석에 놔둔 노트북이 튀어올랐다. 노트북을 한 손으로 누르며 도로로 막 나오려던 순간, 갑자기 엄청난 충격이 엄습해왔다.

'어떻게 된 일이지?'

순간 무슨 일이 일어났는지, 내가 지금 어디에 있는 건지, 머릿속이 새하얘졌다. 턱이 아프다. 으악, 지금 사고 난 거야!?

차는 보닛 한 가운데가 움푹 들어가 있었다. 내 무릎에서 옆으로 10센티미터 떨어진 차 내부의 한 가운데도 찌부러져서 안쪽까지 파고든 상태였다. 자동차란 이렇게 약한 물건이구나. 앞 유리도 깨져 금이 갔다. 눈앞에는 도로표지판. 아무래도 도로로 올라오려고 방향을 틀려다 너무 많이 꺾는 바람에 도로표지판에 들이박은 것이 분명했다.

시동을 걸어봤지만 전혀 걸리지 않았다. 누가 봐도 폐차다. 이런 게 흔히 말하는 '자차사고'라는 건가…… 치직치직 뭔가 타는 냄새가 났다. 당황하며 시동 거는 것을 포기하고 노트북을 들고 밖으로 나왔다. 차가 의외로 불이 잘 난다는 말을 들은 적이 있다.

어떡하지? 일단은 걸을 수 있다. 왼쪽 무릎은 아프지만 뼈가 부러진 건 아닌 것 같았다. 우선 보험회사에 전화를 해야 하는데 보험증서가 집에 있다는 것을 깨달았다. 난 정말 바보다!

한밤중이라 지나가는 사람도 없다. 마치 무인도 같다. 주택도 없다. 게다가 해안가다. 안되겠다. 어떻게 해서든 집에 돌아가야 한다. 카세 씨에게 전화를 했다. 카세 씨가 데리러 와준 덕분에 집에 가서 보험증서를 가지고 와서 보험회사에 전화를 하고 경찰을 부르고 조사를 받고, 보험회사가 불러 준 레커차가 사고 난 차를 실어갔다. 카세 씨가 술을 안 마시고 있어서 다행이었다. 정말 민망하고 미안해서 혼났다.

그 길로 바로 병원에도 가야 했다. 카세 씨는 나를 병원에 내려주고 치료가 끝나면 전화하라는 말을 남기고 돌아갔다. 병원 응급실에서 치료가 끝나면 세 시가 넘을 것이다. 카세 씨에게 그렇게까지 신세를 지면 죄송하니 택시를 부르겠다고 하자 밤 12시가 지나면 택시도 없다고 한다.

우와! 시골에서 혼자 살아가기란 정말 어렵구나. 몇 번이나 사과하며 치료가 끝나면 카세 씨를 부르기로 했다.

부상은 역시 찰과상과 타박상뿐이었다. 차가 그 정도로 찌그러졌는데 이 정도 부상은 부상도 아닌 셈이다. 친구들은 돼지의 저주라며 나를 비웃었다. 내가 무사했기 때문에 그렇게 웃을 수도 있는 일이다.

위협적인
돼지의
질병

양돈의 전업화를 초래한 질병

사고를 일으킨 다음 날 레커차로 견인된 차가 있는 정비공장에 상태를 보러 갔다. 다행이도 집에서 걸어갈 수 있는 곳에 공장이 있었다. 차는 수리불가능이란다. 망연자실해서 뙤약볕 속을 터벅터벅 걸었다. 시골에 살면서 차가 없으면 아무 데도 갈 수 없다.

보험수속을 위해 서류를 떼러 관공서와 병원에 가는 데만도 택시비가 수천 엔이나 든다. 기분도 우울해져서 8월 후반 2주 동안은 집에 틀어박혀 꼼짝도 안 했다.

지금까지 많은 사람들에게 도움을 받았지만, 무엇보다 주 컴포스트의 나미키 씨가 폐차된 차와 같은 차종의 중고차를 싸게 양도해준 것이 제일 고마웠다. 아무리 운전이 서툰 나라도 같은 차종이라면 주차도 힘들지 않게 할 수 있다. 그래도 얼마간은 운전하는 게 겁이 나서 병원에 다니는 것도 벅찼다.

기분전환 삼아 암반욕이나 하러 가자고 수의사인 하야카와 씨에게 연락이 왔다. 내가 어지간히 풀이 죽어 있었던 모양이다.

지난달 하야카와 씨는 세 마리 돼지에게 백신주사를 놓아줬다. 첫 번째 돼지가 꽤액! 하고 비명을 지르는 순간 벌써 세 번째 돼지에게 주사를 놓고 있을 만큼 빠른 솜씨로 돼지에게 도망칠 틈도 주지 않았다. 여하튼 그녀가 통상 하는 업무는 하루에 수백 마리의 돼지에게 백신을 놓는 일이다. 그 광경을 보고 싶어 마츠가야 씨의 농장에 백신접종을 하러 갈 때 동행한 적이 있다.

이 취재를 한 건 2009년이었는데 그때까지만 해도 일본은 구제역이 발생하지 않은 청정국이었다. 그리고 치바를 포함한 관동(關東)지역은 늘 오제스키병 때문에 골치를 앓고 있어서 농가도 수의사들도 오제스키병의 근절에만 힘쓰고 있었다.

오제스키병은 바이러스 감염에 의한 전염병이다. 어린 돼지일수록 증상이 심하게 나타나고 치사율도 높다. 힘이 빠지고 구토, 설사, 떨림, 경련, 호흡기질환 등이 생긴다. 임신한 돼지가 이 질병에 걸리면 사산하거나 유산하는 경우가 매우 많다. 비육돈은 감염이 되어도 증상이 나타나지 않은 채 지나가는 경우가 많다.

그런데 오제스키병에 한 번 걸리면 체내에 오랫동안 바이러스가 남아있기 때문에 근절이 매우 어렵다고 한다. 오제스키병은 돼지를 사육하고 있는 거의 모든 나라에서 발생하고 있어서 구제역만큼 매우 두려운 존재다. 다만 구제역과 다른 점은 공기를 통한 감염이 아니라는 점이다. 돼지의 콧물과 타액을 통해 감염된다고 한다.

오제스키병의 근절을 위해서 바이러스에 감염된 경력이 있는 돼지를 살처분하고 농장을 소독한다. 그리고 모든 돼지에게 백신을 접종하도록 권장하는데 비육돈에게는 두 번의 접종이 바람직하다고 본다.

이 질병은 일본에는 1981년, 치바에는 1983년에 들어왔다. 아직 법정전염병으로도 지정되지 않고 대처법도 없는 상태에서 순식간에 퍼졌고, 다음 해에는 치바 현 호쿠소 지구의 모든 양돈장에 만연했다고 한다. 양돈을 지역산업으로서 장려하고 '양돈단지'라고 불릴 정도로 발전했는데, 이때 농장들 간의 거리가 비교적 가까웠던 것이 화근이었다고도 한다.

새끼돼지가 원인을 알 수 없이 픽픽 죽어갔다. 항생제도 듣지 않았다. 얼마나 무서웠을까? 게다가 몇 년 후에는 돼지흉막폐렴이라는 치사율이 높은 세균성 폐렴이 유행했는데 이 역시 돼지의 콧물과 타액을 통해 감염되는 질병이었다. 통칭 '헤모'로 불리는 이 질병은 급성일 경우 갑자기 고열이 나고 펄쩍펄쩍 날뛰며 괴로워하다가 결국 피를 토하고 죽는다. 많은 농가가 이 두 가지 질병 때문에 많은 돼지를 잃었다. 마츠가야 씨의 농장에 있는 위령비는 그때 세워졌다고 한다.

1980년대 초반에는 씨돼지 혹은 새끼돼지만을 생산해서 다른 농가에 판매하는 농가(채소와 쌀농사 겸업)도 아직 있었다. 그런데 이러한 감염력이 매우 강하고 농장 간 돼지의 왕래로 감염되는 질병이 만연했기 때문에 돼지는 팔리지 않았다.

결국 그들은 폐업을 할 것인가, 아니면 일괄생산 그러니까 자신의 농가에서 씨돼지 육성에서 번식과 출하에 이르는 모든 과정을 전담하는 방식으로 전환할지 선택해야 했다고 한다.

이러한 이유에서도 그나마 남아있던 '가내양돈'이 사라지고 양돈의 전업화가 진행돼 감염을 두려워한 농장은 산속으로 들어가 대규모 생산을 시작했다. 그래도 당시는 어미돼지의 수가 100마리만 넘으면 대규모라고 불렸을 정도니, 그나마 여유로운 시대였다.

아비규환 속의 백신접종!

그날 백신주사를 맞을 돼지는 약 450마리. 축사 한 곳 분량의 돼지들이다. 개월 수로 치면 얼추 4개월 정도 되었을까? 우선 축사의 대기실에서 백신을 준비한다. 작은 병에 든 생백신을 주사기로 빨아들여 용해액이 든 병에 주입해서 희석시킨다. 생백신은 옅은 베이지색을 띠고 있지만 희석시키면 거의 투명해진다. 한 병에 50마리에게 주사할 정도의 용량이다.

하얀 작업복에 장화를 신은 하야카와 씨는 희석한 백신 아홉 병과 주사기를 들고 축사로 향했다. 참고로 수의사는 기본적으로 하루에 한 농가만 돈다. 두 군데를 돌 경우에는 사무실에 다시 돌아와서 샤워를 한 뒤 옷과 기구를 소독한 것으로 교환하고 차량도 철저하게 소독한 다음 다른 농장으로 간다고 한다. 이 농장에서 저 농장으로 병원체를 옮기지 않기 위해서다.

그녀는 왜 돼지 세 마리를 키워서 고기로 먹었나

축사에서는 남성 직원 두 명이 기다리고 있었다. 축사는 한 우리에 약 30마리 씩 들어가 있었다. 직원 두 명은 가장 앞에 있는 우리에 들어가 콘크리트패널을 이용해 안쪽에서 바로 문 앞까지 돼지들을 몰았다. 돼지들이 우글우글했다.

하야카와 씨가 주사기를 들고 울타리를 넘어 우리 안으로 들어갔다. 한 손에는 파란 스프레이 캔을 들고 있었다. 그게 뭔지 물어볼 새도 없이 돼지의 목근육에 주사를 탁 놓고는 잽싸게 다른 한 손에 든 스프레이로 칙 하고 돼지의 등에 파란색 표시를 했다. 어느 돼지에게 주사를 놓고 어느 돼지에게 안 놓았는지 헷갈리지 않게 표시를 해두는 것이다.

어쨌든 어느 한 녀석 가만있는 돼지가 없다. 가끔 아파하며 꽥하고 비명을 지르는 돼지도 있고 주사를 맞기 싫어 다른 돼지를 뛰어넘어 달아나려는 돼지도 있다. 그야말로 아비규환 속이다. 그런데도 하야카와 씨는 어쩜 저렇게 일사불란하게 주사를 놓을 수 있을까. 하긴 이 많은 돼지에게 주사를 놓으려면 머뭇거릴 틈도 없긴 하겠다.

가축의 수의사는 중노동

그녀는 "여름에 이 일을 하다보면 확실히 다이어트가 돼요"라며 웃었다. 당연한 얘기다. 도망가지 못하게 한쪽으로 몰아두었다고는 하지만 돼지는 방방 날뛸 텐데 발밑도 조심하지 않으면 위험하다. 목근육을 겨냥해 주사를 놓는 건 매우 어려운 일이다. 허벅지나 다른 데 놓으면 효과가 없냐고 물었더니 '허벅지에 주사를 놓으면 그 부분의 고기가 변질될 가능성이 있다'고 한다. 백신은 면역반응을 강하게 일으키는 물질이기 때문에 주사자국이 남기 쉽다. 그리고 잡균이 들어가서 곪으면 흉터가 남기도 한다. 허벅지에 곪은 상처가 있으면 고기로서의 가치가 떨어진다. 지육검사 때 그 부분을 도려내면 그만큼 가격도 떨어질 것이다. 반면 절단한 돼지 머리는 등급이 따로 매겨지지 않고 일정한 가격으로 매입된다. 그런 점 때문에 귀 뒤쪽에 주사를 놓기도 한다.

어디까지나 고기의 가치를 떨어트리지 않으려는 방법이라고 말하면서도, 돼지가 아파하며 절규할 때마다 하야카와 씨는 "아, 아팠구나, 미안"이라는 말을 잊지 않았다. 드물긴 하지만 한참 주사를 놓는 중에 바늘이 부러지는 경우도 있다. 주사바늘은 돼지 전용으로 아주 튼튼하게 만들어진 것이지만, 돼지들의 바둥대는 모습을 보면 바늘이 부러질 수도 있겠다는 생각이 절로 든다. 몸속에 박혀있는 경우도 있단다.

그럴 때는 돼지우리에 표시를 해뒀다가 출하할 때 업자에게 보고하고 정육단계에서 금속탐지기로 평소보다도 꼼꼼하게 검사해 바늘을 찾는다고 한다.

여름의 축사는 매우 덥다. 450마리에게 주사를 놓는데 약 한 시간 반이 걸렸다. 하야카와 씨는 땀에 흠뻑 젖은 모습으로 백신 접종을 끝냈다. 오늘 보니 우리 집의 세 마리쯤은 식은 죽 먹기보다 쉬운 일처럼 느껴졌다.

아무튼 '가축 수의사=중노동'이란 생각이 새삼 들었다.

현재 수의사는 젊은이들 사이에서 인기가 많은 직업이고 수의학과의 경쟁률은 굉장히 높다. 다만 그렇게 많은 '동물애호가' 학생들이 생각하는 동물은 자연보호지역을 자유롭게 뛰어다니는 야생동물이거나 개나 고양이 같은 애완동물이다.

그렇게 생각하는 것도 무리는 아니다. 텔레비전 방송에서 가축 가금류가 소개되는 비율은 야생동물이나 개와 고양이에 비하면 현격히 낮다. 가내양돈이 없어진 요즈음, 주변에서 볼 수 있는 동물은 애완동물이 대부분이다.

"애완동물을 다루는 방법에 조금 의문을 품고 이 세계에 들어왔어요"라고 말하는 하야카와 씨는 상당한 별종이다. 자신도 집에서 고양이를 키우고 농장에서 키우는 개에게도 항상 인사하는 동물애호가이기도 하다. 그녀는 돼지를 키워 잡아먹을 거라는 나의 계획도 순순히 이해해줬고 지금까지 바쁜 와중에도 우리 집에 자주 와서 세 마리와 놀아주기도 했다.

돼지에게 비타민을

암반욕 이야기로 돌아가자.

하야카와 씨의 호의에 못 이기는 척 어느 날 해질녘 세 마리를 남겨놓고 혼자서는 절대 못 갈 먼 거리의 암반욕장에 갔다. 운전 실력이 조금만 더 늘면 행동범위도 넓어지겠지만 슬프게도 내 실력은 도무지 늘지 않았다. 도중에 저녁을 먹고 나른한 상태로 그녀의 차를 타고 집에 돌아왔다.

"잠깐 애들 얼굴만 좀 보고 갈게요."

그녀도 차에서 내려 울타리로 다가갔다. 방수시트를 걷어올리고 "유메, 신짱, 히데짱" 하고 부르자 유메와 히데가 후다닥 우리에서 뛰어나와 성큼성큼 다가왔다.

"어머, 신이 안 나오네. 자고 있나?" 내가 말했다.

"미안한데, 안에 들어가 봐도 될까요?"

하야카와 씨는 말이 끝나기도 전에 차 트렁크에서 하얀 방역복을 꺼내 입기 시작했다. 그녀의 차는 사무용차이기 때문에 차 뒤에 진료도구 세트가 들어있다. 막 암반욕을 하고 온 터라 괜찮다고 말렸지만 벌써 장화를 신고 있었다. 나도 서둘러 집으로 들어가 작업복과 장화를 갖춰입고 돼지우리로 들어갔다.

신은 우리에서 나오지 않고 엎드려 있었다.

"열이 있는 것 같아요."

하야카와 씨는 내가 놀랄 틈도 없이 체온계를 신의 항문에 꽂았다. 신은 축 처져서 싫은 기색도 못하고 가만히 있더니 갑자기 구토를 했다. 열은 40도. 돼지의 평균체온은 38도다. 40도면 높다.

"출하까지는 아직 시간이 있으니까 항생제를 주사할게요."

동물용 약의 일부에는 휴약기간이 정해져 있다. 항생물질 등이 가축의 몸에 남은 상태로 출하되고 도축되어서 사람이 먹지 않게 하려는 배려다. 이 때문에 출하 직전에 고열이 나거나 아파서 괴로워하면, 줄 수 있는 약이 없으니 보고 있기가 너무 딱하다는 이야기도 들었다. 소비자 입장에서는 고기에 항생제가 남아있다고 생각하면 역시 무섭다. 하지만 눈앞에서 괴로워하는 돼지를 보

면 어찌할 바를 모르고 센 약이라도 좋으니 빨리 낫게 해달라고
소리치고 싶다.

"당분간 상태를 지켜보세요. 그냥 일반 감기 같긴 하지만……"
나는 허둥대며 물고 늘어졌다.

"다른 거 뭐 해 줄 수 있는 게 없을까요?"

"글쎄요……" 하야카와 씨는 말끝을 흐렸다.

"비타민은? 감기엔 비타민이 효과가 있다면서요!?"

"효과가 없진 않지만…… 그럼 비타민제를 두고 갈까요?"

그녀는 비타민제 2회 분과 주사와 소독면 세트를 준비해주고
갔다.

바로 얼마 전, 한 농가의 할머니가 "우리 집 돼지가 아파서 츠
키미우동(날계란을 띄운 우동-옮긴이)을 해먹였다우"라고 진지한
얼굴로 수의사에게 말했다는 이야기를 듣고, 그 할머니 참 귀엽다
며 웃었더랬는데…… 지금 내 꼴이 딱 그 할머니 짝이다.

어쨌든 돼지는 인간의 잔반을 먹는다. 소처럼 풀만 먹는다면
질병에 걸려도 인간과 똑같은 방법으로 치료할 생각은 안 할 것
이다. 하지만 인간이 먹는 음식을 똑같이 맛있게 먹는 돼지다 보
니, 달걀로 원기회복을 시키려는 마음이 드는 것도 어쩌면 당연
한 일이 아닐까.

감기에 걸렸을 때 가장 많이 먹는 것은 단연 포카리스웨트. 아
니, 비타민C가 들어있는 비타민워터가 더 낫지 않을까? 편의점에
달려가 비타민워터를 있는 대로 쓸어담았다. 한편으론 아무리 이
래봤자 소용없지 않을까 하는 의구심도 들었지만, 멈출 수 없었다.

그런데 이게 웬걸! 신의 입에 가져다 대자 맛있게 먹는 게 아닌가! 입의 구조상 절반은 흘리고 말았지만.

"옳지, 많이 마셔 신짱. 그래서 얼른 나아."

다음 날 홈센터에서 바로 체온계를 사와 체온을 재봤다. 39도. 옳지, 열이 내렸다. 이번엔 주사다. 하야카와 씨처럼 주저없이 주사를 탁 놓고 꾹 눌렀다. 일반 주사기지만 무사히 잘 놓았다.

그리고 약이 잘 듣도록 비타민워터에 고가인 아미노바이탈 프로를 녹여 넣었다. 특별한 음료다. 그런데 신에게 먹이려던 순간 뜻하지 않은 방해꾼이 들어왔다. 유메였다.

'어이, 나도 그거 맛 좀 보자, 엉?' 나를 코로 쿡쿡 건드리며 비집고 들어왔다. 나는 있는 힘껏 발로 유메를 밀어보지만 얌전히 내 말을 들을 돼지가 아니다. 이번엔 내 등에 올라타 물어뜯는다.

"신짱이 지금 아프니까 양보해!"

그렇지만 유메의 기세는 전혀 가라앉지 않았다. 히데도 덩달아 난동을 부리기 시작했다. 어쩔 수 없다.

"너희들은 운동장에 나가서 실컷 마셔라."

그런데 여유분으로 사온 한 병을 던져준 것이 돌이킬 수 없는 실수가 되고 말았다.

'대체 이 물 정체가 뭐야, 엄청 맛있잖아!! 맛있어!!' 정신을 주체하지 못하고 페트병을 찌그러뜨리며 흥분하기 시작했다. 손쓸 방도가 없었다. 그 뒤로 페트병을 보기만 해도 꿀꿀꿀 아우성을 쳐댔다. 대실패다.

톱밥 속 주사바늘

사흘째가 되자 신은 제법 회복이 되어 엉덩이에 체온계가 꽂히는 것을 싫어하기 시작했다. 그리고 유메와 히데는 체온측정조차도 뭔가 먹을 걸 주는 줄 알고 소란을 피우기 시작했다.

"너희는 체온계가 입이 아닌 엉덩이에 꽂혀있는 거 안 보이니?" 어슬렁거리며 걷는 신의 엉덩이를 누르며 따라 걷는 나. 그리고 그 뒤를 따라 맴을 도는 유메와 히데. 좁은 운동장 안에서 돼지 세 마리와 사람 한 명이 빙빙 돌다가 점점 속도가 붙기 시작했다. 이대로 돌다가는 『꼬마 검둥이 삼보 』(꼬마 검둥이 삼보의 옷을 빼앗아 입은 호랑이들이 누가 제일 훌륭한지 다투다 서로의 꼬리를 문 채 빠른 속도로 계속 돌다 결국 녹아서 버터가 되었다는 동화-옮긴이)에 나오는 호랑이들처럼 버터가, 아니 돼지기름이 되어버릴지 모른다. 그런데 신의 열은 아직도 평균체온으로 돌아오지 않았다.

혹시 몰라서 비타민 주사도 놓으려고 주사기를 장착하고 돼지 우리로 돌아간 신을 쫓아가 주사를 놓은 순간 신이 몸을 비틀었다. 주사를 기억하고 거부한 것이다. 똑똑한 녀석.

바늘이 주사기에서 빠져 바닥으로 툭 떨어졌다.

아뿔싸! 바늘은 순식간에 신이 발로 흩트려놓은 톱밥에 묻혀서 어디론가 사라지고 말았다. 어떡해! 등골이 오싹해졌다. 만약 세 마리 중 누군가가 찔리거나 먹어버리면! 소름이 끼쳤다.

미친 듯이 톱밥 속을 뒤졌다. 더구나 한 시간 후면 도쿄에서 손님이 놀러올 예정이었다. 초조함이 목까지 차서 숨 쉬는 것도 괴로워졌다. 그러자 걱정이 됐는지 세 마리가 다가와서 마치 '우리

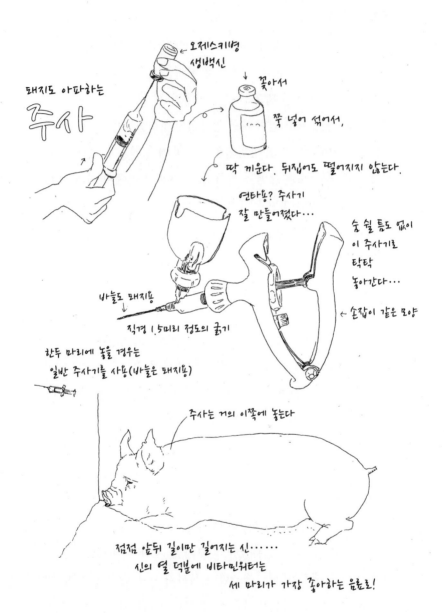

돼지도 아파하는

주사

오제스키병
생백신

꽂아서

쭉 넣어 섞어서,

딱 끼운다. 뒤집어도 떨어지지 않는다.

연타용? 주사기
잘 만들어졌다...

숨 쉴 틈도 없이
이 주사기로
탁탁
놓아간다...

바늘도 돼지용

← 손잡이 같은 모양

직경 1.5미리 정도의 굵기

한두 마리에 놓을 경우는
일반 주사기를 사용(바늘은 돼지용)

주사는 거의 이쪽에 놓는다

점점 앞뒤 길이만 길어지는 신......
신의 열 덕분에 비타민워터는
세 마리가 가장 좋아하는 음료로!

가 도와줄게~!' 하듯이 톱밥을 휘젓기 시작했다.

"하지마 하지마! 너희들 다 저쪽으로 가!"

납죽 엎드려서 톱밥을 휘저은 지 30분, 바늘을 찾았을 때는 이미 파김치가 돼서 한동안 일어설 수도 없었다.

주사는 운동장의 콘크리트바닥 위에서 놓아야 했다. 이 교훈을 살릴 기회가 없을 것 같지만, 다음에 동물에게 주사를 놔야 할 때가 오면 꼭 그렇게 하자고 맹세했다.

마지막 비육기의 살찌우기가 농가의 알짜배기

출하 날짜가 코앞으로 닥친 9월 초, 신이 드디어 건강해졌고 마츠가야 씨가 세 마리의 체중을 재보자고 했다. 대체 어떻게 재는 걸까 했더니 출하 전날, 트럭에 큰 케이지 같은 것을 싣고 왔다. 마침 여름방학을 이용해 농장연수를 하러 온 수의대생들을 노동요원으로 데리고 와줬다.

체중계는 굉장히 무거웠다. 100킬로그램이 넘는 돼지를 측정해야 하니 그야 당연하지만 어쨌든 무겁다. 나 혼자서는 도무지 들 수 없는 것들이 어쩜 이렇게도 많은지. 학생들이 트럭 짐칸에서 체중계를 내려 울타리를 지나 운동장으로 운반해줬다.

한 마리씩 밀어 넣어 체중을 쟀다. 유메가 87킬로그램, 히데가 95킬로그램, 그리고 신은 79킬로그램.

"역시 턱없이 부족하잖아! 이대로면 소관이야. 중요크셔는 원래 뚱보라고."

마츠가야 씨는 얼굴을 찡그렸다. 통상적인 식용돼지의 평균 출하체중은 115킬로그램이다. 도축장에서 머리를 절단하고 껍질을 벗기고 발끝을 자르고 내장을 제거한 지육상태는 약 73킬로그램 전후가 이상적이다.

지육은 일본등급판정협회에서 돼지의 등급을 매기는데 73킬로그램이면 최상이다. 물론 등지방의 두께 등 다른 조건도 심사기준에는 들어가지만, 일단 지육의 상태에서 54킬로그램 이상 86킬로그램 이하가 아니면 등급이 매겨지지 않고 등외가 된다. 그런 지육은 거의 값이 매겨지지 않는다. 대관은 대부분 식용돼지가 아닌 씨돼지거나 어미돼지이고 이들 고기는 가공용으로 이용된다.

우리 집 세 마리는 등급을 매길 것도 아니고, 어차피 내가 다시 사올 건데 무슨 상관이냐고 생각했지만 마츠가야 씨는 단호했다.

"이제부터 진짜 살이 올라 맛있어질 거야. 돼지 키우는 농가에게는 지금부터가 알짜배기인데 지금 죽이면 아깝지."

그런가? 솔직히 소관은 좀 충격이다. 게다가 농가의 알짜배기라는 말을 듣고 보니 적정체중이라는 말에 귀가 솔깃해지면서 욕심이 생겼다. 잡아먹으려고 키우는 건데 이왕이면 맛있게 키우고 싶다.

그런데 시식회는 9월 29일로 이미 정해져 있었다. 고기 때문이 아니라 시식회장인 시어터 이와토가 비는 날이 그 날밖에 없어서였다. 가을에는 공연이 많다.

도축일을 시식회보다 보름 정도 앞선 날로 정한 건 소시지와 햄 같은 보존식을 만들기 위해서였다.

　　　　그녀는 왜 돼지 세 마리를 키워서 고기로 먹었나

결국 치바현식육공사의 나이토 씨, 시어터 이와토의 히라노 키미코 씨와 의논한 결과, 보존식 메뉴를 포기하고 도축일을 최대한 미룰 수 있는 데까지 미뤄 시식회를 닷새 앞둔 24일로 정했다. 그런데……

"그날은 이미 도축할 돼지들이 꽉 차서……"

나이토 씨가 주저하며 말했다. 그러자 마츠가야 씨 왈,

"그럼 우리 농장의 돼지 출하수를 좀 줄이죠, 뭐."

모두 눈물이 날 정도로 고마웠다. 무엇보다 내일이면 출하, 즉 이별할 운명이었던 우리의 인연이 12일이나 연장된 것이다. 가슴이 주체할 수 없이 뛰었다.

하지만 그런 마음 약한 소리를 하고 있을 때가 아니다. 여기까지 온 이상 온 힘을 다해 세 마리를 살찌워야 한다. 앞으로 12일! 비육강화합숙 시작이다.

세 마리 모두
체 중 미 달,
더 살찌워야 한다

경쟁이 없으면 식탐도 부족하다?

돼지를 단기간에 살찌우려면 어떻게 해야 할까?

사실 이 고민이야말로 모든 돼지농가가 안고 있는 불변의 절박한 문제다. 돼지는 3킬로그램을 먹으면 1킬로그램이 살로 간다고 한다. 식용을 위해서 개량을 거듭해온 가축이긴 하지만 숫자로 나타내면 새삼 굉장하다.

돼지에게 채소나 잔반을 먹이고 돼지가 싼 똥오줌을 그대로 논밭에 가져다 뿌렸던 시대와는 달리 현재는 구입한 사료를 먹이고 정화조 같은 설비에 막대한 비용을 쏟는다. 그러므로 조금이라도 더 효율적으로 살찌우지 않으면 원가 비율이 늘어나고 만다.

우리 집 돼지의 원가는 돼지우리 공사에 들어간 비용만 산출해 봐도 다행히 본전은 찾을 수 있는 상태라서, 농가 사람들의 절박한 심정을 나는 100퍼센트 실감할 수 없었다. 하긴 그러니까 그 비싼 비타민워터도 먹였겠지만……

그래도 이렇게 고생한 만큼 조금이라도 더 살이 오른 맛있는 고기를 먹고 싶다. 게다가 도축일을 12일이나 연기한 만큼 그 남은 기간 동안만이라도 잘 먹이는 수밖에 없다.

지금까지는 자동사료기를 사용해서 언제든 먹고 싶을 때 거기에 얼굴을 들이밀면 사료가 밑으로 떨어져서 먹을 수 있게 했는데, 그런 방식이 오히려 역효과를 불러온 게 아니냐는 의견! 즉 언제라도 먹을 수 있는 상황에서는 오히려 식욕이 떨어진다고 한다. 오호라! 식탐이 부족했나? 충분히 잘 먹고 있다고 생각했는데……

세 마리를 키우기로 결정했을 때 대량사육보다 스트레스가 적은 만큼 쑥쑥 성장할 거라는 의견과 경쟁력이 없어서 너무 여유로운 탓에 성장도 늦어질 거라는 의견으로 나뉘었다. 어쨌든 가내양돈을 하던 시대보다 돼지도 개량되었고 사료도 다르다. 특히 삼원돈은 다른 돼지보다 빨리 살찔 수 있게 개량된 돼지다. 결국 직접 경험해보지 않으면 모르는 일들이 너무 많았다.

결국 대량으로 사육할 때보다 스트레스는 줄일 수 있었지만 성장은 늦춰진 셈이다. 물론 두세 마리만 키운다고 해서 스트레스가 아예 없는 건 아니다. 신도 유메에게 괴롭힘을 당했으니까! 다만 사육방법으로 스트레스를 없애줬느냐 하면…… 그것도 자신이 없다.

한번은 방목 양돈을 하는 홋카이도의 한 농장을 방문한 적이 있었다. 돼지들은 드넓은 설원을 신나게 뛰어다니고 있었고 표정

그녀는 왜 돼지 세 마리를 키워서 고기로 먹었나

에도 생기가 넘쳤다. 멋진 농장이었다. 그런데 그 중 한 마리가 괴롭힘을 당해 양쪽 귀에서 피가 철철 흘렀다. 돼지가 자유분방해지는 만큼 괴롭히는 방법도 격해지는 것 같았다. 방목이라면 괴롭힘을 당하지 않게 우리를 바꿔주거나 할 수도 없다. 해결하기 쉽지 않아 보였다.

밀집사육을 할 때 나타나는 스트레스는 없다 하더라도 그토록 자연에 가까운 방목 형태로 키우는 곳에서조차 집단 내 괴롭힘을 아예 없앨 수는 없는 모양이었다. 신이 괴롭힘을 당하는 상황을 끝내 해결해주지 못했다는 죄책감이 아주 조금은 가벼워졌다. 어쩌면 돼지란 꽤 음흉한 동물일지도 모른다.

시간제 급식으로 바꿔봤다

그나저나 단기간에 식욕을 끌어올리려면 어느 정도 배고픈 상황을 만들어줘야 한다. 그렇다면 아무 때나 먹게 하지 말고 시간을 정해서 먹이를 줘보라는 의견이 있었다. 시간을 정해서 먹이를 주는 농가도 많고, 그렇게 하면 돼지의 먹성이 더 좋아진다고!

다만 늘 주던 시간보다 조금이라도 늦어지면 돼지들은 요란스레 울부짖기 시작한다. 내가 이 방법을 사용하지 않았던 이유는 단순히 소음이 무섭기도 했고 매일 해야 하는 업무량을 줄이기 위해서였다. 혼자서 키워야 하는 만큼 조금이라도 수고를 덜고 싶었기 때문이다. 좋아! 앞으로 딱 12일이니 열심히 해보자!

저녁 때 평소대로 돼지샤워 겸 운동장 청소를 하고 흘러내린

오수를 정화조에 퍼옮긴 다음, 채소와 콩나물을 볼에 한가득 담아와 세 마리에게 준 뒤 사료기의 레버를 빙글빙글 돌려서 입구를 닫고 우리를 나왔다.

집 안으로 들어가서 장화와 작업복을 벗고 샤워를 한 다음 옷을 입고 노트북이 든 가방을 들고 밖으로 나왔다. 세 마리는 뭔가 이상하다는 것을 눈치챘는지 후다닥 운동장으로 나와 꿀꿀꿀 하며 필사적으로 호소했다. 눈이 진지했다.

'어떻게 된 일이야? 사료기에 코를 처박아도 먹이가 안 나오잖아! 어떻게 좀 해 봐. 꿀꿀꿀꿀.'

"여러분 눈치챘군요? 진정하세요! 내일 아침 걸신들린 듯 먹기 위해 오늘 밤은 단식이에요! 물은 마실 수 있으니 괜찮아요. 그럼 잘자요!"

기분 탓인지는 모르겠지만 세 마리에게 이렇게 설명했더니 꽤~~액(못 참아)! 하고 비명을 내지르기 시작했다. 『헨젤과 그레텔』의 마녀할머니가 된 기분이었다. 울고 싶을 만큼 실컷 울어. 이웃집에서 불평을 해도 열흘 후면 어차피 도축하니까 조금만 참아달라고 말하면 된다.

방수시트로 입구를 둘러치고 꽤액꽤액 우는 세 마리를 두고 원고를 쓰러 밖으로 나갔다. 밤늦게 집에 돌아와서 슬쩍 우리를 들여다보니 세 마리는 배고픔을 참으며 토라져 누워있었다.

다음날 아침 일어나자마자 작업복을 입고 방수시트를 걷어냈더니 세 마리가 벌써 일어나 안절부절못하며 이제나저제나 하고 기다리고 있었다. 안으로 들어가자 장화라도 물어뜯을 기세로 착

달라붙었다. 됐다 됐어! 이제 실컷 먹어만 다오.

사료기의 레버를 삐걱삐걱 돌려 사료를 밑으로 쏟아내자 히데와 유메가 사료기에 얼굴을 파묻고 우걱우걱 먹기 시작했다. 자기도 먹고 싶은 듯 그 주위를 어슬렁거리는 신.

큰일 났다. 이래서는 신이 먹을 기회조차 없을 것이다. 서둘러 바가지를 갖고 와 사료를 퍼서 신에게 주려고 했지만 유메가 낌새를 보더니 '그건 또 뭔 맛있는 거냐?'는 듯 사료기에서 머리를 쳐들고 바가지 쪽으로 다가와 방해를 했다. 이때다 싶어 신에게 지금 사료기의 빈자리를 탈환해서 먹으라고 유도했지만 제대로 먹지 못했다.

신이 먹을라치면 유메가 바가지와 사료기 쪽을 왔다갔다 하며 둘 다 먹지 못하게 막아버렸다. 정말 탐욕스러운 돼지다. 그리고 유메가 난폭한 먹성을 보이고 있는 와중에도 히데는 말없이 곁눈질도 하지 않고 먹고만 있었다. 어쩜 저렇게 효율적인 돼지가 있을까?

방법이 없다. 일단 유메가 잠잠해질 때까지 기다리자. 잠시 후 유메도 히데도 배가 부른지 운동장으로 나갔다.

"신짱 이제 자리가 비었으니까 어서 먹어." 하며 돌아봤더니 신이 우두커니 서 있었다. "너 안 먹어도 괜찮겠어?"

신은 '아니, 이젠 됐어……'라는 듯 먹을 생각도 않고 고개를 갸웃하며 무릎을 접고 엎드렸다. 어쩌면 이렇게도 식욕이 없을까? 돼지들에게 주고 있는 사료는 원래 중요크셔 전용 사료라는데 중요크셔인 신이 이렇게 식욕이 없어서야…… 채소와 마당의 잡초라면 세 마리 중에서 가장 덥석덥석 잘도 받아먹는데. 세 마리가 함께 사는 동안 유메와 히데에게 뭐든 양보해야 된다고 각인된 걸까?

"착하네." 하고 말해주고 싶지만 식용돼지에게 양보의 미덕은 사치다. 이런 식으로 가다간 신이 지금보다 더 마를 우려가 있다. 그래선 안 된다.

비책을 세우다!

"대개 어느 농가나 출하하기 직전까지 돼지를 살찌우는 비책을 가지고 있어요. 자주 쓰는 방법인데 사료를 물에 불려서 한 번 줘 봐요."

이런 말을 한 건 세이와축산의 스가야 토모오 씨였다. 그는 하야카와 씨를 따라서 우리 집에 놀러온 적이 있다.

시험 삼아 사료를 물에 불려서 걸쭉하게 만들어줬더니 엄청난 기세로 먹기 시작했다. 우와! 바로 이거였구나! 사료기에는 급수장치가 붙어있어서 사료를 먹으면서 물도 마실 수 있지만 그것과 사료를 물에 불려서 먹는 건 차원이 달라 보였다.

매일 똑같은 먹이에 질렸을까 봐 사료를 물에 불려서 팬케이크처럼 프라이팬에 구워서도 먹여 봤는데 분말사료보다 반응은 좋았지만 큰 차이는 없었다. 역시 물에 불린 사료를 더 좋아했다.

그런데도 신은 너무 못 먹었다. 배고픔을 참는 동안 위가 작아져버렸나? 돼지가……?

그녀는 왜 돼지 세 마리를 키워서 고기로 먹었나

그래서 이번엔 신에게 사료를 조금이라도 더 먹이려고 물에 불린 사료에 신이 가장 좋아하는 양배추와 콩나물 그리고 마당에 자란 칡잎 같은 잡초를 섞어봤다. 잘 먹었다. 이렇게 풀에 섞인 사료만 먹어도 사료섭취량은 증가할 것이다.

　게다가 유메와 히데는 다행히 마당의 잡초를 안 좋아하기 때문에 신에게는 절호의 기회다! 사료는 갈색을 띠고 있어서 마치 채소 참깨무침을 버무리고 있는 착각마저 든다.

　"그런데 신! 너 혹시 염소 아니야?"

　이렇게 해서 하루 두 번, 가볍게 운동장 바닥의 똥을 줍고 나서 얕은 그릇에 사료를 담고 물을 넣어 질퍽하게 불린 다음 채소 찌꺼기 등을 섞어서 주기로 했다.

　그런데 이 작업은 상상 이상의 중노동이었다. 일단 마릿수에 맞춰 사료그릇 세 개를 준비했다. 세 마리에게 동시에 주고 싶지만 울타리 문을 열고 들어가야 해서 한 개씩만 들고 들어갔다. 이 과정이 고역이었다.

　밖으로 열리는 문이라서 문을 열기만 해도 흥분한 세 마리가 뛰쳐나오려고 하기 때문에 사료그릇만 밀어넣을 수도 없다. 안쪽으로 열리는 문이었으면 얼마나 편했을까?

　빈 사료그릇을 앞에 놓고 큰 바가지로 사료를 부어주는 등 여러 가지 방법을 생각해 봤지만 유메가 난동을 부리며 빈 사료그릇을 가지고 장난을 치는 통에, 결국 사료가 담긴 그릇을 내려놓는 것이 가장 좋은 방법이었다.

　세 개의 사료그릇을 다 내려놨다고 안심할 수도 없다. 유메가 사료그릇 세 개를 다 차지하려고 해서 적의 공격을 방어하는 농구 선수처럼 장화로 훼방을 놓으며 신이 조금이라도 오랫동안 먹을 수 있게 해야 했다.

잠시라도 방심을 하면 유메가 내 방어를 뚫고 히데의 사료그릇에까지 코를 파묻는다. 유메에게 밀린 히데는 신의 사료그릇에 코를 뻗는다. 히데에게 밀린 신이 어쩔 수 없이 유메의 사료그릇에 코를 대는 순간 유메가 '어이! 내 밥그릇에 지금 뭐하는 거야!' 라 듯 돌아온다. 왜 얌전하게 먹질 않니……

그래도 신은 단식작전을 펼칠 때처럼 식욕을 잃지 않고 다행히 계속 먹으려고 했다. 이 방법으로 밀고 나가자. 신은 사료 안에 들어있는 채소만 골라 먹고 남은 사료는 먹지 않았다. 할 수 없이 마당의 풀을 더 뜯어와서 물에 푼 사료와 섞어서 먹였다.

해질녘에 먹인 후에는 사료기의 받침통 옆에 물에 불린 사료를 5킬로그램 정도 만들어놓았다. 야식이었다. 너무 많이 만들면 다음날 아침 버리는 양도 있지만 그래도 줄어있는 것을 보면 밤에도 먹는 것 같긴 했다.

다 먹고 나면 세 마리의 얼굴이나 앞발은 말할 것도 없고 운동장 바닥도 질척질척한 사료로 범벅이었다. 그리고 그 상태로 나에게 덤벼들려고 하니 죽을 맛이다. 등에 올라타기도 하고 장화 안에 집어넣은 작업복 바지자락을 잡아빼느라 정신들이 없다. 순식간에 내 얼굴과 머리카락과 작업복도 사료범벅이 된다.

그렇게 한바탕 씨름을 하고 나서 운동장 바닥에 물을 뿌려 엎질러진 사료를 흘려보낸다. 청소를 깨끗하게 하지 않으면 다음날

쉰내가 난다. 바닥에 남은 사료가 상하기 때문이다. 물에 불린 사료는 버리는 양도 나오고 청소하기도 힘들다. 12일만 하면 된다는 사실이 그나마 위안이 되었지만, 이 일을 혼자서 매일 하다가는 본업에 손도 못 댈 것이다.

어쨌든 효과는 확실했다. 나 혼자만의 생각일지도 모르지만 세 마리는 나날이 비대해졌다. 특히 유메는 턱 주변에 살이 많아졌고 허벅지와 어깨도 살이 찐 것처럼 보였다. 스가야 씨, 고마워요!

히데의 변화

시간을 조금 돌려 정확히 신이 아팠던 때를 전후해서, 그간 먹고 자기만 하던 듀록인 히데에게도 큰 변화가 있었다.

히데는 지금까지 인간에게 쭉 무관심했다. 누가 오든 먹고 자기만 했지 가까이 가려고도 안 했다. 나에게도 양배추와 옥수수를 받아먹을 때만 가까이 왔지 그 밖의 반응은 여하튼 싱거웠고 눈도 맞추지 않았다.

같은 돼지인 유메나 신과는 서로 코를 비비거나 교감은 했지만 큰 싸움을 하는 일은 없었다. 우리 집에 처음 왔을 때는 기가 세 보였는데 유메가 점점 천방지축 날뛰게 돼가는 동시에 히데는 매우 얌전해져갔다.

다만 한결같이 우물우물 먹고 자기만 하는 히데는 표정이 풍부한 유메와 신에 비해서 손이 별로 안 가는 이상적인 돼지지만 좀 바보 같다고 생각한 것도 사실이다.

그랬던 히데가 9월 들어서부터 갑자기 나에게 애교를 부리기 시작했다. 얼굴에도 표정이 생겼다. 내 눈을 똑바로 쳐다보기도 했다. 히데의 이런 모습에 홀딱 빠져버렸다. 너무너무 귀여웠다. 워낙 붙임성이 좋은 신도 난폭한 유메도 물론 귀엽다. 하지만 혹시 바보가 아닐까 생각했을 정도로 반응이 시원찮던 히데가, 끊임없이 말을 걸고 하는 동안 어느새 한꺼풀 벗고 숨겨둔 표정을 드러내며 애교를 부리게 된 것이다.

어쩌면 정서도 성장하는 모양이다. 그렇게 기쁠 수가 없었다. 정이 들어버렸다. 큰일 났다. 도축까지 이제 한 달도 채 남지 않았는데……

유메를 먹을 각오는 어느 정도 되어 있었다. 몇 번이나 내 등에 올라탔고 도축 이야기를 했더니 단식시위도 했으며, 난 또 그 모습에 동요해서 차사고까지 일으켰다. 뭐랄까 먹을지 먹힐지의 팽팽한 기싸움이 늘 벌어졌다. 애정도 깊지만 사고 이후 먹고야 말겠다는 각오를 새롭게 다졌다.

신의 경우, 솔직히 계속 괴롭힘을 당하는 게 안쓰러워 뭔가 해주고 싶은 마음에 지켜봐왔는데 이 돼지는 마음씨가 정말로 지나치게 좋았다. 우리 집에 오는 손님 누구에게나 애교를 떨었다. 주인으로서 유메에게 쏟은 정에 비하면 솔직히 깊지는 않았다. 표정이 사람과 너무 닮았지만 '이 돼지를 머잖아 먹어야 한다'고 생각해왔기 때문에 이제 와서 새삼 동요할 것도 없다.

히데에게는 줄곧 아무 생각도 없었다. 어쨌든 그냥 있어도 고기로 보이는 돼지였다. 우리 집에 놀러온 손님들 중에서도 표정

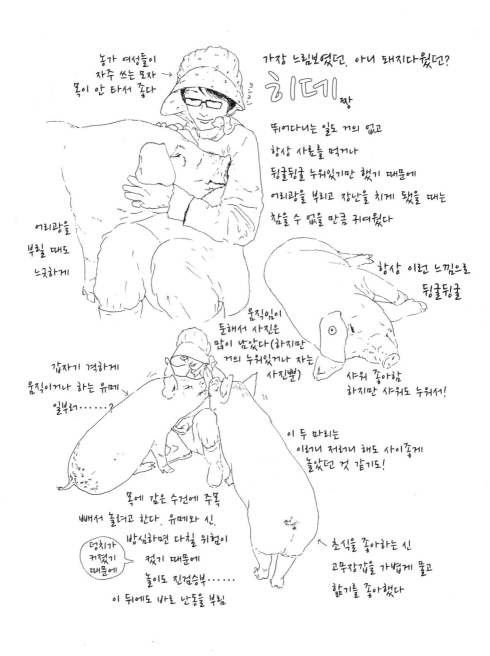

농가 여성들이
자주 쓰는 모자 →
목이 안 타서 좋다

가장 느림보였던. 아니 돼지다웠던?

히데 짱

뛰어다니는 일도 거의 없고
항상 사료를 먹거나
뒹굴뒹굴 누워있기만 했기 때문에
어리광을 부리고 장난을 치게 됐을 때는
참을 수 없을 만큼 귀여웠다

어리광을
부릴 때도
느긋하게

항상 이런 느낌으로
뒹굴뒹굴

움직임이
둔해서 사진은
많이 남았다(하지만
거의 누워있거나 자는
사진뿐)

샤워 좋아함
하지만 샤워도 누워서!

갑자기 격하게
움직이거나 하는 유메
일부러……?

이 두 마리는
이러니 저러니 해도 사이좋게
놀았던 것 같기도!

목에 감은 수건에 주목
빼서 놀리고 한다. 유메와 신.

덩치가
커졌기
때문에

방심하면 다칠 위험이
컸기 때문에
놀이도 진검승부……
이 뒤에도 바로 난동을 부림

초식을 좋아하는 신
고무장갑을 가볍게 물고
핥기를 좋아했다

변화도 거의 없고 토실토실 뚱뚱해져서 자고만 있는 히데에게 "맛있겠다!"고 말하는 사람들이 압도적으로 많았다.

게다가 한 번도 아프지 않았다. 이제껏 내 마음을 제대로 흔든 적도 없이 여기까지 왔는데, 갑자기 초롱초롱한 눈으로 나를 따르고 내 가슴에 코를 묻으며 애교를 부리게 될 줄이야!

히데에게 출산을?

"어쩜 이렇게 귀엽니!"

히데의 머리를 끌어안고 있으면 눈치를 살피던 유메가 질투하며 히데를 밀쳐냈다. 하는 수 없이 유메를 안아주면, 아니나 다를까 쇄골을 깨물고 작업복 지퍼나 모자 끈을 물어 뜯었다.

역시 히데는 죽이지 말까?

유메와 신은 거세를 시켰기 때문에 이대로 살려둔다고 해도 어차피 고기로 만들 수밖에 없다. 아무리 귀여워도 애완동물로 키울 생각은 없었다. 이유는 딱히 없지만 그건 아니라는 생각이 들었다.

하지만 히데는 암컷이다. 두 달 후면 임신이 가능해지고 정자를 사와서 인공수정을 하면 출산도 할 수 있다. 그런 생각을 하다 보니 히데에게 출산을 경험하게 해주고 싶어졌다. 아니, 히데의 출산 모습을 보고 싶은 건가? 어느 쪽인지는 모르겠지만 어쨌든 보고 싶고 체험하고 싶다. 히데가 낳은 새끼를 키워보고 싶다. 한 번 발동이 걸리자 생각은 걷잡을 수 없이 커져만 갔다.

도축이라는 행위 자체에 두려움이나 전율은 없다. 나는 이제까지 취재 때문에 도축장을 여러 번 견학해 익숙해져 있다. 오해가 없길 바라지만 생물의 죽음은 곧 익숙해진다. 도축장이 낯선 독자들은 기묘하거나 잔인하게 생각할지도 모르지만 나는 세 마리가 목이 잘려 피를 흘리는 순간이 상상도 되고 그 모습이 두렵다거나 불쌍하다는 생각은 별로 들지 않았다. 그런 법이다. 그들은 도축장에서 고기로 변한다. 고기가 된 이상 먹을 수밖에 없다.

돼지를 계속 키우고 싶다

다만 세 마리와 이제까지 구축해온 관계성은 별개다. 도축일을 경계로 돼지와의 관계가 뚝 끊어진다는 게 매우 안타까웠다. 그렇게 이별한 이후의 모습은 상상할 수 없었다. 지금까지 나와 세 마리가 함께했던 일들이 어디로 사라져버릴지 전혀 짐작이 가지 않았다. 사라지면 사라진 대로 그만이라는 생각도 들고 매우 쓸쓸할 것 같기도 하다.

그들은 애완동물이 아니다. 하물며 가족이나 친구도 아니다. 그저 가축이다. 애완동물에 가깝게 키웠을지도 모르지만 그래도 가축이다. 하지만 정을 나누고 쌓아온 것도 틀림없는 사실이다.

돼지를 먹으려고 죽인다는 데에 망설임은 없지만 돼지는 계속 키우고 싶다.

한 마디로 표현하면 모순이라고도 할 수 있다. 그래도 마음이 그런 걸 어쩌겠는가!

만약 살고 있던 셋집이 좀 더 살기 좋은 곳이었다면 집을 사서 히데를 남겨놓고 취미 삼아 가내양돈을 시작했을 가능성도 있다.

하지만 그 집은 오랫동안 거주하기에는 너무나 추웠다. 겨울나기가 힘들 것 같았다. 게다가 기분 탓일지도 모르지만 한밤중에 귀신 발소리(나도 믿기지 않지만 사실이다!)를 들은 적이 있다 보니 도저히 이 폐가를 살 엄두가 나질 않았다. 그런 소리를 들은 건 20년 만이었다. 그리고 처음부터 임대계약 연장은 불가능하다고 들었다.

만약 그때 돼지를 키울 수 있는 집을 찾을 시간이 있었다면 어땠을까 하는 생각을 지금도 가끔 한다. 이제 와 소용없는 일이지만……

결국 히데를 죽이지 않고 출산을 하게 하려는 계획은 실행에 옮기지 않았다. 종이 다른 세 마리를 동시에 잡아서 맛을 비교하자던 처음 계획을 그대로 실행하기로 했다. 만약 그러고도 또 돼지가 키우고 싶어지면 그건 그때 가서 생각하자.

역 시
너 를
먹어야겠다

마지막 간식은 고구마

아등바등 먹이주기에 진땀을 빼는 사이 어느덧 도축 전날이 되었다. 세 마리는 무사히 살이 쪘을까? 찐 것처럼 보이기는 하지만 그토록 고생해서 먹였는데 안 쪘으면 그게 이상한 거다.

솔직히 세 마리와의 이별이 괴로울지 어떨지 생각할 여유가 별로 없었다. 12일 전에는 약간 동요하긴 했지만 도축일을 미룬 탓에 그마저 시들고 말았다.

이제는 얼른 끝내버리고 싶은 마음이 더 컸다. 오후에는 치바현식육공사의 나이토 씨와 토소식육센터의 이시카와 씨가 고구마를 가지고 와줬다. 마지막 간식이다. 고구마는 가늘었고 깎기도 귀찮아 그대로 줬더니 유메는 덥석 물기는 했지만 질질 흘리는 것도 많았다. 히데는 우적우적 잘도 씹어 먹었다.

세 마리의 모습을 보고 나이토 씨가 걱정스럽게 말했다.

"우치자와 씨, 이 녀석들 없어지면 쓸쓸하겠네."

그렇다. 지금은 할 일이 너무 많아서 그런 생각을 할 여유는 없지만 실제로 세 마리가 사라진 돼지우리를 보는 건 좀 싫었다.

고기를 가지고 도쿄에 가서 시식회를 끝내고 나면 돼지우리와 집을 철수하기 위해 바로 다시 돌아와야 할 텐데 이 집에서 혼자 자는 건 좀 우울하지 않을까? 그래서 수의사인 하야카와 씨의 아파트에서 신세를 질 생각이다.

나이토 씨 말에 따르면 내일 도축예정인 돼지는 정확히 1천8백 마리로 만원이라고 했다. 세 마리에게는 가장 마지막인 1798번부터 1800번의 도축번호가 붙여지게 된다. 일반 식용돼지뿐만 아니라 대관인 돼지의 도축까지 끝낸 진짜 마지막 순서다.

순서를 마지막으로 돌린 데에는 이유가 있었다. 앞에서도 말했듯이 세 마리의 모든 부위를 돌려받기 위해서다. 그것이 가능하다는 점 때문에 이곳 치바에서 돼지를 키우게 됐다고 해도 무방하다.

통상 농가는 도축장에 돼지를 이송해온 뒤 도축료(검사료 포함)를 지불하면 그것으로 돼지와는 완전한 이별이다. 지육이 된 돼지는 그곳에서 바로 등급이 매겨지고 다음날 도매업자가 매입해 가 정육으로 이용한다. 농가는 도매업자에게 돈을 받는다. 이 것이 지육의 일반적인 과정이다.

도축과정에서 따로따로 잘린 내장, 머리, 발, 껍질은 그대로 업자에게 보내진다. 지육에는 도축번호가 붙어있고 하룻동안 냉장보존을 하기 때문에 다음날 업자에게 팔지 않고 직접 회수해 가는 건 일단은 가능할 것이다.

하지만 발과 내장과 머리의 경우는 업자에게 자동으로 보내져 처리되기 때문에 회수하기가 어렵다. 도축번호도 개체식별번호도 붙어있지 않기 때문에 다른 돼지와 뒤섞일 가능성도 크다.

어쨌든 하루에 1천8백 마리분의 내장을 처리해야 한다. 내장의 처리는 스피드가 생명. 도축장에서 보내온 내장을 빠짐없이 닥치는 대로 세척해야 하는데 한 마리씩 관리하는 건 상당한 수고가 든다. 트레이서빌리티(추적追跡을 뜻하는 트레이스trace와 가능성을 의미하는 어빌리티ability가 조합된 용어로 제조이력과 유통과정을 실시간으로 파악할 수 있는 시스템-옮긴이)라고 간단히 말하지만 철저하게 추적하기란 쉽지 않다.

광우병 검사가 시작된 이후부터 소 내장은 처리 후 결과가 나올 때까지 하룻밤을 대기해야 한다. 그런데도 예전에 취재한 도축장에서는 몸속을 세정하는 소화기관 내장은 여러 마리분을 한꺼번에 관리하고 있었다. 양성반응이 나오면 그 전부를 처분한다고 하니, 안전은 충분히 확보할 수 있다.

하루에 도축하는 돼지가 4백 마리 전후여도 마찬가지다. 현장의 상황을 잘 알고 있는 만큼 내 돼지의 어디어디 부위를 돌려달라고 하는 요구가 얼마나 유별난 일인지도 아주 잘 알고 있다. 그렇지만 나는 생업으로 돼지를 키운 게 아니기 때문에 역시 세 마리를 다 먹지 못한다면 의미가 없다.

자가도축?

그렇다고 내가 직접 도축할 수도 없다. 무서워서 그런 게 아니다. 하고 싶은 마음은 굴뚝같다. 누군가가 잡아주면 칼로 목을 찌르는 정도는 할 수 있을 것이다.

다만 그 이후의 내장적출에 자신이 없다. 껍질을 벗기지 않고 뜨거운 물에 담갔다가 털을 제거하는 거라면 할 수 있겠지만 내장은 상처를 내면 큰일이다.

사실 나는 손재주가 별로 없다. 한번은 도축장에서 녹슨 칼을 빌려와 그라인더에 갈다가 그 칼끝의 섬뜩함에 기절할 뻔했다. 도축현장에서 피를 보고도 멀쩡하던 내가 말이다. 더 한심한 건 그렇게 간 칼이 전혀 들지 않았다는 점이다. 그런 솜씨로는 고기를 망치게 될 게 뻔하다.

돼지를 키우면 아무래도 도축은 도축장에 위탁하는 것이 최선이었다. 그리고 돼지를 키울 만큼 키워 놓고 도축해줄 곳을 찾지 못하는 상황만큼은 피하고 싶었다.

치바현식육공사의 나이토 씨가 "가장 마지막 순서로 넣으면 어떻게든 될 거야. 괜찮아, 우리가 해줄게." 하고 말해줬기 때문에 돼지 키우기에 착수할 수 있었다. 내가 정말 키울 거라고 생각한 사람은 아무도 없었던 듯하지만……

마지막 순서로 도축공정에 들어가면 다른 돼지와 섞일 가능성은 확실히 줄어든다. 치바현식육공사의 도축공정은 두 번 정도 견학했기 때문에 대충의 흐름은 내 머릿속에도 들어있었다. 잘 될까? 정말 발도 내장도 머리도 다시 받을 수 있을까? 참고로 돼지들의 내장은 돼지들이 태어나기 전, 아니 인공수정하기 전부터 이미 프로에게 따로 맡기기로 합의했다.

그렇지만 1천8백 마리의 만원사례가 아닌가! 치바현식육공사의 번영은 더할 나위 없이 기쁜 일이다. 하지만 당일 도축할 돼지는 오전 11시까지 도축장에 도착해야 하기 때문에 대기시간이 마음에 걸렸다.

"마지막이면 몇 시 정도가 될 까요?"

"음…… 네 시는 넘겠지?"

"알겠습니다. 그렇다면 계류장에 돼지를 넣어놓고 일단 집에 갔다가 그 시간에 다시 오면 되겠네요."

히데와 신은 냉장 보존한 뒤 다음날 그대로 식육공사 안에 있는 토소식육센터로 보내져 해체된다. 맛을 비교할 삼겹살 일부를 제외하고는 1킬로그램 단위로 진공팩에 포장해뒀다가 시식회 당일 판매용으로 쓸 것이다.

그리고 유메는 다음날 다른 곳의 업자에게 보내서 요리사가 요청한 대로 자를 것이다. 시식회장에서 빌릴 냉장고도 기한이 정해져 있기 때문에 고기를 남겨서는 안 된다. 1킬로그램 단위의 고기를 사 줄 사람이 과연 얼마나 될까? 그래도 판매의 수고로움을 생각하면 1킬로그램 이하로 잘게 나눠서 팔 수는 없다.

그건 그렇고 대체 세 마리에게서 순 살코기가 어느 정도 나올지는 뚜껑을 열어봐야 알 일이다. 도축 전 115킬로그램의 돼지에게서 나오는 고기는 지육 75킬로그램, 뼈를 제외한 정육은 49킬로그램이라는 자료가 있다.

그런 자료가 있긴 하지만 일단 세 마리 모두 110킬로그램에 미치지 못 할 것이다. 그리고 고기의 비율이 낮을 때도 있는데, 지방이 많아서 그만큼 살코기가 적다는 의미다. 만약 그렇다면 한 마리론 부족하지 않을까? 생각할 게 너무 많아 머리가 이상해질 지경이었다.

죽이지 말라는 엄마, 먹을 날을 기다리는 아빠

"1킬로그램 단위로만 살 수 있는 거니? 그럼 나는 못 사겠다. 그 양을 다 어떻게 먹겠어? 노인 둘이서 1킬로그램은 너무 많으니까 안 살란다. 보내지 마!"

엄마가 일부러 전화를 해서 말했다. 딸이 뭘 하든 소비자의 시선을 고수하는 사람이다.

어디 그뿐인가! 8월에는 이런 편지도 보내왔다.

'돼지를 안 죽이면 좋겠다. 적어도 네가 키운 돼지를 네가 잡아먹는 것만은 하지 말아다오.'

카나가와 현 카마쿠라 시에 사는 부모님은 7월 말에 딱 한 번 고속전철을 타고 치바의 동쪽 끝에 있는 우리 집을 방문했다. 폐가에 묵을 수는 없으니 돼지를 보여주고 해변가에 있는 식당에서 식사를 한 다음 초시의 여관에서 묵게 했다.

엄마는 그때 딱 한 번 본 게 다인데 세 마리 돼지의 얼굴이 도저히 잊히지 않는다고 했다. 내가 돼지에게 무한한 애정을 쏟으며 키우고 있는 건 이미 엄마도 알고 있었다. 그러니까 먹지 말라고 편지에 쓴 거겠지? 엄마가 왜 그런 말을 하는지 모르는 건 아니지만 그럼 내가 무엇 때문에 돼지를 키운다고 생각하는 걸까?

도축장 취재도 하고 책도 내고, 텔레비전 방송을 통해 쿠바에 가서 도축된 돼지를 맛있게 먹고 있는 모습도 봤으면서. 딸이 무슨 일을 하고 있는지 몰랐던 거야?

세 마리분의 '돼지고기'를 어떻게 처리할지를 놓고 안 그래도 머리가 아픈데 동물보호단체에서도 안 보내는 편지를 잘도 보낸다고, 전화에 대고 화를 낼 뻔했지만 늙으신 부모님께 못할 짓 같아 꾹 참았다. 이해하기 힘든 일만 골라 하는 이 딸을 이해해 주시라며 나 몰라라 하고 있었다.

그런데 8월말쯤 아빠에게 메일이 왔다.

'돼지를 처리할 스케줄은 정해졌니? 어서 결판을 지어주려무나. 정해지면 가르쳐 주렴.

준코, 네가 키운 돼지의 고기는 안 먹으면 좋겠구나!! (엄마가) (아빠에게는 보내줘) 아빠가.'

대식가인 아빠는 내가 키운 돼지 먹을 날을 손꼽아 기다리고 있었다. 하지만 부엌의 실세인 엄마를 거역하지 못하는 모습이 눈에 선했다. 고기를 진공포장하는 일까지 일괄해서 부탁했기 때문에 그런 사소한 것까지 일일이 챙기고 있을 수 없었다. 아빠에게는 시식회에 초대할 테니까 그곳에서 드시라고 메일을 보냈다.

체중을 다시 재다

날이 저문 후에 마츠가야 씨가 무거운 체중계를 싣고 다시 와줬다. 정말 고맙다.

세 마리의 체중은 신이 85킬로그램, 유메가 99킬로그램, 히데가 103킬로그램이었다. 신은 아슬아슬하게 등급을 받을까 말까하는 수준이다. 그렇지만 11일 동안에 신을 6킬로그램, 유메를 12킬로그램, 히데를 8킬로그램 살찌웠다. 새삼 돼지라는 동물의 위대함을 깨달았다.

심야 막차를 타고 온 시어터 이와토의 촬영팀 초노 씨가 마지막 만찬을 카메라에 담아줬다. 세 마리는 평소처럼 질퍽질퍽한 사료를 우걱우걱 먹고 있었다. 이걸 먹었으니 1킬로그램 정도 더 늘지 않을까?

다음날 아침 출하를 돕기 위해 연구자인 오카다 나오부미 씨, 고토 씨 그리고 남편이 왔다. 오전 아홉 시 모두가 모였을 때 카세 씨의 파란 트럭이 도착했다. 우노 씨의 농장에서 신을 태우고 왔던 트럭이다. 이 차로 지난번에 집에 쌓여있던 대형쓰레기도 버렸다. 이 트럭에 신세를 많이 졌다. 카세 씨의 어머니까지 걱정이되어 오셨다.

사전에 카세 씨에게 "출하 준비할 때에 둘러칠 콘크리트패널을 사둘까요?" 하고 물어봤었는데 카세 씨는 안 사도 된다고 했다. 그런가? 이 정도의 사람들이 모였으니 괜찮으려나?

보통 농가에서 출하를 준비할 때는 축사에서 돼지를 밖으로 내보내 리프트에 밀어 넣고 돼지를 다 태우면 트럭 짐칸의 높이까

그녀는 왜 돼지 세 마리를 키워서 고기로 먹었나

지 리프트를 올려서 울타리를 벗기고 짐칸으로 이동시킨다. 하지만 이 트럭에는 리프트가 없다. 인력으로 영차하고 힘을 모아 돼지를 들어올리는데 1미터 정도 되는 높이를 극복해야 한다. 도와주리 온 사람들은 모두 사무직이다. 힘자랑할 사람은 아무도 없다.

카세 씨가 큰 시멘트 봉투를 단단히 말아 막대기를 만들어 보여준다. 1미터 정도 됐을까?

"이걸 말이야 돼지의 겨드랑이 사이에 끼워서 들어올리고 앞다리를 든 다음에 엉덩이를 들어올려."

도와주러온 남자들이 귀담아 듣는다. 가능할까? 나는 나대로 세 마리를 돼지우리에서 운동장 쪽으로 쫓아내야 했다.

먼저 세 마리를 우리에서 운동장으로 내보내고 우리의 입구에 앉아 세 마리를 쓰다듬는다. "옳지옳지! 진정해 다들." 장난치는 척하면서 나무발판으로 우리의 입구를 막았다.

원래 이 발판은 폐가에 버려져 있던 것이다. 까맣게 흠집이 나고 더러워서 욕실에 깔지도 못하고 게다가 너무 커서 방해물로만 생각할 때도 있었는데 어느새 대활약을 하고 있었다.

트럭은 방향을 바꿔 울타리의 출구 근처에 짐칸 쪽을 대놓았다. 트럭과 울타리 사이의 양 옆에 남자들이 서 있다. 철벽수비로는 보이지 않지만 의지가 되었다.

먼저 순한 신이 어슬렁어슬렁 이끌려 출구에 가까이 온 김에 밖으로 밀어냈다. 겨드랑이에 종이 막대기를 찔러넣어 상체를 들어올렸다. 꽤액꽤액 하고 큰소리로 울부짖는 신. 그래도 신은 역시 순하고 얌전하다. 울면서도 짐칸에 다리를 딛고 카세 씨에게 꼬리를 잡혀 하반신도 들어올려져 짐칸으로 올라갔다.

휴~ 맙소사! 이 짓을 두 번 더 해야 한단 말인가! 돼지가 울부짖으며 저항하는 것을 보는 것도 괴롭고 인간의 힘도 빠져간다. 같은 무게의 돼지를 들어올리는 것보다 훨씬 힘들다. 하지만 어떻게든 되겠지.

돌아보니 두 마리가 완전히 경계태세에 들어갔다. 신을 보고 큰일 났다고 눈치 챈 것이다. 돼지우리의 입구에 세워놓은 나무발판을 코로 쾅 넘어뜨리고, 꽥꽥꽥꽥(살려줘!)하고 비명을 지르며 우리로 도망쳐 들어가는 유메와 히데. 이런! 방심하고 말았다.

서둘러 밖으로 나가 쇠사슬을 가져왔다. 이번에는 짐칸에 탄 신이 뛰어내리려고 했다. 앗! 초노 씨가 짐칸에 올라갔고 신을 안쪽으로 몰아서 가운데를 울타리로 막았다. 오! 이런 기능도 있는 트럭이구나!

신이 트럭에 무사히 올라간 것을 확인하고 바로 우리로 뛰어들어갔다. 우리에서 나오려고 하지 않는 두 미라와의 대결이다. 돼지와 서로 밀고 당겨봤자 내가 질 게 뻔하다. 나무발판을 이용한 싸움이다. 돼지는 사람 다리 사이로 빠져나가는 것은 잘하지만 판자로 모는 것에는 약하다. 농장에서 돼지를 이동시킬 때에 얇은 합판을 들고 몰아넣는 모습을 자주 봤다. 서당개 삼 년이면 풍월을 읊는다고 하지 않던가! 돼지우리에 비하면 너무 크지만 그래도 일단 나무발판을 사용해서 두 마리를 우리 밖 운동장으로 내보냈다.

그런 다음 히데를 울타리 출구로 밀어냈다. 종이막대기는 겨드랑이에 완전히 꺼지지 않았지만 모두가 힘을 합해 날뛰려는 히데를 들어올려 다리를 트럭에 걸치게 한 다음 엉덩이를 들어올려서 밀어넣었다.

유메가 도망갔다

이제 남은 건 유메. 이 돼지는 무뢰한이지만 겁쟁이기도 하다. 일단 구슬리는 편이 좋다. 목에서 수건을 빼서 흔들어봤다. 먹으려고 한 건 아니지만 다가왔기 때문에 끌어안아서 "옳지옳지" 하고 목덜미를 쓰다듬어줬다. 조금 응석을 부리며 수건을 물었다고 생각했을 때 갑자기 방향을 휙 틀어 천천히 출구 쪽으로 걸어갔다.

지금이 기회다! 방향을 못 바꾸게 하려고 뒤를 따라 갔다. 유메는 출구에서도 멈추지 않고 고개를 푹 숙이고 걸어갔다. 출구 앞에 멈춰서 꾸물거린다고 생각했던 순간 갑자기 돌진해서 트럭의 밑을 기어 뛰쳐나갔다.

트럭 밑을 빠져나간 유메의 눈 앞에는 마침 남편이 서 있어서 돌진해오는 유메를 맨손으로 받았다. 그에게 판자를 줬으면 좋았을 텐데…… 유메는 남편을 정면으로 들이받고 그대로 도로를 향해 달려갔다. 도로에는 맹렬한 속도로 차들이 달리고 있었다. 모두가 이제 가망이 없다고 생각한 순간, 유메는 갑자기 스피드를 줄이고 빙 돌아서 도로 옆 풀숲으로 걸어갔다.

괜히 서두르다 유메를 더 자극시키진 않을까 노심초사하며 유메의 뒤쪽으로 돌아가 말을 걸면서 조금씩 집 쪽으로 유도해 그대로 집 안으로 몰아넣었다. 설마 이전에 유메가 탈주한 경험이 도

움이 될 거라고는 전혀 생각지도 못했다.

현관을 열면 바로 앞에 토방이 펼쳐져 있고 그곳에 의자와 장화가 놓여 있었다. 유메는 지금이 어떤 상황인지를 완전히 잊어버리고 기분 좋은 듯이 냄새를 맡으며 토방을 돌아다녔다. 토방으로 연결된 부엌에 뒹굴고 있던 양배추를 집어 유메에게 줬다. 유메가 좋아하는 고소한 구더기도 봉지에서 꺼내줬더니 으득으득 맛있게 먹었다.

어렸을 때 추운 겨울날이면 밖에서 키웠던 개를 부엌에 들이곤 했다. 평소에는 못 들어오게 했던 실내에 들어와서 가족과 함께 즐겁게 난로를 쬐는 개를 보며 나도 오빠도 신이 났었다.

이런 상황 속에서 유메 역시 집 안에 들어와 즐거워하며 엉큼성큼 걷고 있었다. 그리고 이 마당에 나도 왠지 기뻤다. 의자에 앉아서 유메가 어슬렁어슬렁 돌아다니는 모습을 보고 있자니 훨씬 전부터 이렇게 집 안에서 유메를 키웠던 것 같은 느낌이 들었다.

여기에서 함께 살아버릴까?

"그렇게 말이야, 유메짱, 그냥 나랑 여기에서 함께 살까?"
그런 건 여태껏 한 번도 생각해본 적 없었다. 하지만 트럭에 타기 싫어하는 유메를 보고 있자니 모두의 웃음거리가 되더라도 유메를 애완동물로서 키워도 될 것 같다는 생각이 들었다.

기분 좋게 바닥 냄새를 맡으며 돌아다니던 유메가 퍼뜩 얼굴을 들고 나를 쳐다봤다. 유메는 망설이고 있었다. 그렇게 보였다.

삐-삐-삑!

트럭이 후진하는 소리가 들렸다. 차를 돌려 집 현관 앞에 대고 있는 것이다. 미닫이문의 유리 너머로 파란 차체가 보이자 나는 제정신으로 돌아왔다.

역시 너를 먹어야겠다.

의자에서 일어나 미닫이문을 열었다. 트럭 짐칸에 콘크리트패 널을 미끄럼틀처럼 경사지게 세워놓고 양 옆을 모두가 지키고 서 있다. 유메는 다시 경계를 하며 현관의 냄새를 맡으면서 안절부 절 못하고 다녔다. 유메의 등을 쓰다듬고 양배추를 경사진 미끄럼 틀 위에 뿌렸다. 유메는 양배추에 이끌려 미끄럼틀에 발을 올렸 다. 하지만 중간까지 올라갔다 다시 내려왔다. 내가 말을 걸었다.

"왜 그래? 집으로 돌아가는 거니 유메? 네가 하고 싶은 대로 하렴."

물론 유메의 경계를 풀기 위한 사탕발림이었다. 유메는 옆에 세워놓은 개 전용 케이지의 냄새를 맡았다. "기억나? 처음 이 집 에 올 때 네가 이 케이지 안에 들어있었잖아. 많이 컸네. 지금은 절 반밖에 안 들어가겠다."

유메는 도무지 미끄럼틀에 올라갈 생각을 안 했다. 내가 먼저 미끄럼틀 위로 올라가 앉아 양배추를 찢어서 미끄럼틀 바닥에 올 려놨다. 한 걸음, 두 걸음. 유메가 다시 미끄럼틀로 올라오기 시 작했다.

꿀꿀꿀꿀!

등 뒤에서 히데와 신이 소리쳤다. '오면 안돼!'라고 말하고 있는 듯했다. 돌아보고 "쉿! 조용히 해!" 했더니 두 마리는 그대로 입을 꾹 다물었다. 처음으로 주인답게 행동했다는 기분이 들었다. 유메는 그 상태로 양배추를 먹으면서 미끄럼틀을 천천히 올라와 나와 함께 짐칸에 들어왔다. "옳지옳지! 유메 잘 올라왔네!" 모두에게서 안도의 한숨을 쉬었다.

"혼자서 짐칸에 올라간 돼지는 처음 봤어."

카세 씨가 중얼거렸다.

나는 트럭에서 내려와 짐칸 뒤쪽 울타리를 단단히 잠궜다. 카세 씨가 세 마리에게 물을 뿌려줬다. 이제 드디어 치바현식육공사로 출발이다!

이 별,
도축장

바나나를 사서

힘겹게 세 마리를 트럭에 태워 보냈다. 하지만 그게 끝이 아니다.
이제부터가 진짜다. 트럭을 뒤따라 치바현식육공사에 가서 세 마
리를 반입해야 한다.

　도와주러 온 세 명의 남자와 함께 바로 따라갈 채비를 했다. 내
가 어떤 얼굴을 하고 있었는지 기억나진 않지만 고토 씨가 말했
다. "내가 운전할게." 자꾸 흥분이 되어서 운전도 제대로 못 할 것
같았다. 그렇게 말해준 고토 씨가 고마웠다.

　모두를 태우고 출발한 순간 문득 생각이 나서 홈센터에 딸려있
는 슈퍼에 들렀다 가자고 고토 씨에게 말했다. 긴 거리는 아니지
만 조금 돌아가야 한다. 다들 의아해했지만 그들을 신경쓸 정신이
아니었다. 홈센터에 도착하기가 무섭게 뛰어들어가 바나나 한 묶

음을 사들고 다시 뛰어와 차에 얼른 올라탔다.

식육공사에 도착했더니 이미 카세 씨의 파란 트럭이 계류장 앞에 세워져 있었다. 현관 오른쪽에 있는 가축 반입구에는 중량기 코너가 있어서 트럭째 무게를 잰다. 세 마리를 내린 후 다시 트럭 무게를 재면 세 마리의 총 몸무게를 알 수 있는 구조다. 대부분의 농가는 수십 마리 내지 백 마리 단위로 반입하기 때문에 중량의 합계도 어마어마하다.

반입구 건너편에 트럭 전용 주차장이 있고 그 너머에 계류장이 있다. 전날 저녁부터 당일 아침 11시까지는 반입을 해야 한다. 바로 앞에 있는 계류장에는 돼지들이 있고 더 안쪽에 소 계류장이 있다.

이날 도축 예정인 돼지 1천7백97마리는 이미 모두 계류장 울타리 안에 가둬놓았다. 우리가 가장 마지막이었다. 꿀꿀꿀 돼지의 울음소리가 메아리쳤다. 울타리는 아주아주 작게 나눠 한 칸에 대략 스무 마리씩 들어있었다. 반입농가별로 나눠져 있는 듯했다. 마침 제일 구석에 길고 좁은 한 칸이 남아있었다. 이곳에 넣는 건가?

트럭을 계류장 바닥에 밀착시켰다. 식육공사의 하세가와 씨가 파란 스프레이를 가지고 왔다. 뭐라고 쓰든 상관없으니 누가 누군지 구별할 수 있게 세 마리에게 표시를 해두라고 했다.

그렇구나. 이제부터 세 마리의 고기나 발을 따로따로 회수해 갈 텐데 처음 도축번호를 부여할 때 뒤섞일 수가 있다. 트럭에 올라가 스프레이를 뿌려 세 마리의 등에 Yume, Hide, Shin이라고 썼다. 계류장을 관리하는 청년이 웃으며 말했다.

"귀엽네요, 이름이 있어요?"

세 마리는 패닉상태

돼지들을 트럭에서 내려 계류장으로 옮기는 작업도 난항이 예상되었다. 세 마리는 떼로 몰려있는 동지들이 내는 우렁찬 울음소리를 듣고 이미 겁먹은 상태였다. 여하튼 세 마리는 새끼 때 대규모 축사에서 우리 집으로 데려와 키웠기 때문에 자기들 말고는 다른 돼지를 본 적이 없다.

게다가 모두 건장하다. 거의 115킬로그램에 가깝게 토실토실 살쪄있고 집단행동에 길들여져 있어선지 계류장에 들어가서도 아무렇지 않았다. 물론 그들 나름대로 뭔가 느낌이야 있겠지만 세 마리가 겁먹고 있는 것에 비하면 아주 태평해 보였다.

이제까지 대장행세를 하던 유메는 특히 눈 뜨고 볼 수 없었다. 자기보다 크고 강한 돼지들이 너무 많아선지 고개도 못 들고 눈빛이 심하게 흔들렸다. 그야말로 패닉상태다.

계류장의 울타리 안으로 돼지들을 이동시킬 때 만약 돼지가 저항을 하면 전기봉을 사용한다. 돼지에게 대면 찌릿 하고 전기가 통하는 물건이다. 세 마리 다 움직일 기미가 안 보였지만 카세 씨는 불쌍하다고 전기봉을 쓰고 싶어하지 않았다.

식육공사의 청년도 "카세 씨, 항상 전기봉 쓰시잖아요?" 하며 참견을 하면서도 불쑥 불쌍하다고 중얼거렸다. 그래도 세 마리는 움직이려고 하지 않는다.

왠지 이렇게 될 것 같은 예감이 있었다. 어차피 이따가 도축장으로 밀어 넣을 때 전기봉을 안 쓸 수는 없을 테고 나는 규정에 따라서 전기봉을 사용해도 상관없다고 생각했지만……

그들이 늘 하는 작업인데 그 일에 '불쌍하다'는 마음을 들게 해서 면목이 없었다. 아무튼 일이 이렇게 될 것 같은 예감에 길을 돌아가더라도 사온 것이 바나나였다.

세 마리를 쓰다듬으며 얼른 바나나를 꺼내 껍질을 벗겼다. 세 마리는 바나나를 보고 조금이나마 안정을 되찾고 바나나를 먹었다. 옳지옳지! 바나나를 조금씩 잘라 바닥에 놓아 가면서 계류장 안으로 세 마리를 유도했다. 식육공사의 청년들이 크게 웃었다.

"우와! 돼지가 바나나도 먹어요? 손으로 주는 걸 먹네! 짱이다."

그렇다. 처음에는 안 먹더니 지금은 세 마리가 아주 좋아하는 바나나. 손으로 먹이를 주고 이름도 붙여준 것이, 나 같은 힘없고 서툰 주인에게는 결과적으로 효과가 있었던 모양이다. 출하를 대비해서 그렇게 키운 건 아니었는데 이렇게 도움이 될 줄이야!

이렇게 해서 치바현식육공사가 문을 연 이래 가장 희한한 반입이 순조롭게 끝났다. 히데, 신, 유메 순서로 계류장의 울타리 안으로 들어갔다. 트럭에 태울 때의 대참사에 비하면 정말 간단했다. 모두 바나나 덕분이다.

계류장의 울타리는 하도 좁아서 돼지 두 마리를 나란히 세우면 꽉 낄 정도였다. 하지만 길이는 길었다. 대관용인지 다른 칸은 넓었지만 돼지도 많았다. 어디나 돼지들로 꽉 차 있어서 세 마리의 편의만 생각할 수도 없었다.

옆 칸에 있던 돼지가 울타리 틀 사이에 코를 처박고 세 마리에게 인사를 했다. 세 마리가 더 작게 느껴졌다. 옆 칸에 들어있는 돼지들은 모두 유메와 같은 LWD 같은데 도저히 같은 LWD라고는 생각할 수 없을 정도로 아저씨 같은 얼굴을 하고 있었다. 마치 중학생과 고등학생 같다.

예전에 한 농가 사람에게 이런 이야기를 들은 적이 있다. 돼지가 도망쳐도 자기농장의 돼지 얼굴은 알아본다고. 여러 돼지농가가 인접해 있는 지역일 경우 탈주한 돼지가 비틀비틀 걸어가고 있으면 "우리 집 돼지가 아닌데. 우리 집 돼지는 더 잘생겼거든! 댁의 돼지 아니야?" 하며 언쟁을 했다고 한다.

대규모로 키우게 되면서는 그렇게까지 구별할 수 있을지 없을지 단언할 수 없지만 역시 얼굴생김에는 농가마다의 특징이 있는 모양이다.

옆 칸에는 다른 돼지와는 확연히 달라보이는 한 녀석이 있었다. 눈이 미카와 켄이치(일본의 가수 겸 배우-옮긴이)를 쏙 빼닮았다. 과장된 화장을 한 연극배우처럼 눈매가 또렷하고 크다. 돌연변이라고 하면 과장된 표현일까? 눈이 마주치자 매섭게 째려보는 듯했다. 무섭다. 그런데 나도 모르게 자꾸자꾸 눈이 갔다.

새빨간 등

세 마리의 도축시간은 아무래도 네 시를 넘길 것 같다고 한다. 식육공사에서 기다려도 된다며 안 쓰고 있는 빈 사무실을 열어줬지만 아무리 생각해도 이대로 있기는 따분했다. 다 같이 점심을 먹고 집에 돌아왔다.

아침까지 세 마리가 지냈던 우리가 갑자기 텅 빈 공간이 되어 있었다. 이제 오줌도 똥도 배출될 일 없고 그것을 쓸어 담거나 물로 흘려보낼 필요도 없다. 물에 불린 먹이를 남길 일도 없다. 무엇보다 울타리 문을 활짝 열어둔 채 있다는 게 믿기지 않았다.

한 번 탈주사건이 있은 뒤로 문을 여닫을 때 여간 신경을 쓴 게 아니었다. 휑하게 열려 있는 문이 믿기지 않는다. 집에 남아있는 사료를 먹일 일도 없다.

하지만 이제 곧 도축이 시작될 텐데 감상에 빠질 여유는 없다. 이 한 두 시간을 어떻게 보냈는지 전혀 기억나지 않는다.

네 시가 되기 조금 전에 치바현식육공사로 다시 갔다. 신과 유메의 등은 새빨개져 있었다. 엉겁결에 달려가서 다시 바나나를 주다가 위생검사원 선생님에게 혼이 났다. 계류장 안에 신발을 신고 들어오면 안 된다고. 소독처리한 장화만 신고 들어갈 수 있었다.

다른 농장에서 온 돼지들에 비해 세 마리는 확실히 맥을 못 추고 있었다. 털이 갈색인 히데는 잘 표가 안 나지만 원래 피부가 하얀 신과 유메는 온몸이 새빨갰다. 스트레스를 많이 받아서 모세혈관이 터진 모양이었다. 세 마리는 힘없이 납죽 엎드려서 바닥에 흐르고 있는 물에 코를 비비고 있었다. 옆 칸 돼지의 알은체도 무시했다. 참고로 다른 농장의 돼지들은 새하얬다. 전혀 빨개지지 않았다. 세 마리보다는 덜 긴장한 것 같았다. 담대해서 좋겠구나! 이 시간이 가장 힘들었다.

그녀는 왜 돼지 세 마리를 키워서 고기로 먹었나

사실 도축되는 과정을 보는 것보다도 지금이 훨씬 괴로웠다. 차라리 순서가 빨리 왔으면 하고 계류장과 빈 사무실을 왔다 갔다 했다. 이제까지 도축을 기다리는 가축을 배려해야 한다는 동물보호단체의 주장 따위에는 거의 흥미가 없었다.

소와 돼지는 도축장에 끌려오면 자신의 죽음을 안다는데, 나는 그 말을 곧이곧대로 믿는 건 아니다. 하지만 낯선 사람들에게 둘러싸여 긴장감이 감도는, 지금까지와는 전혀 다른 환경에 몇 시간이나 놓여있는 건 가축에게 정말 힘든 일이 아닐 수 없다.

소는 잘 모르겠지만 돼지는 매우 신경질적이고 낯가림이 심한 동물이다. 도축장이 대규모일수록 대기 시간은 아무래도 길어진다. 도축장에서는 계류장에 있는 돼지들에게 계속 물을 뿌려서 안정을 시켜주는 배려도 빼놓지 않았다.

소리는 조금 들릴지 모르지만 목을 자르는 것도 피가 흐르는 것도 계류장에서는 보이지 않는다. 저렴한 도축료를 생각하면 더 많은 배려를 요구하는 건 무리일지도 모른다.

회색곰의 등장!!

네 시 반이 다 되어 드디어 순서가 왔다. "이제 대관들의 작업이 시작된 것 같네요. 이제 곧 세 마리의 도축도 시작될 거예요"라며 모두를 불러모았고, 사전에 의논한 대로 기록하는 사람, 비닐봉투를 들고 발이나 내장 등을 회수하기로 한 사람 등 각자 준비를 해서 계류장 안쪽으로 들어갔다.

울타리 반대쪽 문이 끼익 하고 열리고 세 마리는 어리둥절해하며 앞으로 나아갔다. 이제부터 마지막 총력을 다해 컨베이어벨트가 있는 터널 같은 통로에 태우게 될 텐데 그 전에 사소한 사건이 하나 벌어졌다.

세 마리의 바로 앞 순서였던 대관인 듀록 씨돼지가 너무나 커서 대관용 통로에 들어갈 수가 없었다. 지금까지 대관은 많이 봐왔지만 발군의 크기다. 갈색 털도 마치 굵은 철사처럼 보였다. 쟨 뭐야 꼭 회색곰 같잖아!

다들 그 곰 같은 돼지에 시선을 빼앗겨 세 마리는 뒷전으로 물러났다. 이런 돼지에 비하면 우리 세 마리는 갓난아이 수준이다. 중요한 순간, 생각지 못한 곰 같은 돼지 때문에 기다리는 시간이 더 길어졌다.

작업원이 컨베이어벨트 반대쪽으로 와서 미간에 전기충격장치를 여러 번 댔지만 쓰러지지 않았다. 전압이 약한 듯했다. 굉장했다. 긴박감이 높아졌다.

"힘내. 목이야. 목에 갖다 대!" 작업원 중 누군가가 외쳤다. 드디어 쿵 하고 쓰러졌을 때 재빨리 목에 칼을 찔러 피를 빼면서 다리에 갈고리를 끼워 매달아 올렸다. 마치 소처럼 보였다. 이럴 때를 위해서 여기까지 천장의 레일이 깔려있는 거구나!

이제 드디어 세 마리의 순서다. 식육공사의 나이토 씨가 잠시 간격을 두는 편이 좋겠다고 했다.

그녀는 왜 돼지 세 마리를 키워서 고기로 먹었나

나의 돼지

나는 기록담당을 맡은 초노 씨를 데리고 컨베이어벨트 터널 반대쪽으로 달려갔다. 돼지가 얼굴을 내민 순간 전기충격기로 쓰러트린 후 목을 자르는 일을 담당하는 작업원과 이야기를 하고 싶었다.

"저기……"

"기계소리 때문에 안 들리니까 이쪽으로 와."

그는 돼지가 누워있는 곳을 가리키며 소리쳤다.

"그럼 잠깐 실례할게요."

이제 곧 세 마리가 목이 잘릴 작업대 쪽으로 갔다. 긴 원통들이 즐비해 있고 그 밑으로 피를 뚝뚝 떨어트리며 옆으로 굴러가는 컨베이어가 있었다. 물론 지금은 멈춰있다. 반짝반짝했다.

"이제 마지막 순서인 돼지가 세 마리 올 거예요. 제가 키운 돼지예요. 제 돼지요. 그래서 말인데 영상촬영을 해도 될까요? 돼지의 마지막 모습을 담고 싶거든요. 선생님은 손만 나오게 찍을 게요……"

내 설명이 끝나기도 전에 작업원은 흔쾌히 승낙했다.

"응 괜찮아. 찍어도 돼."

"고맙습니다. 그럼 잘 부탁드리겠습니다."

인사를 하고 세 마리가 있는 곳으로 다시 돌아왔다.

나의 돼지!

처음 해 본 말이라 나도 좀 이상했지만 꽤 자랑스러운 기분이 들었다. 이제부터 죽여서 고기로 만들 돼지는 누가 뭐라든 어떤 고기든 내가 정성들여 키운 '나의 돼지'다.

세 마리는 무도회장 같은 곳에서 어슬렁거리고 있었다. 모두가 고(GO) 사인을 기다리고 있었다.

다시 작업이 시작되어 작업원이 좁은 통로로 세 마리를 밀어넣었다. 주저하며 갈피를 못 잡는 세 마리를 유도해 신, 유메, 히데 순서로 통로로 몰아넣었다. 돼지 몸통 크기밖에 안 되는 통로라서 방향을 바꿀 수 없다. 멈추거나 뒷걸음질이라도 칠라치면 전기봉으로 찌르며 앞으로 가게 한다.

물론 스트레스를 받기 때문에 전기봉의 사용횟수가 정해져 있지만 계류장에서부터 이미 새빨개질 정도로 모세혈관이 터져버렸는데 이제와 아무려면 어떠랴 싶기도 했다. 아니, 진짜 농가사람이라면 조금이나마 줄여주길 바랄까?

히데가 덜덜 떨며 다가왔다

좁은 통로 앞에는 컨베이어벨트 터널이 기다리고 있다. 벨트 부분이 정확히 돼지의 배에 닿고 사지는 허공에 떠서 바둥거리는 상태로 앞으로 이동한다. 상하좌우 돼지의 크기에 딱 들어맞아 틈이 거의 없게 만들어졌다.

터널에서 빠져나온 순간 작업원이 신의 이마에 전기충격기를 갖다댔다. 경련을 일으키며 사지를 늘어뜨리고 작업대에 떨어지는 신. 그곳에서 재빠르게 작업대 맞은편에 있던 작업원이 목에 쓱 칼을 찔러넣었다. 신은 좀 빗나갔는지 칼에 찔리고도 계속 바둥거렸다. 가끔씩 그런 애들이 있다. 그 모습을 보니 너무 미안했다.

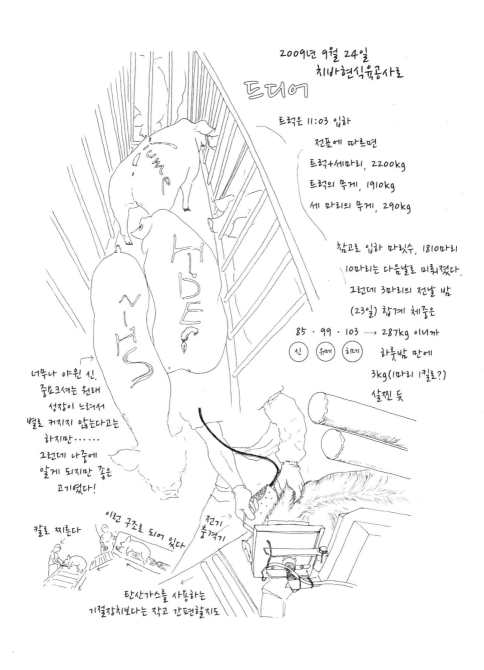

다음으로 유메가 터널에서 빠져나왔다. 전기충격기를 맞아 축 늘어진 채 나와 칼에 맞는다. 두세 번 다리를 움직이더니 움직임이 딱 멈췄다. 다행이다.

마지막으로 히데. 나는 잠시 냉정을 되찾은 후 치솟는 호기심에 못이겨 결국 터널 안을 들여다보고 말았다.

어둑한 터널을 빠져나오고 있는 히데의 얼굴이 보였다. 앞다리를 흔들거리며 불안과 긴장으로 안절부절 못하던 히데가, 순간 나를 알아본 것 같았다. 아닐 수도 있지만 적어도 나에겐 그렇게 보였다.

나는 얼른 고개를 움츠렸다. 그리고 뒤이어 히데의 머리가 터널에서 나오기 무섭게 바로 전기충격이 가해졌고 툭 떨어진 순간 히데의 목에 칼이 들어왔다. 히데도 살짝 움직였다가 이내 잠잠해졌다. 다행이다.

기록을 도와주던 초노 씨는 충격이 큰 모양이었다. 반면에 나는 잠시 감상에 빠지긴 했지만 역시 이곳은 장소는 다를지라도 내용은 똑같은, 몇 백 몇 천 번을 보면서 나는 결코 할 수 없는 일이기에 진심 어린 경의를 표하며 취재해왔던 작업장 중 하나일 뿐이다. 그렇기 때문에 내가 키운 세 마리라고 해서 특별히 충격을 받거나 하진 않았다.

그렇지만 불안에 떨던 히데의 얼굴이 안쓰러웠다.

순식간에 뒷다리에 갈고리가 걸리고 섀클에 끼워져 매달린 채 세척기 안으로 들어갔다.

그때, 너무 빨리 돌리면 회수하기가 힘드니까 다섯 마리씩 간격을 두고 천천히 돌리라고 주의를 주는 나이토 씨. 세 마리의 회수 때문에 작업이 지연되는 건 미안했지만, 어쩔 수 없이 작업을 천천히 진행해달라고 부탁했다. 도와주러 온 다른 요원들은 비닐봉투를 들고 2층에 먼저 올라가 있었다.

세 마리의 얼굴에 이별을

세척기에서 나온 세 마리는 신, 유메, 히데 순서로 천천히 2층으로 올라갔다. 레일 옆에 있는 계단을 따라 함께 올라갔다. 마침 내 눈높이에 세 마리의 얼굴이 있었다. 목에서 나온 피는 씻겨내려 갔다지만 절단부위에 아직 덜 굳은 채 약간 달라붙어 있었다. 걸음을 멈추고 제일 뒤에 있는 히데의 얼굴을 카메라에 담았다. 히데는 눈을 감고 무표정한 채 천천히 2층으로 멀어져 갔다.

세 마리와 진짜 이별한 시점이 언제냐고 묻는다면 바로 이 순간일 것이다. 곧바로 2층에서 분주하게 해체작업이 시작되리란 건 알고 있었지만, 이 10초 혹은 20초라는 짧은 시간 동안 세 마리의 '사체'와 나만의 조용한 시간을 가질 수 있어서 매우 다행이었다. 기계음이 나긴 했지만······

세 마리가 2층으로 다 올라가기 전에 나는 기분을 환기시키고 계단을 단숨에 뛰어올라 해체작업장으로 갔다.

해체와
요　리

요리할 곳으로 뿔뿔이

드디어 해체. 작업대 위에서 엉덩이와 허벅다리의 껍질을 벗기고 한쪽 다리에 갈고리를 걸어 매단 상태에서 두족절단 과정으로 이동시켜 간다. 꼬리를 자르고 항문 주변을 도려내고 번호를 붙인다. 동시에 뒷다리도 잘라낸다.

"아, 잠깐만요! 다리하고 꼬리는 여기에 담아주세요." 하며 비닐봉투를 건넨다. 고토 씨와 오카다 씨, 그리고 하야카와 씨 세 명이 각 공정에서 분해되는 세 마리의 모든 부위를 빠짐없이 회수해갈 것이다.

세 명은 각각 여러 장의 비닐봉투를 들고 있다. 돼지가 계류장에 있을 동안 기다리면서 누가 어느 돼지를 담당할지 정하고 실수가 없도록 비닐봉투에는 매직으로 Shin, Yume, Hide 라고 써

됐다.

　살아 있을 때는 매우 개성적이었던 세 마리지만 껍질을 벗겨내면 누가 누군지 못 알아볼 것이다. 지금까지 여러 도축장을 돌아다니며 실제로 많은 돼지를 봐왔지만 머리를 절단하고 껍질을 벗기면 거의 구별이 안 되는 그저 '고기'가 되는 것이다. 그래도 다리와 머리는 누구 것인지 알 수도 있을 것 같다. 하지만 내장은 전혀 구별하지 못한다.

　치바현식육공사의 나이토 씨는 그 점도 염두에 두고 있었는지 세 마리가 매달려 있는 넙적다리 끝 쪽에 붙여진 도축번호표 뒷면에도 어느새 Shin, Yume, Hide 라고 매직으로 또렷하게 써놓았다. 기계적인 숫자가 나란히 놓인 번호표에 세 마리의 이름이 쓰여 있는 걸 보니 좀 기묘했다.

　각각의 머리나 내장 그리고 발 등이 누구의 것인지 명확하게 하려는 데는 이유가 있다. 앞에서도 잠깐 말했지만 각 부위를 여러 곳으로 보내야 하기 때문이다. 그러나 이 돼지의 살, 이 돼지의 발, 이 돼지의 머리, 이 돼지의 내장을 각각 다른 곳으로 보내는 일 그리고 세 마리의 맛을 비교하며 먹으려는 구상은 너무나 무모한 시도였다.

　도축공정은 잘 알고 있다지만 정육과 조리에 대해선 거의 알지도 못하면서 기획을 해버렸다. 이토록 번거로운 일이란 걸 알았다면 절대 하지 않았을 거라고 몇 번이나 머리를 쥐어뜯었는지 모른다.

세 마리를 통째로 요리하겠다는 무모한 계획

여기서 잠깐 세 마리를 통째로 요리하려는 계획의 전모를 설명하고자 한다. 먼저 한 가지가 아닌 여러 가지 요리를 만들고자 했다. 무슨 요리로 할까 고민하다 결정한 건 프랑스, 한국, 태국 세 나라의 요리. 오키나와 요리도 그 다음 후보에 올라있었다. 세 나라 모두 돼지에 친숙한 문화권이고 그만큼 많은 요리방법이 있다.

각 나라의 요리에 한 마리씩 이용할 생각으로 요리사를 물색했다. 그런데 예상과는 달리 한 마리를 통째로 요리할 수 있는 사람은 아주 드물었다.

요리가 가능한지 물어봤던 대부분의 음식점은 일단 한 마리를 통째로 구매해본 적이 없다고 했다. 냉장고의 크기가 그렇게까지 크지 않다는 것이다. 대부분의 음식점은 도매업자를 통해서 고기를 부위별로 구매하고 있다.

시식회장을 정하는 것도 큰 문제였다. 부엌과 냉동고가 구비되어 있고 식사할 수 있는 장소가 따로 마련된 곳이라면 호텔이나 결혼식장 같은 곳이 될 것이다. 그러나 그런 곳을 빌릴 만한 예산도 없으니 참가비가 필요할 것이고 요리사도 선택할 수 없게 돼버린다.

나는 이러한 많은 사람을 끌어모아야 하는 상황연출이나 돈 계산에는 젬병이다. 돼지 키우기보다 훨씬 더 고행이다. 시멘트를 바르거나 똥바가지로 오물을 퍼내는 편이 단연 내 적성에 맞았다. 사람이 많이 모이는 곳에 손님으로 가는 것마저 힘들다.

돼지를 돌보는 데만 매달리다보니 7월에 들어서도 아무것도 결정하지 못하고 있었다. 몹시 난감했다. 그러다가 시어터 이와토의 히라노 씨에게 주변에 이런 일을 할 수 있는 사람이 없냐고 물어봤더니 "내가 맡아주겠다"고 했다. 그녀가 없었다면 정말로 어떻게 됐을지 모를 일이다. 히라노 씨가 먼저 물었다.

"우치자와 씨가 블로그를 통해 모을 수 있는 사람이 몇 명 정도야?"

아! 거기서부터 생각해야 하는 건가? 그렇지. 보통 토크 이벤트를 열 때는 관객이 별로 없어도 '별로 안 왔구나!' 하면 그만이지만, 일껏 요리한 세 마리가 버려진다면 나의 돼지 세 마리에게 미안해서 면목이 없다.

이제까지의 토크쇼 등에 와준 사람들을 떠올려보며 부르면 와줄 사람을 적당히 예상해서 이와토의 규모에 맞는 인원수를 계산한 결과, 세 마리의 고기를 전부 요리하긴 위험했다. 히라노 씨도 요리가 남을 것을 염려했다.

그래서 세 마리를 동시에 요리해서 먹는 건 포기하고, 한 마리 즉 유메만 통째로 먹기로 했다. 히데와 신의 고기는 세 마리의 맛을 비교하기 위해 조금씩만 이용하고 나머지는 1킬로그램 단위로 포장해서 시식회장에서 판매하기로 했다. 그렇게 결정을 하고나자 마음이 조금 편해졌다. 동시에 그 정도라면 요리해줄 수 있다는 사람도 나타났다.

태국, 프랑스, 한국 요리로

가장 먼저 하겠다고 말해준 사람은 프렌치 레스토랑의 슈리 씨와 셰프인 센다 씨다. 하지만 처음부터 해주겠다고 한 건 아니다. 초여름 아사히 시까지 와준 센다 씨에게 "우리 돼지를 한 마리 통째로 요리해 보지 않을래요?" 하고 물었을 때는 그 자리에서 바로 "무리!"라고 대답했다. 파트너인 슈리 씨도 "우리가 맡긴 좀 힘들 것 같아요." 했다.

역시 센다 씨도 거절인가? 화려한 자리를 어려워하는 사람이라 그럴 수도 있을 것이다. 그나마 기대하고 있었는데 아쉬웠다.

그런데 하룻밤 자고 다음날 아침 센다 씨가 벌떡 일어나더니 뭔가에 홀린 사람처럼 프랑스어로 뭐라고 뭐라고 중얼거렸다. 텟 테 데 프로마주(tête de Fromage 프랑스식 편육-옮긴이)로 하고 테린(terrine 잘게 썬 고기와 지방을 도자기 냄비에 담아 오븐에서 중탕해 익힌 요리-옮긴이)에 부당 느와(boudin noir 블랙 푸딩-옮긴이)도 가능하려나……?

슈리 씨가 "쳇, 완전히 빠져들었군!" 하며 쓴웃음을 지었다. 그렇다, 어딘지 천재 같기도 하고 괴짜 같기도 한 센다 씨는 이미 돼지요리에 푹 빠져 있었던 것이다.

결국 안 된다고 거절하고 가긴 했지만, 그래도 해 보고 싶은 마음이 컸던지 센다 씨가 돼지요리에 대해 맹렬히 찾아보기 시작했다는 소식이 전해져왔다. 하지만 파트너이자 가게를 도맡고 있는 슈리 씨는 정상영업을 하면서 그 와중에 돼지 한 마리를 요리할 수 있을지 불안한 마음에 확실한 대답을 피했다.

고민 끝에 히라노 씨와 만나는 자리에 슈리 씨도 와달라고 부탁했다. 그 자리에서 한 마리를 셋이서 요리하자고 결정한 순간 확답을 내려준 것이다.

"그렇게 한다면 저희도 괜찮아요. 할게요."

태국 요리는 태국에서 오랫동안 살았던 타카노 히데유키 씨가 소개해준 키치조시에 있는 아무리타 식당에서 협력해주기로 했다. 그 식당에 직접 가본 적은 없지만 태국 소식통인 타카노 씨가 보증하는 맛이라면 두말 할 것 없었다. 주인인 이에사카 씨에 따르면 요리사는 태국사람이기 때문에 돼지 한 마리를 통째로 요리한다고 해서 놀라지는 않겠지만, 역시 정상영업을 하는 틈틈이 만들기는 힘들 거라고 했다. 역시 쉬운 일이 아니다.

한국 요리는 리카 요츠코 씨에게 부탁하기로 했다. 그녀는 가게가 있진 않지만 히라노 씨의 지인으로, 매우 맛있고 센스 있는 멋진 한국 요리를 만든다. 그녀의 요리는 시어터 이와토의 망년회 등에서 몇 번 먹어본 적이 있다. 그녀 역시 그렇게 많은 양은 맡을 수 없다고 했다.

돼지 한 마리에서 얼마만큼의 고기를 얻을 수 있을까?

요리해 줄 사람은 다 정해졌고 그럼 누구에게 얼마만큼의 고기를 부탁할지 정해야 한다. 원래 돼지 한 마리에서 얻어지는 고기는 어느 정도일까? 내장, 머리, 발도 계산해야 한다.

유메를 해체할 아사히식육협동조합의 작업장을 견학했다. 깜짝 놀랐다. 순식간에 뼈에서 발라진 고기가 다시 분해되어 간다. 더구나 대부분의 부위는 수작업으로 이뤄진다. 미국의 엑셀미트에서 자동절단기로 고기를 듬성듬성 자르는 것과는 전혀 다른 모습이다.

철사처럼 생긴 고리로 갈빗대와 고기를 하나씩 발라내는 과정이 실로 섬세하다. 게다가 작업속도도 빠르다. 뼈에 조금이라도 고기가 남아있지 않도록, 단 1밀리그램이라도 헛되게 하지 않으려는 그 솜씨에 압도되었다.

돼지의 종류와 사육방식에 따라 수치는 점점 달라지지만, 견적을 내야 하기 때문에 일단 기준으로 삼을 살아있는 돼지의 평균체중을 물어봤더니, 약 110킬로그램으로 잡는다고 한다. 거기서 머리와 발을 절단하고 껍질을 벗기고 내장을 적출해 지육이 되면 약 75킬로그램.

지육에서 다시 뼈를 발라내고 여분인 지방과 콩팥을 제거했을 때 54킬로그램. 이것을 부분육이라고 한다. 그리고 근육이나 지방, 안 쓰는 부위 등을 제거하고 소량으로 나누거나 슬라이스해서 거의 우리가 먹을 수 있는 상태의 고기가 정육이다. 그것이 약 51킬로그램.

살아있을 때의 체중에 비하면 '고기'로 이용되는 건 그 절반 이하다. 게다가 돼지를 110킬로그램까지 살찌게 하려고 그 세 배인 330킬로그램의 사료를 먹인다. 고기는 생태적인 식품이 아니기 때문에 먹지 말아야 한다는 단체의 주장도 이해는 된다. 참고로 소의 경우는 생전의 체중 650킬로그램의 30퍼센트에 해당하는 202

킬로그램만이 정육으로 얻어진다.

그러나 육식은 우리의 생활문화에 깊이 파고들어와 있다. 모든 사람이 지구환경을 생각해서 채식만 할 수는 없다.

적어도 나는 먹는 양을 줄일 수는 있어도 육식을 완전히 끊을 수는 없다. 가축을 키우거나 사냥해서 먹는 기쁨과 슬픔이 혼재한 형용할 수 없는 격정, 모순, 쾌락. 그 모든 것을 잃고 싶지는 않다. 고기가 가져다주는 '풍요로움'을 소중히 생각하며 살아가고 싶다.

소비자에게 팔리는 양은 단 23킬로그램

본론으로 돌아가 51킬로그램의 정육은 목심(4kg), 앞다리(12kg), 안심(1kg), 등심(9kg), 삼겹살(9kg), 뒷다리(16kg) 부분으로 나눠진다. 각 부위별로 지방상태나 식감이 다르다. 즉 각 부위에 맞는 요리방법이 따로 있다는 말이다.

일반적으로 슈퍼에서 파는 분쇄육을 제외하고 목심, 안심, 등심 그리고 삼겹살. 이 네 가지를 식육업계에서는 '테이블 미트'라고 부른다. 남은 앞다리와 뒷다리는 분쇄육으로 만들거나 소시지나 햄 등 가공으로 돌린다.

즉 한 마리의 돼지에서 고기 그 자체로 소비자에게 팔리는 건 고작 23킬로그램에 불과하다. 너무나 적은 양이다. 밭에서 수확하면 거의 통째로 소비자에게 팔리는 채소와는 이 점이 많이 다르다.

보존이 어렵다는 점을 비롯해 이처럼 복잡하고 수고로운 작업들이 식육업계에 복잡한 유통을 개입하게 하는 주원인일까?

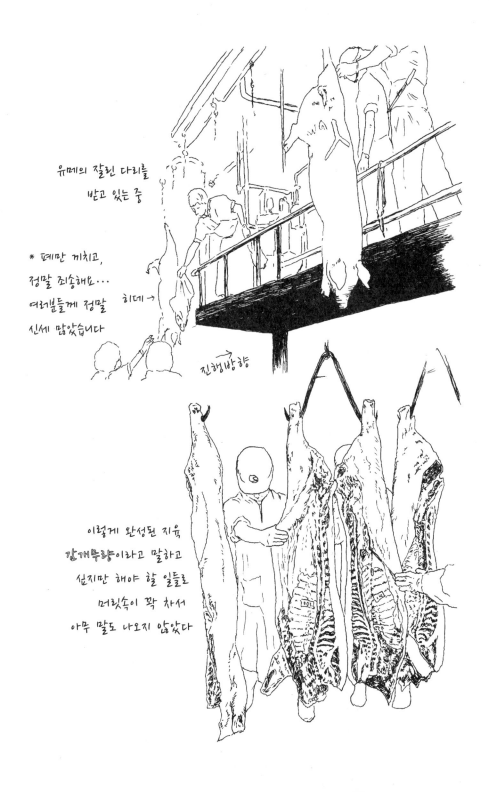

유메의 잘린 다리를
받고 있는 중

* 폐만 끼치고,
정말 죄송해요···
여러분들께 정말 히데 →
신세 많았습니다

진행방향

이렇게 완성된 지육
갈개무랑이라고 말하고
싶지만 해야 할 일들로
머릿속이 꽉 차서
아무 말도 나오지 않았다

그리고 이러한 고기 외에 머리(두개골과 뇌와 혀를 포함 10kg), 적내장(심장, 간 등 순환기 6kg), 백내장(위, 장 등 소화기 9kg)과 껍질이 있다. 원래는 부위별로 각각 다른 업자에게 보내지는데 이번에는 회수해서 요리에 이용할 것이다. 이들 '부산물' 중 내장은 신선함이 생명이고, 머리와 껍질은 살 사람이 없을 것 같았다. 그래서 이 부산물은 세 마리 분 모두 요리에 이용하기로 했다.

어떻게든 머리와 껍질까지

이렇게 해서 각각의 요리사에게 제공할 수 있는 식재료의 종류와 중량을 알려주고 그중 무엇을 얼마만큼 만들어 줄지 알려달라고 했다. 태국 요리의 이에사카 씨는 껍질이 있으면 좋겠다고 했다. 껍질의 중량을 조사했더니 약 4킬로그램. 그 중 절반을 보내주기로 했다. 그리고 태국에는 돼지의 살코기에 피를 버무린 요리가 있고, 센다 씨가 중얼거렸듯 프랑스에도 '부당 느와'라는 돼지의 피로 만든 요리가 있다. 한국 요리에도 피와 갖은 채소를 버무린 소를 창자 속에 채우는 '순대' 요리가 있다. 피, 먹고 싶다!

일 년 전부터 치바현식육공사의 나이토 씨에게 피를 받을 순 없겠냐고 부탁해왔는데 역시 그건 거절당했다. 현재 일본에서는 피를 식용으로 이용하는 것은 대부분의 위생검사소에서 허가해주지 않고 있다.

"오키나와에서는 피를 받아 쓰던데……"하며 투덜거려봤지만 실패였다. 원래 치바현식육공사에서 피를 뺄 때는 발처럼 생긴 작업대 위에 돼지를 올려놓고 목을 찌르기 때문에 피를 받기는 매우 어렵다. 아쉽지만 포기하는 수밖에.

그리고 머리. 유메와 히데는 태국 요리에, 신은 프랑스 요리에 이용하게 되는데 프랑스 요리로는 '텟테 데 프로마주', 태국 요리는 세 마리분의 내장으로 스프를 만들 거라고 했다. 그런데 둘 다 껍질을 벗기지 않은 상태여야 한다. 껍질에는 탱탱한 젤라틴 성분이 들어있기 때문이다.

맛도 식감도 껍질의 유무에 따라 큰 차이가 난다. 원래 많은 나라의 돼지는 뜨거운 물에 삶아서 껍질도 식용으로 쓴다. 껍질을 이용한 요리가 많다. 일본의 업자가 처리하면 껍질을 벗긴 다음 고기를 도려내게 된다.

그럼 머리를 그대로 보내도 되냐고 물었더니, 역시 이에사카 씨는 털이 덥수룩 붙어있는 건 태국 사람한테도 힘들다고 했다. 시장에서 파는 돼지머리는 깨끗하게 털을 제거한 것이다.

프렌치의 센다 씨는 오리의 깃털조차도 거부했던 사람이다. 요리는 잘해도 그쪽 방면으로는 영 서툴렀다. 센다 씨는 "내가 해 볼게요." 하고 말하면서도 목소리가 떨렸다.

그런데 내가 배분과 배송처에 대한 절차로 지끈지끈 골머리를 앓고 있던 도축 전날, 치바현식육공사의 나이토 씨에게서 전화가 왔다.

"우치자와 씨의 지인이라는 사람한테 전화가 왔는데 말이야, 머리를 어떻게 처리할 거냐고 묻던데?"

프렌치의 센다 씨가 머리털을 어떻게 할까 고민하던 끝에 나에

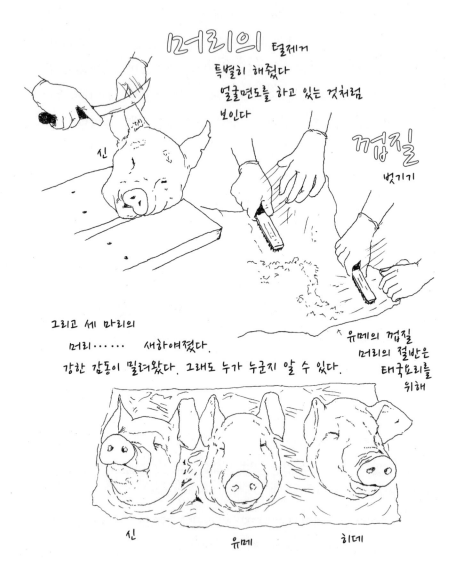

머리의 털제거 특별히 해줬다 얼굴면도를 하고 있는 것처럼 보인다

껍질 벗기기

신

유메의 껍질 머리의 절반은 태국요리를 위해

그리고 세 마리의 머리...... 새하얘졌다. 강한 감동이 밀려왔다. 그래도 누가 누군지 알 수 있다.

신   유메   히데

게는 말도 없이 자기 레스토랑에서 거래하고 있는 정육점에 문의했고, 그 정육점에서 도매업자에게 다시 묻고 그러다 몇 명의 업자를 돌고 돌다 결국 치바현식육공사로 문의가 들어온 것이다. 그는 나이토 씨에게 "제발 돼지머리 털 좀 제거해줄 수 없나요?" 하고 부탁한 모양이었다.

그 많은 도축장 중에서 치바의 식육공사로 전화를 하다니, 기적이 따로 없네! 놀라서 할 말을 잃고 있는 나에게 나이토 씨가 정말 기적처럼(!) 말했다.

"우리가 어떻게든 해줄게."

"정말요? 진짜 괜찮으세요?"

"괜찮아, 어떻게든 할 테니 맡겨만 둬."

"그럼 죄송하지만 부탁드려요."

참! 그러고 보니 껍질의 털도 제거해야 하는데, 내친김에 그것까지……

세부적인 분류

히데와 신의 고기에서 4킬로그램(삼겹살 1.5, 등심 1.5, 뒷다리 1)은 슬라이스해서 먹고, 나머지는 뼈를 도려낸 상태로 1킬로그램씩 나눠서 진공포장을 할 것이다. 이 작업은 치바현식육공사 안에 있는 토소식육센터에서 하기로 했다. 토소식육센터는 중요크셔를 판매하는 곳이기도 하다.

유메의 고기는 뒷다리 한쪽은 뼈를 제거하지 않은 채 프렌치

레스토랑으로, 반대쪽 다리는 뼈를 제거하고 1킬로그램씩 나눠서 한국 요리에, 등심은 프렌치 레스토랑에서, 3킬로그램은 1킬로그램씩 나눠서 한국 요리에, 나머진 슬라이스해서 이와토로, 앞다리는 한쪽은 목까지 붙은 상태로 프렌치 레스토랑에, 다른 한쪽은 뼈를 제거하고 썰어서 태국 식당으로. 이런 식으로 어떤 부위를 얼마만큼 어떻게 잘라서 누구에게 보낼지 아주 자세하게 분류해두었다. 하지만 나는 부위별 분류가 다 끝났다고 해도 뭐가 어떤 부위의 고기인지 전혀 모르는 초짜다. 절단과정을 지켜보고 서 있다가 그 장소에서 분리해야 한다. 토소식육센터는 현장입회가 어렵기 때문에 유메의 고기만 아사히식육협동조합에 부탁했다.

여하튼 부위별로 나눈 세 마리의 고기를 보낼 곳도 따로따로, 절단할 부분도 따로따로. 그러다보니 내 머릿속도 따로따로 해체되기 직전이었다. 그런 상황에서 대체 어떻게 연재원고를 마감할 수 있었는지, 도대체 기억이 나지 않는다.

아직 말로 표현할 수 없는 감상

도축 이야기로 돌아가자. 매달려있는 세 마리는 대롱대롱 이송레일을 타고 다음 작업단계로 넘어갔다. 배를 가르고 내장을 적출당하고 순식간에 머리도 잘려나갔다. 오카다 씨 등이 머리를 받아서 비닐봉투에 넣었다. 에어나이프로 껍질을 벗기는 단계에서 벨소리가 울려퍼졌다. 다섯 시, 작업종료 시간이다.

껍질제거기에 눕혀진 채 빙글빙글 돌면서 껍질이 벗겨진다. 머리도 없고 스프레이로 써 놓은 이름도 껍질과 함께 사라졌다. 그 다음은 지방을 제거해 모양을 가다듬고 몸통을 분리한 뒤 세척.

지육이 되기까지 눈 깜짝할 사이였다. 공정과정은 누구보다 잘 알고 있다고 자신했는데, 막상 뿔뿔이 분해되어 나오는 부위를 주워담기도 버거울 정도로 속도가 너무 빨라서, 퍼뜩 정신을 차렸을 땐 이미 지육이 되어 있었다.

어느새 나이토 씨가 검사가 끝난 내장을 들고 왔고 머리와 다리의 처리를 전문가에게 부탁했다. 환상의 호흡이었다. 이미 다섯 시가 지나고 있는데 죄송했다.·

"뭐? 껍질도?" 그러면서도 모두가 합심해서 큰 용기에 채운 뜨거운 물의 온도를 정확하게 재고, 머리와 다리를 푹 담갔다 뺀 후 털을 문지르듯 잡아뽑았다. 웬만큼 빠른 게 아니었다. 대단한 손기술에 모두가 넋을 잃고 바라봤다. 그리고 마무리로 면도칼을 이용해 꼼꼼하게 남은 털을 제거했다.

냉장고로 옮겨진 지육을 앞에 두고 나이토 씨가 새삼 "우치자와 씨의 감상이 듣고 싶네"라고 말해서 당혹스러웠다.

뿔뿔이 분해되어가는 세 마리를 긁어모으느라 급급해서 어떤 생각도 할 겨를이 없었다. 한 마디도 나오지 않았다. 나이토 씨를 비롯한 치바현식육공사의 모든 작업원, 위생검사원 여러분에게 그저 머리를 숙이고 감사의 말을 전하고 싶을 뿐이었다.

세 마리를 고기로 만든 것에 대한 나의 감상을 말로 표현하기에는 아직 시간이 더 필요했다.

축산으로
돈을 벌 수
있을 까?

돼지고기의 가격

치바현식육공사의 냉장고와 그 바로 앞 공간은 여름에도 춥다. 모든 처리가 끝나고 세척된 지육은 냉장고 앞으로 운반돼 마지막 검사를 받는다. 검사가 끝나면 위생검사원은 지육에 검사완료 도장을 찍는다. 그 다음 일본등급협회의 직원이 고기의 등급을 매기고 냉장고 안에 넣는다. 이 과정까지는 예전에 취재를 했던 시바우라의 도축장과 같다.

시바우라에 있는 도쿄도중앙도매시장의 식육시장은 이후 지육을 냉장고에 하룻밤 보존한 뒤 시장거래를 한다.

즉 한 마리씩 벌여놓고 매매참가자가 사고 싶은 가격을 입찰하면 가격이 결정된다. 이게 바로 경매라는 것이다. 옛날에는 말로 하거나 손가락 사인을 보내기도 했던 모양이다. 현재는 매매참가자가 각자 입력단말기를 가지고 있는데 옷주머니 속에 넣고 몰래 누른다. 전광게시판에 누군가가 누른 숫자가 뜨고 가격이 결정된다. 현재 도쿄식육시장에서는 하루 약 4, 5백 마리의 돼지가 거래된다.

이 과정이 빨라도 너무 빨라 몇 번을 봐도 일이 어떻게 돌아가는지 당최 알 수가 없었다. 츠키지시장에서 참치나 민물고기 경매를 본 적이 있는데 그곳은 아직 말로 값을 다투기 때문에 대충은 알 것 같았다. 그래도 누가 얼마에 낙찰했는지는 전혀 알 수 없었다. 시장이란 프로의 세계다. 프로끼리만 통하는 세계가 있다.

식육시장의 경우 그 자리에서 지육도 안 보고 버튼을 누르는 매매참가자도 간혹 있다. 물론 그들은 고기에 대한 철저한 예비조사를 한 상태고 어느 농장에서 어떤 돼지가 왔는지도 다 알고 있다.

중요한 건 이곳 도쿄식육시장에서 결정되는 가격이 돼지고깃값의 시가지표로 이용되는 경우가 많다. 즉 도쿄(시바우라)에 출하하지 않는 농가의 돼지고깃값에도 영향을 미친다는 점이다.

도쿄식육시장에서 이에 대한 설명을 들었을 때는 알아듣는 척 끄덕이고 있었지만 사실 한 귀로 듣고 한 귀로 흘려버렸다. 벌써 8년도 더 된 일이다. 그 무렵은 도축작업만 취재하기도 벅차서 돼지고기의 가격이 어떻게 결정되는지는 전혀 머리에 들어오지 않았다.

하지만 이번엔 다르다. 물론 많은 분의 도움을 받긴 했지만, 장난이 아닌 금액과 시간과 애정과 수고를 돼지사육과 돼지우리 만드는데 투자했다.

내 경우 세 마리의 도축과 검사를 치바현식육공사에 위탁해 그곳에서 내장과 껍질과 머리와 발의 처리를 도맡아 해주었다. 그렇게 처리된 고기는 되사서 그 전부를 혼자서 먹든 팔든 할 거라 사실 나는 시가와는 무관하다.

그래도 만약 내가 농가로서 치바현식육공사에 세 마리를 도매한다고 하면 대체 얼마를 받게 될까? 노동이라고는 단언할 수 없을 정도로 모든 것을 쏟아 부은 반년 동안의 대가. 그건 값으로 매길 수 없다고 해버리면 그만이지만 이것을 정확히 노동으로 쳤을 때의 대가가 역시 알고 싶어졌다.

축산업이란 실제 얼마나 벌 수 있을까? 교배와 출산부터 전부 해 본 건 아니지만 적어도 비육만큼은 하나부터 열까지 내 손으로 직접 했다고 자신할 수 있다. 그 노고에 합당한 가격을 얻을 수 있는지 드디어 실감을 수반한 흥미가 발동한 것이다.

일 년을 공들인 돼지가 2만 엔?

치바현식육공사에는 시장은 없고 '상대거래'라고 해서 파는 사람과 사는 사람이 직접 거래해서 가격을 결정한다. 나이토 씨에게 우리 돼지도 한 번 가격을 매겨달라고 부탁하자 지육을 흘끗 보며 말했다.

"신은 등외니까 킬로그램당 200엔, 유메는 70엔 빼고, 히데는 ······60엔 뺀 정도 될까?"

"대체 그게 무슨 말이에요?" 숫자에 대한 얘기만 나오면 정말이지 내 머리는 돌아가지 않는다.

"우리는 '세 시장 평균'이라고 해서 당일 도쿄, 요코하마, 사이타마의 세 곳 시장에서 형성된 시가의 가중평균가를 채택하고 있어. 거기에서 몇엔 빼거나 더해 가는 거지."

"그러니까 예를 들면 히데는 지육중량이 68킬로그램이고 오늘의 시가로 계산하면 킬로당 380엔이니까 2만1천7백60엔이라는 말? 엥? 2만 엔? 맙소사!" 머리가 하얘졌다. "2만 엔은 목수들의 일당이잖아요. 전문적인 기술을 보유한 장인이 하룻동안 일해서 버는 돈이에요. 교배부터 시작해 일 년에 걸쳐서 농가가 심혈을 기울여 완성한 돼지 치고는 너무 싼 가격 아니에요?"

휴대전화의 계산기를 콕콕 눌러보다 망연자실해 있는 나에게 나이토 씨는 찬물을 끼얹듯 정정에 들어갔다

"아니, 우리는 온도체(溫屠體 도축후 강직전 12시간 이내의 생고기-옮긴이)거래고 시장은 냉도체(冷屠體 도축후 3일 이상 지난 생고기 -옮긴이)거래이기 때문에 지육의 무게는 여기에서 다시 1.03으로 나눠. 하룻밤에 3퍼센트 정도 수분이 빠져서 가벼워지거든. 그리고 표시되는 세 시장 평균가격은 세금이 포함된 가격이니까 세금을 뺀 가격에서 계산해야 해. 그리고 도축료도 빼야 하고……"

잠깐! 어지러워서 더는 머리가 돌아가지 않는다. 그 부분에 대해선 잠시 후 자리를 옮겨서 다시 설명을 들었다. 일단 세 마리의 무게를 추적한다. 도축 전날 살아있었을 때의 무게는 신 85킬로그램, 유메 99킬로그램, 히데 103킬로그램. 트럭으로 반입할 때

잰 무게는 세 마리 합쳐서 290킬로그램. 도축 전날의 합계보다 3 킬로그램이 늘었기 때문에 아마 도축 직전 세 마리의 생전 체중은 신 86킬로그램, 유메 100킬로그램, 히데 104킬로그램이라는 말이 된다.

그런데 지육 즉 피와 내장과 머리와 껍질과 발이 없어진 상태에서는 신 56킬로그램, 유메 65킬로그램, 히데 68킬로그램이 되었다.

농가에서는 이때 '생체수율'이라는 숫자를 계산한다. 살아있을 때의 체중에서 지육으로 만들었을 때의 비율을 말한다. 이 숫자는 도축장의 실력을 보여주는 것이다.

신은 65.1, 유메는 65, 히데는 65.3퍼센트. 농가에서는 생체수율이 1퍼센트라도 더 높은 도축장을 선택한다고 한다. 좌우간 1퍼센트의 차이가 약 1킬로그램을 증감시키고 하루 백 마리 단위로 출하하는 농가는 이날의 시가로 환산하면 4만 엔 가까이 차액이 발생하게 되는데 여기에 20일을 곱하면 80만 엔이 약간……넘는다.

속이 쓰리다. 모두가 필사적으로 돼지의 체중을 늘리려고 애를 쓰고 조금이라도 더 생체수율이 높게 나오는 도축을 고집하는 마음이 이해되기 시작했다.

등급이라는 지표

다음은 등급판정이다. 일본식육등급협회의 등급판정사가 최상,

상, 중, 보통, 등외 등으로 등급을 매긴다(치바현식육공사에서는 상, 중, 보통, 등외로만 분류한다). 이 등급의 의미가 잘 이해되지 않았다. 판정조건은 등지방의 두께와 지육상태에서 이등분된 몸통의 중량으로 어림잡아 나누고 전체의 모양과 육질로 최종 판정한다고 한다.

그리고 돼지의 경우는 소와 달라서 갈비살에 칼집을 내서 고기 단면의 마블링을 확인한다든가 하는 일은 없고 허벅다리 안쪽의 고기를 겉으로 보고 판단한다.

이때 확인하는 항목들 중에서 하나만 중이고 나머지가 전부 상이어도 그 고기의 등급은 '중'이 된다고 한다.

우리 돼지의 등급은 신이 등외, 유메가 보통, 히데가 중이었다. 중량으로 말하면 신은 겨우겨우 보통 등급을 받은 정도지만……나이토 씨의 말에 따르면 골격이 평평하다고 했다. 이 부분이 둥글게 휘어있지 않으면 등심 한 가운데 살을 두껍게 도려내지 못한다고 한다.

그렇다, 즉 등급은 앞으로 뼈를 발라내고 지방을 제거했을 때 정육이 어느 정도 나올지 '정육수율'을 예상할 수 있게 한다. 최상이라면 75퍼센트, 보통이라면 69퍼센트로 훅 떨어진다. 등급판정은 고기가 많이 나오는 돼지를 선정하는 일이다.

참 당황스러웠다. 평소에 슈퍼마켓 같은 데에 가보면 보리니 감자니 도토리니 하는 먹이에 온갖 궁리를 다하고 있다는 문구들을 하도 많이 봐서, 농가들이 사료나 사육방법에 얼마나 고심하고 있는지는 충분히 예상했지만 그게 다가 아니었다.

그녀는 왜 돼지 세 마리를 키워서 고기로 먹었나

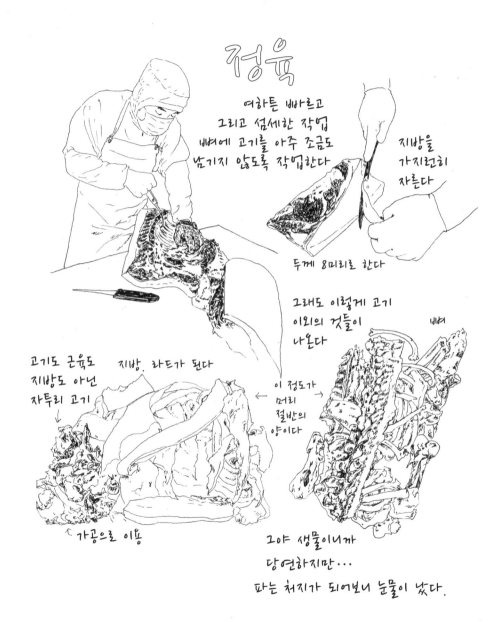

정육

여하튼 빠르고
그리고 섬세한 작업
뼈에 고기를 아주 조금도
남기지 않도록 작업한다

지방을
가지런히
자른다

두께 8미리로 한다

그래도 이렇게 고기
이외의 것들이
나온다

뼈

고기도 근육도
지방도 아닌
자투리 고기

지방. 라드가 된다

이 정도가
머리
절반의
양이다

← 가공으로 이용

그야 생물이니까
당연하지만...
파는 처지가 되어보니 눈물이 났다.

3

무엇보다 우선 일본식육등급협회의 규정체중에 달해야 하고 갈빗대는 적당히 휘어야 하고 등지방의 두께도 적당하고 모양도 좋은 돼지로 키워야 한다. 이처럼 어지간한 브랜드 돼지로 인정받지 못하는 한 가격은 헐값으로 떨어지고 마는 것이다.

게다가 복잡하기까지 했다. 채소나 생선은 통째로 소비자한테 가는데 고기의 경우엔 발라낼 뼈나 지방을 감안해야 한다니 말이다. 등지방은 8미리만 남기고 제거해서 라드(요리용의 돼지 기름-옮긴이)로 이용하도록 정해져 있다. 지방이 너무 두꺼우면 그 만큼 살코기의 양이 적으니 등급평가가 낮아진다.

비계도 같이 먹는 사람에게 주면 얼마나 편할까? 소매가격도 저렴해질 것이다. 하지만 구매자 입장에서 생각하면 3센티미터나 되는 등지방이 떡하니 붙어있으면 먹어본 적이 없으니 어떻게 해야 할지 모를 것이다. 수박껍질이라면 버리든지 절임으로 만들어 먹기라도 할 텐데.

예전에는 돼지의 지방이 살코기보다 비싸게 거래되던 시대도 있었다. 종전 직후 일본에서는 칼로리 섭취를 우선시했기 때문이다. 도축장에서 도축한 고기를 분해할 때 나오는 자투리 지방을 장화 속에 몰래 숨겨와 팔면 돈이 되었다고 한다.

미국이나 유럽에서도 가혹한 근무환경에서 일했던 노동자들의 생활에서 라드의 섭취는 빠뜨릴 수 없었다. 살코기보다는 오히려 지방을 먹었다고 한다. 유럽에서 만들어진 베이컨이나 소시지에는 두꺼운 지방도 그대로 사용한다. 미국에서는 20세기 초까지 일부러 두꺼운 지방을 만들기 위해 돼지를 품종개량했을 정도다.

그 지방의 두께는 8센티미터나 됐다고 한다.

제2차 대전 이후, 기계화와 함께 가혹한 육체노동을 하는 사람들이 줄면서 고칼로리 식사의 필요성도 줄었다. 건강을 생각하는 사람들이 많아지고 동물성지방을 기피하면서 지금은 등지방이 얇고 살코기가 조금이라도 더 많이 나오는 돼지를 선호하게 되었다.

"아무리 그래도 등외고기가 킬로그램당 200엔이라니! 신은 수분이 빠지면 54킬로그램이 약간 넘는데 그럼 1만8백 엔밖에 되지 않아요." 원망스러운 눈길로 나이토 씨를 노려보자 그래도 등외에서 200엔은 양심적인 가격이라고 주장했다. 그런 말을 들으면 초짜인 나는 할 말이 없다.

그래도 신은 명색이 중요크셔다. 다이아몬드 포크란 말이다. 만약 살을 좀 더 찌우고 제대로 키워서 판매원인 토소식육센터에 바로 넘겼다면, 등급에 관계없이 킬로그램당 700엔은 됐을 거라고 한다(2009년 당시의 가격). 그렇다. 브랜드 돼지로서 높은 평가를 받거나 확실한 구매자가 있으면 등급판정도 받지 않고 거래되는 경우도 종종 있기는 하다.

하지만 대다수의 돼지는 등급에 따라서 거래된다. 등급은 어디에 내놔도 통용되는 편리한 지표라고 한다.

누가 가장 돈을 많이 벌까?

도매업자인 토소식육센터의 모체는 주식회사 오가와축산이다. 원래는 고기소매점이었다고 한다. 지금의 토소식육센터는 치바에서 돼지고기의 정육 해체작업과 도매업을 한다.

일단 치바현식육공사에서 사준 우리 돼지가 다음에 어떻게 되는지 설명해주었다. 식육공사가 한 마리씩 매긴 가격을 식육센터의 매입담당자도 다시 확인한다. 사실 등급판정사가 등급을 매길 때도 식육공사의 직원과 토소식육센터의 매입담당자가 현장에서 지켜본다고 한다.

치바현식육공사의 직원들도 매일매일 수많은 지육을 보기 때문에 내가 보기에는 다 똑같아 보이는 돼지고기라도 딱 보면 등급이 나온다고 한다. 이렇게 해서 등급과 가격을 판정하고 하룻동안 냉동한 후, 식육공사 안에 있는 토소식육센터의 해체장에서 해체되고 뼈를 발라내어 목살, 삼겹살, 앞다리 등의 부분육으로 만든다.

지금까지는 매입업자가 해체대금을 포함한 금액으로 다음 중간업자에게 넘기면 되었다고 한다. 거기에서 몇몇의 업자를 더 거쳐 소매점에 진열되었다. 그런데 대형마트가 진출하면서 유통과정이 생략되었다. 부분육은 바로 마트의 포장센터로 보내져 여러 부분으로 잘게 잘린 뒤 각각의 마트로 보내진다.

대형마트와의 직접거래는 전년도의 시가를 토대로 그 해의 예상가를 기준으로 일 년 또는 반년 단위로 계약하는 경우가 많다고 한다. 그랬을 땐 시가가 예상가격보다 오르면 시가보다 싸게 계약한 도매업자만 손해 아니냐고 하자 맞는 말이라며 끄덕인다. 그런데도 팔림새가 좋지 않으면 그 자리에서 계약이 파기된다고 한다.

"공급이 워낙 많으니까요. 식육공사나 마트는 시가에 관계없이 장사할 수 있지만 우리는 중간에서 이러지도 저러지도 못해요."

그럼 수익을 가장 많이 얻는 건 대형마트라는 말인가? 고기는 작게 잘라 팔수록 확실히 비싸진다. 부위에 따라 차이는 있지만 돼지의 시장가격이 킬로그램당 400엔이라는 말은 단순계산하면 100그램에 40엔. 대형 마트인 〈우에노 요시이케〉의 전단지를 보면 국산돼지의 등심은 100그램에 158엔. 등심은 가장 비싸게 팔리는 부위라서 120엔이나 높게 매겨졌다. 진공육은 매입금액보다 40~50퍼센트 높은 가격에 팔리고 있다고 한다.

수입자유화의 영향

"대체 뭐 때문에 이렇게 상황이 안 좋아진 거예요?"

"그건 1971년부터 시작된 수입자유화 때문이 분명해요."

식육공사의 전무인 아소 야마토 씨의 대답이다.

"국산고기가 비싸지면 수입육을 많이 들여와서 가격을 조정하거든요. 게다가 수입육은 싸고 모양도 일정하죠. 지금은 냉장상태로도 들어오니까 맛에서도 충분히 경쟁상대가 되거든요. 외식산업쪽에선 고기의 형태가 일정하면 크기에 맞춰서 다시 자를 필요가 없으니까 고마운 거죠."

저장량의 차이 때문인지 국산등심은 도무지 크기가 일정하지 않다고 한다. 똑같은 사이즈의 등심고기. 그리고 보니 레스토랑에서 먹는 돼지등심 돈가스는 전부 같은 크기였다. 잘 생각해보면 찝찝하지만 크기가 다르면 또 다르다고 손님들은 불평을 한다.

싸고 맛있는 것을 언제든지 살 수 있다는 건 좋은 일이다. 소비자는 조금이라도 더 싸고 맛있고 안전한 고기를 요구한다. 나도 소비자로서는 그렇게 한다. 하지만 돈을 받는 사람, 파는 사람, 만드는 사람이 되어보면 결코 쉽지 않다.

출하돼지의 맛과 형질의 균일화나 적은 이익에서 벗어나려면 혈통이 거의 같은 돼지를 대량으로 키우고 대량으로 팔아야 한다. 그런데 돼지가격이 떨어지면 대량으로 출하하는 만큼 손실도 막대해진다.

농가도 도축장도 업자도 소매점도, 그리고 우리 소비자들도 모두 나쁜 방향으로만 정신없이 달려가고 있다. 레밍(쥐과의 포유류. 집단을 이루고 직선으로 이동하여 호수나 바다에 빠져 죽는 일도 있다-옮긴이)이 대행진을 하고 있는 느낌이다. 이 악순환을 끊을 방법은 없을까?

2010년도에 양돈경영안정대책사업을 시작했다. 벼농가를 대상으로 한 가구별 소득보상제도를 축산농가에도 적용하려는 준비단계 사업이다. 시장평균가격이 생산비용에 상당하는 보상기준가격을 밑돌았을 경우, 생산자의 갹출과 농축산업진흥기구의 조성금으로 모아진 기금에서 감소분의 80퍼센트를 보상해주는 구조다.

기금의 부담비율은 농가와 기구가 각각 1 대 1. 보상기준가격은 킬로그램당 460엔이다. 사전적립이 필요하거나 분기별로 이뤄지는 결제를 기다려야 한다는 점은 있지만, 앞으로 농가의 안전한 구조책으로 정착했음 좋겠다. 이러한 제도가 있으면 양돈을 시작하려는 사람도 조금은 증가할지 모른다. 그렇게 되길 바란다.

    그나저나 킬로그램당 보상기준이 460엔? 그럼 내 돼지들을 도축하던 날의 평균가격 380엔은 얼마나 낮은 가격이었던 거야! 새삼 한숨이 나왔다.

신, 유메,
히 데 의
시 식 회

"육질이 참 좋네요!"

도축날 이야기로 돌아가자. 세 마리의 머리와 내장 그리고 껍질
을 넣은 플라스틱 통을 차에 싣고 아사히축산으로 달렸다. 이곳에
서 저온냉장을 해뒀다가 각각의 요리할 곳으로 보내게 될 것이다.

밖은 이미 캄캄했다. 주택가에 있는 아사히축산의 셔터문이 열
리고 그 안에 통을 옮겨놓고 전표에 배송지를 적었다. 태국요리를
해줄 아무리타 식당에서는 유메와 히데의 머리가 냄비에 들어가
지 않을 테니 반으로 잘라서 보내달라고 했다. 카세 씨 쪽한테 말
했더니 화들짝 놀라면서도 흔쾌히 대답했다.

"냉동된 상태면 가능하니까 내일 해줄게."

늘 무리한 부탁만 해서 정말 미안한 마음뿐이다. 이제 돼지들
과는 요리가 되어 만날 것이다. 마지막으로 천천히 세 마리의 얼

굴을 보고 싶었다. 냉동고에 넣기 전에 보려고 비닐봉투에서 세 마리를 꺼내 나란히 세워놓았다. 새하얘진 세 마리의 모습은 조용하고 아무 말이 없었다.

눈매가 사나웠던 유메, 늘 애교를 부리며 온순했던 신. 이 두 마리는 원래가 하얬기 때문에 뜨거운 물에 담갔다가 털을 깨끗하게 제거했을 때도 유메와 신이라는 것을 금방 알아차렸다. 그런데 히데는 다르다. 갈색털을 벗고 새하얘졌고 코를 위로 향하게 세워놓았더니 귀가 눈을 덮지 않아서 전혀 다른 돼지처럼 보였다. 그래도 잘 보면 히데의 모습이 있는 것 같기도 하고……

군데군데 면도칼에 베인 상처에 피가 배어있었다. 살아있었음이 느껴진다. 코를 살짝 만져봤더니 너무나 부드러운 느낌에 전율했다. 살아 있을 때는 그렇게 딱딱하고 절대 만질 기회도 주지 않고, 무엇이든 뿌리치고 닥치는 대로 후벼파고 나를 때리거나 들이받았던 코가 보들보들 부드러웠다. 코는 돼지의 몸 중에서 가장 발달한 근육조직일 거라고 생각했는데 마치 지방처럼 부드럽다.

"소의 비문(鼻紋)처럼 코 모양을 뜨고 싶은데 혹시 간장 같은 거 있나요?"

카세 씨가 웃으면서 식용물감도 있다며 사무실 안쪽에서 가지고 왔다. 일단 간장으로 해봤는데 간장은 너무 옅어서 모양이 잘 나오지 않아 식용물감으로 어떻게든 찍어냈다. 역시 코의 모양은 다 달라서 세 마리의 특징을 잘 알 수 있었다.

다음날은 아사히식육협동조합으로 향했다. 이곳에서 유메의 지육을 따로따로 해체했다. 몇 번 견학한 적이 있지만 다시 봐도 역시 손이 빠르다.

"지방이 참 좋네요. 어떤 먹이를 먹였어요?"

정육사가 칼로 등지방을 도려내며 물어왔다. 칼이 드는 것만 봐도 육질의 정도를 알 수 있다고 한다. 듣기 좋으라고 한 말일 수도 있지만 그래도 그런 소리를 들으니 기분이 좋았다. 등심을 더 잘게 해체할 때는 마블링도 좋다며 칭찬을 받았고 내가 봐도 놀라울 정도로 자랑스러워 조금 안심이 되었다.

나는 맛있는 고기를 만들기 위해 세 마리를 키웠다. 그야 여러가지 부족한 점도 많았고 살도 더 찌우고 싶었지만, 그래도 반지르르 윤기가 흐르고 맛있어 보이는 등심의 단면을 보니 말로는 다 표현 못 할 행복감이 밀려왔다.

그런데 지방이 많은 데에는 놀라지 않을 수 없었다. 순수 지방덩이만 있는 게 아니라 고기나 근육이 미묘하게 섞여있는 'B소육' 'C소육'이라고 불리는 작은 조각이 산처럼 나왔다. 이것을 모아 가공으로 돌린다는데 이것도 먹겠다며 받아왔다.

삶아도 삶아도 끝나지 않는 지방 제거

아무래도 이 지방덩이를 요리하는 곳으로 보낼 수는 없다. 라드만 잘 떼어낼 수 없을까 하고 큰 냄비에 푹 삶아봤지만, 고깃점은 좀처럼 없어지지 않고 달리 표현할 방법이 없는 지방과 고기가 섞여있는 형태로만 만들어졌다.

어느 정도 삶다가 위생팩에 옮겨담고 냉동고에 쑤셔넣는 작업을 얼마나 많이 했는지 모른다. 해도 해도 끝나지 않더니 이틀 후 마지막으로 남아있던 유메의 등지방 일부에서 냄새가 나기 시작했다. 마침 시어터 이와토의 히라노 씨에게도 전화가 걸려왔다. 그녀도 대여한 냉장고에 다 들어가지 못하고 남아있던 지방에서 냄새가 나기에 포기했다고 한다. 지방 위에 얼음을 올려뒀던 모양인데 지방은 상하기 쉽다. 돼지들에게 미안했다. 세 마리 전체를 업무용 냉동고 없이 처리하기란 여간 어려운 게 아니었다. 고기의 보관을 위해서 도축은 겨울에 했어야 했는데……

돼지기름으로 양초나 비누를 만들 수도 있었지만 거기까지는 미처 손길이 미치지 못했다. 적어도 이 집에서 겨울을 날 수 있었다면 어떻게든 만들었을지도 모른다.

시식회 준비 일로 도쿄에 다녀온 사흘 동안 지방덩이에 붙은 자투리 고기의 후처리와 원고가 밀려있었다. 세 마리가 사라진 큰 폐가에 혼자 남아있기가 조금 불안했지만 밀린 일 때문에 마음을 졸이느라 불안해하고 있을 정신이 아니었다.

'엄마~ 왜 나를 죽였어요?' 하며 돼지가 귀신이 되어 돌아올 거라고 아사히축산의 카세 씨가 계속 겁을 주는 바람에, 한밤중에 돼지우리에서 무슨 소리가 들릴 때마다 귀를 기울이게 됐다. 그런데 아무리 들어도 탕 하고 판자로 된 벽이 바람에 뒤척이는 소리만 들릴 뿐이었다. 오히려 세 마리가 와 주면 좋겠다는 마음도 들었지만 세상일이란 게 그렇게 소설처럼 흘러가지는 않는다.

드디어 시식회를 열다

2009년 9월 29일 도쿄 카구라자카에 있는 시어터 이와토에서 '우치자와 쥰코와 세 마리의 돼지'라는 이름을 내걸고 드디어 시식회가 열렸다. 세 마리가 살아있을 때 활발하게 장난치던 모습이 프로젝터를 통해 비춰지고 있는 가운데 요리가 나왔다.

메뉴에 대해 살펴보면, 리카 요츠코 씨의 한국 요리는 모두 집에 싸가지고 갈 수 있는 요리로 돼지족발(돼지발을 소금물에 데친 훈제), 제육장조림(넓적다리살의 조림), 제육육포(돼지를 말린 고기), 제육된장김치(돼지된장절임). 그리고 돼지뼈로 국물을 낸 채소스프였다.

아무리타 식당의 태국 요리는 랍 쿠안나이(내장의 향미 무침), 톰양쿵(내장과 허브의 스프), 호와 무 팟(돼지머리에 팔각을 넣고 삶은 것)이었다.

센다 씨의 프랑스 요리는 슈큐르트(소금에 절인 양배추와 고기와 소시지를 삶은 요리), 삼겹살과 흰색 강낭콩을 삶은 요리, 텟테 데 프로마주(머릿고기를 조려서 굳힌 테린), 테린 데 캄파뉴(시골풍 테린), 미트파이, 키드니파이, 코숑 리예트 스페어리브와 토마토를 삶은 요리, 돼지허벅다리살 로스트(통구이), 쟝봉 데 파리(햄), 수제 소시지다.

놀라울 정도로 많은 사람들이 와줬다. 블로그를 통해서만 홍보했는데 200명이 넘게 와서 시식회장이 터질 것만 같았다.

많이 와준 건 고마웠지만 그 수에 압도당하고 말았다. 많은 사람들이 참 많은 말을 해준 것 같은데 미안하지만 너무 긴장한 나

머지 기억이 나지 않는다.

그것보다 요리가 부족하진 않을지 자꾸만 신경이 쓰였다. 순식간에 한국 요리인 장조림이 사라지고 태국 요리도 사라졌다. 프랑스 요리가 한 접시씩 나올 때마다 사람들이 와~ 하고 모여들어 맛있게들 먹었다. 다들 대단했다. 살아생전 돼지의 모습이 영상으로 흐르고 있는데 전혀 신경쓰이지 않나 보다. 역시 나의 블로그를 보고 온 사람들답다.

고기는, 아니 요리는 결과적으로 턱없이 부족했다. 그래도 많은 사람들이 너무너무 맛있다고 이구동성으로 말하며 먹는 모습을 보니, 죽어서 요리가 된 세 마리에게도 다행이란 생각이 들었다. 나는 많이 먹지 못했지만 남기지 않고 다 먹어줘서 정말 기뻤다.

마지막으로 유메, 히데, 신 세 마리의 등심 슬라이스를 그 자리에서 구웠다. 우리 집 마당에 있는 파란 유자나무에서 따온 유자 슬라이스를 곁들였다. 이 나무 주변에는 세 마리의 똥을 많이 파묻었기 때문에 그 열매에도 세 마리의 뭔가가 들어있을 것이다.

기묘한 감각

스태프로 일을 도와준 극단 〈검은 텐트〉 단원들에게도 나눠주었다. 고기에 굶주린 그들이 와 하고 달려든 순간, 히라노 키미코 씨가 큰소리로 외쳤다.

"잠깐! 우치자와 씨에게 먼저 줘야지."

모두의 손길이 딱 멈추고 시선이 나에게 쏠렸다. 주목받는 건 역시나 어색하지만, 용기를 내는 수밖에! 약간 긴장된 마음으로 소스와 유자즙을 살짝 찍어서 입으로 가져갔다.

씹는 순간 육즙과 지방이 입안에 퍼졌다. 놀라울 정도로 부드럽고 달콤한 지방의 맛이 입에서 몸 전체로 전해졌을 때, 가슴에 코를 비비며 어리광을 부리던 세 마리가 내 안에서 되살아났다. 그들과 뒤엉켜 장난을 쳤을 때의 달콤한 기분이 그대로 몸 속으로 스며들어왔다.

돌아와 주었구나!

유메도 히데도 신도 죽여서 고기로 만들었다. 그런데 이 세상에서 사라진 게 아니었다. 내 곁으로 돌아와 주었다. 지금 세 마리는 틀림없이 내 안에 있다. 앞으로도 쭉 함께할 것이다. 설령 고기가 소화되고 배설되더라도 내가 죽을 때까지 내 안에 쭉 함께 있어 줄 것이다.

이런 기묘한 감각에 휩싸일 거라고는 나 자신도 전혀 예상하지 못했다.

나름대로 경의는 표하고 있었어도 이렇다 할 신앙을 굳이 가지려고 하지 않았다. 그리고 십 수 년 동안 도축되는 가축들을 바라보면서 불쌍하다는 말을 내 스스로 금기시해왔다. 윤리를 논하기 이전에 지구상의 모든 생명체가 다른 생명체를 먹으며 생존하도록 만들어진 이상 그건 그대로 받아들여야 하는 전제라고 생각해왔다.

육식을 끊고 대신 먹을 다른 생명체를 선택한다 해도 무엇인가를 죽인다는 것 자체에는 변함이 없다. 어디에 경계선을 둘 것인가는 인간이 살아가는 사회의 상황에 따라 얼마든지 달라진다. 그것에는 정의도 선악도 진리도 없다. 그 생물을 먹고 싶은지 먹고 싶지 않은지만 있을 뿐이다.

고기를 먹으면서 오히려 도축을 기피하고, 때로는 도축뿐 아니라 육식에 대한 차별을 양산하는 사회의 모습, 종교, 사람들의 마음과 직면할 때마다 왜 그럴까? 왜 그럴까? 라며 끊임없이 의문을 제기해왔다.

답은 아직 찾지 못했다. 찾을 리가 없다. 차별은 줄일 수 있어도 사람이 동물을 죽일 때 느끼는 죄책감을 송두리째 지우기란 불가능하다. 이성과 교육으로도 막을 수 없을 것이다.

고기를 먹을 때 "고마워, 잘 먹을게"라고 말하는 건 좋은 일이다. 하지만 나에게는 그것이 때로는 지우려 해도 지워지지 않는 죄책감을 덜어주는 면죄부처럼 들렸고 그 위화감은 계속 나를 따라다녔다.

돼지에게 이름을 붙이고 키우면서 한껏 감정이입을 해 보면, 불쌍하다고 주장하는 사람들의 마음을 이해할 수 있지 않을까 기대했다. 도축되는 순간에는 불쌍하다고 생각했지만 도와준 많은 사람들에 대한 감사함이 역시 더 컸다. 지금도 돼지들이 편하게 갈 수 있게 도축해주고 맛있게 먹을 수 있도록 해체해준 분들께 감사한다.

하지만 이 감각은 뭘까? 내가 귀여워하면서 키우고, 내가 죽이고, 내가 먹은 세 마리. 그 세 마리가 죽어서도, 소화가 된 후에도,

그리고 배설된 후에도 나와 함께 있으리라는 믿음.

나는 세 마리와 쭉 함께 살고 싶었던 것일까? 그렇다고도 할 수 있고 그렇지 않다고도 할 수 있다. 세 마리와 나, 누군가가 자연사할 때까지 함께 산다는 선택은 상당한 어려움이 따랐을 테지만 의욕만 있었다면 가능했을지도 모른다. 히데가 출산할 때까지만, 아니면 도축장에 가기 싫어했던 유메만이라도 남겨둔다든지 하는 방법도 있었을지 모른다. 하지만 그 후로 2년이 지난 현재까지 실제로 '안 죽였으면 좋았을 텐데'라고 후회해 본 적은 없다. 가끔 다시 한 번 돼지를 키우고 싶다는 기분에 휩싸일 뿐이다.

지금도 나는 세 마리의 존재를 내 안에 남겨놓고 있다. 이것만은 앞으로도 결코 변하지 않을 것이다. 나는 이것을 토대로 육식에 대해 생각하고 또 생각하게 될 것이다. 이 깨달음을 선물해 준 세 마리에게 나는 드디어 진심 어린 감사의 말을 전하고 싶다.

나에게 와줘서 정말 고마웠다고.

모든 것을 버리고 매듭을 짓다

시식회가 끝난 다음날 치바로 돌아갔다. 집 철수작업이 기다리고 있었다. 만나볼 돼지도 없는데 도쿄에서 도와주러 와준 사람들에게는 정말로 고마웠다.

주식회사 미시마의 미시마 씨와 작가인 마츠이 신페이 씨는 빗속에서 돼지우리에 남아있는 톱밥을 집 뒤편에 파놓은 구덩이에 묻어줬다. 매우 힘들어 했는데 나로서는 정말 큰 힘이 되었다. 세 마리 중 신만 운동장이 만들어지고 나서도 톱밥 위에서 똥을 쌌는데 이제는 똥의 흔적도 냄새도 없었다. 톱밥 속에 있는 박테리아의 분해력에 놀라움을 금할 길이 없다.

그리고 이제는 우리 자체를 부숴야 한다. 많은 신세를 졌던 수의사인 하야카와 씨와 세이와축산의 스가야 씨가 도와주었다. 당시는 아직 주위사람들에게 비밀로 하고 있었지만 두 사람은 결혼을 약속한 상태였고 매우 잘 어울리는 커플이었다.

사흘째 되는 날에는 바이오팜의 나미키 씨와 무대미술가이자 배우인 카우치 테츠지로 씨가 찾아왔다. 나미키 씨는 철울타리를 자를 도구와 발전기까지 챙겨왔다. 더구나 어디 쓸 데가 있을 거라며 떼어낸 울타리를 농장으로 갖고 갔다. 아사히 시에서 불에 안 타는 쓰레기는 중량에 따라 비용이 부과되기 때문에 울타리를 갖고 가줘서 정말로 다행이었다.

남은 건 파란 함석으로 만들어진 원래 창고자리였던 돼지우리. 세 명이서 쇠지렛대를 이용해 부수어 조각을 냈다. 고생해서 만들었던 배수로나 오물받이도 메우고 콘크리트도 때려부숴서 깨끗하게 없앴다.

그날 밤에는 태풍이 온다고 해서 폐조각들을 가지런히 쌓아올리고 그 위에 벽돌을 얹어놓았다. 이것으로 어떻게든 집주인과의 약속은 지킨 셈이다. 누가 봐도 이곳에 돼지가 살았었다고는 알 수 없을 테니 분명 이 집을 살 사람이 나타날 것이다.

소금에 절인 돼지껍질도 나미키 씨의 농장에서 무두질할 때까지 보관해주기로 했다. 사실 도쿄에 가져가지도 못하고 어떻게 할까 망설이던 참이었다.

나머지는 버리기만 하면 된다. 편집자인 토이 타케시 씨와 함께 아사히 시의 쓰레기 처리장으로 갔다. 도와주러 온 사람들이 신었던 장화도, 손님용 이불도, 작업복도, 양동이도, 쇠사슬도, 열쇠도, 내가 줄곧 썼던 농가모자도, 세 마리가 장난감으로 가지고 놀던 고무호스 조각도, 똥을 쓸어담는 데 대활약했던 스퀴지와 삽도, 쓰레받기도 반년동안 양돈생활에 얽힌 모든 것들을 말끔히 버렸다.

도쿄로 보낼 것은 라드와 도쿄에서 가져왔던 업무용 도구와 옷, 그리고 웬일인지 늘어버린 책뿐. 이것저것 사 모은 공구는 아주 일부만 제외하고 스가야 씨에게 주었다. 지금쯤 세이와축산의 축사보수에 쓰이고 있을 것이다. 이렇게 해서 나는 아사히 시를 뒤로 하고 떠나왔다. 세 마리와 함께.

후일담으로 꼭 쓰고 싶은 두 가지 이야기

첫 번째는 엄마에 대한 이야기다. 카마쿠라에서 혼자 시식회에 온 아빠는 몇 안 되는 노령의 참가자임을 이용한 건지 아님 친족특권을 행사한 건지, 프렌치의 센다 씨가 요리를 나눠주는 바로 옆 특등석에 진을 치고 모든 요리를 먹어치웠다. 부럽다. 내가 도쿄로 돌아온 이후 한 통의 전화가 왔다.

"있잖아 준코! 너의 그 돼지고기를 좀 보내주지 않겠니? 지금 엄마 바꿔 줄게!"

가까스로 아빠는 엄마의 명령을 어기고 1킬로그램씩 포장된 고기를 사서 집에 가져갔다고 한다.

"준코니? 그 돼지고기 말인데 굉장히 맛있더라. 츠야 씨 가게 (집 근처 엄마의 단골 정육점)에서 파는 고기보다 훨씬 맛있던데, 더 없니?"

돼지가 불쌍하니까 먹지 말라는 편지를 보냈던 장본인이다. 한 마디 안 하고 넘어갈 수야 없지!

"엄마! 돼지 얼굴을 보고 나니까 불쌍해서 못 먹겠다고 하지 않았어?"

"그러니까 제대로 감사하고 나서 먹었지!"

임기응변도 좋다. 하지만 솔직한 감상을 말해주는 것도 엄마니까 할 수 있는 말이다.

'맛있다'는 체험은 때로는 '불쌍하다'는 마음을 이길 수 있음이 증명되었다고 생각하고 싶다.

돼지고기를 사서 돌아간 사람들에게 굉장히 맛있었다는 평을 많이 받았다. 세 마리의 뼈는 무료로 나눠줬는데 돼지뼈로 우려낸 국물도 굉장히 맛있었다는 말을 들었을 땐 정말 기뻤다.

실제로 세 마리의 고기는 얼마나 맛있었을까? 세 마리의 맛이 다 달랐을까? 히데의 고기가 가장 맛있었다는 평도 받았지만 나는 잘 모르겠다. 고기 본연의 맛이 아직 덜 나온 것 같기도 했다. 한 달 더 살을 찌웠다면 확연한 차이를 느낄 수 있었을 것이다. 게다가 신은 제대로 살찌우지도 못했기 때문에 다이아몬드 포크 본연의 맛이 나지 않았다고 생각한다. 신을 분양해 준 우노 씨에게

사진촬영 : 고다 마사히로 2011년 3월

는 정말 미안하다.

다만 나도 확실히 맛있다고 느꼈던 건 지방의 맛이다. 신선함도 한몫 했겠지만 정말로 산뜻하고 부드럽고 품위가 있는 지방이었다. 도쿄에 돌아와서 자주 가던 체인점 라면집에서 차슈(돼지수육을 얇게 저민 것-옮긴이)를 먹었는데 속이 메슥거렸다. 지방의 냄새가 코끝을 찔러 한동안 차슈를 먹지 않았다.

내 입으로 말하긴 좀 그렇지만, 세 마리의 지방은 다이아몬드 포크급이 아니었을까? 비육사료인 고구마와 스트레스 없는 환경이 그런 지방을 만들었을 거라고 짐작해본다.

두 번째는 프렌치의 센다 씨가 히데의 베이컨과 함께 깨끗이 청소한 신의 머리뼈를 보내준 일이다. 머리에서 텟테 데 프로마주 요리에 사용할 껍질이 붙은 고기를 도려 낸 후 단골손님에게 머리를 통째로 내놨더니 소금을 바슬바슬 뿌려서 젓가락으로 조심스레 집어 먹었다고 한다. 그건 내가 먹고 싶었는데…… 하지만 바빠서 그럴 상황이 아니었다. 참고로 다른 손님은 무서워했다고 한다.

머리뼈를 가만히 보고 있으면 뺨이나 턱의 모양이 확실히 신이란 것을 알 수 있다. 앞니의 치열이 매우 나쁘다. 그래서 무른 것밖에 못 씹었구나! 세로로 절단된 상태인 유메와 히데의 머리뼈와 나란히 내 방의 특등석에 진열해 놓았는데 그 모습은 마치 기묘한 제단처럼 보이기도 한다. 뼈가 없어도 세 마리와 함께 있는 건 변함없지만 머리뼈를 놓아두면 그것 또한 특별한 감동이다.

머리뼈 앞에 물과 소금을 바치고 합장을 하는 내 모습에 쓴웃음을 짓지만 지금도 계속하고 있다.

대지진과 원전사고
그리고 대규모 축산

현대 축산은 무엇에 의지하고 있을까?

세 마리를 도축해서 먹은 지 일 년 반이 지난 2011년 3월 11일. 동일본대지진이 일어났다. 그때 나는 도쿄에서 이 책의 원고를 월간 《세계》에 연재 중이었다. 교배와 출산에서 시작해 세 마리를 도축하는 내용을 연재할 무렵이었다.

2009년 당시 내가 살았던 곳은 치바 현 아사히 시 미카와 지구다. 지진재해 직후 엄습해 온 쓰나미로 큰 피해가 발생한 아사히 시의 이오카 지구와 아주 지척에 있었다.

지진 이후 사흘은 나 역시 혼란스러웠고 전화연결도 잘 안 되던 때라 아사히 시에서 신세를 졌던 분들의 안부를 확인하지 못하고 있었다.

일주일이 지났을 무렵 집에 먹을 것도 떨어지고 해서 근처 슈퍼에 갔는데 거의 모든 식료품이 사라져버린 매장에 웬일인지 생고기만 산처럼 쌓여있었다. 언제 다시 큰 여진이나 대규모 정전이 발생할지 모른다며 무서움에 떨던 시기였다. 물론 원전사고에 대한 보도는 거의 안 되고 있어 신경이 쓰였다.

이런 비상시에 요리를 하고 있을 정신이 어디 있겠냐고 생각한 건지, 인스턴트 라면이나 마른국수 등 보존이 가능한 분말식품은 아침에 들어오자마자 다 팔려버리고 생고기만 남은 것이다. 안달해도 어쩔 수 없다. 상하면 그만이라는 생각으로 돼지등심을 사서 곁들여 먹을 채소도 없이 고기만 구워먹었다. 평소나 다름없는 맛이었다.

일본산 고기의 유통이 중단되지 않았다는 의미일 것이다. 도축장은 지금 어떤 상황일까? 세 마리를 도축해준 치바현식육공사는 지금 어떻게 하고 있을까? 그렇게 심한 흔들림을 견딜 수 있었을까?

3월 11일은 금요일이었다. 소는 당일 처리 마릿수에 따라 다르지만 오후 세 시가 넘지 않은 시간이라면 식육공사의 돼지도축은 적어도 한창 진행 중일 시간이었다.

자동레일식 도축장에서는 도축한 사체의 양쪽 뒷다리 힘줄에 갈고리를 걸고 레일에 매달아 작업대별로 이동시킨다. 손으로 살짝 밀기만 해도 흔들린다. 그런데 지진으로 흔들리면 어떻게 될까? 도쿄에서도 책장이나 주방가구가 넘어지고 쿠단회관의 천장도 무너져내렸다.

도축장 설비가 여기저기 노후하여 새로 세우고 싶다는 이야기도 들은 적이 있다. 레일이 천장에서 빠지면? 갈고리에서 소가 떨어지면? 그 아래에 사람이라도 있었다면……? 아니, 만약 사람은 무사하더라도 바닥에 떨어진 소와 돼지는 출하할 수 있을까? 그러고 보니 정전이 되면 냉장고 안에 들어있는 고기는 어떻게 되는 거지? 내장은? 잠깐! 원래 농장에서는 사료기와 급수기를 전기로 돌리고 있다. 모두 어떻게 됐을까? 슈퍼에 진열된 진공포장육을 바라보면서 생각은 고기에서 초고속으로 도축공정, 출하, 축사 그리고 새끼돼지가 탄생하는 순간까지 거슬러갔다.

취재를 할 때는 그 모든 것을 당연하게 봤었다. 그런데 그것이 돌연 언제라도 멈출 수 있을 거란 생각을 하지 못한 데에 망연자실했다.

이번 지진과 쓰나미와 원전사고로 모든 산업이 막대한 피해를 입었다. 내가 집필한 책도 종이창고가 피해를 입어서 증쇄 때 어쩔 수 없이 본문용지를 교체해야 했다.

하지만 축산은 살아있는 생물을 다루는 산업이다. 소나 돼지는 인쇄용지처럼 얌전히 쌓인 채로 기다려 주지 않는다. 물이나 먹이가 부족하면 죽어버리고 고기가 되어서도 냉온을 유지하지 못한 채 방치되면 부패해버린다. 지진재해로 현장의 산업기반이 무너지면 구체적으로 어떤 일이 벌어질까? 취재 당시 신세를 졌던 분들에게 들은 이야기를 회고하며 마지막장을 꾸리고 싶다.

사족을 달면 아사히 시는 피해는 입었지만 진원지에 가까운 지역에 비하면 막대한 피해라고는 할 수 없다. 특히 나와 관계된 사람들은 결과를 먼저 말하면 다행스럽게도 비교적 경미(어디까지나 비교했을 때의 이야기)한 부상으로 끝났다. 절반 정도 부서진 농장이나 도축장도 있고, 알다시피 원전사고 때문에 피난지역으로 보내진 가축도 있다. '더 심하고 비참한 피해'가 존재한다. 어쩔 수 없이 폐업에 몰리거나 도저히 업무를 재개할 수 없는 축산농가도 많다. 정말로 마음이 아프다. 돌아가신 분들과 가축들의 명복을 빌고 피해를 입은 분들이 조금씩이라도 일상을 회복하기를 기원해 마지않는다.

이 책에서는 경미한 피해를 기록으로 남기는 것도 나름의 의미가 있지 않을까 하는 뜻에서, 나와 인연이 있는 아사히의 사람들과 시설 피해상황을 헤아려봄으로써 현대축산이 무엇에 의지해 돌아가고 있는지 살펴보고 싶다.

건물 전체가 정전

3월 11일 오후 2시 46분. 토소식육센터의 영업직원 이시카와 씨는 치바현식육공사에 인접한 정육해체장에 있었다. 첫 번째 흔들림과 함께 작업장의 전기가 나갔다. 이제까지 경험해 본 적 없는 흔들림에 놀라서 바로 주차장으로 뛰쳐나왔다. 큰 트럭이 흔들리고 있었다. 전봇대도 속절없이 흔들리고 있었다.

작업원들 모두 해체 중인 고기를 그대로 두고 뛰쳐나왔다. 건물 안은 모두 정전이 된 상태였다. 두 번째 흔들림이 잠잠해지고 난 뒤 손전등을 들고 안으로 들어가 상태를 확인했다. 종이상자나 플라스틱 용기가 쓰러져 있지만 다행히 다친 사람은 없었다. 휴

대전화는 연결되지 않았다. 모두 차에 붙어있는 텔레비전을 보고 지진의 규모를 알게 되었다. 여진은 몇 번이나 계속되었고 긴급재난방송에서는 쓰나미 경보가 계속 울리고 있었다. 전기가 들어올 것 같지 않아서 아수라장이 된 작업장을 그대로 두고 다섯 시 무렵 집으로 돌아갔다. 해체작업 중이었던 30마리 분의 고기는 다음날 그대로 폐기했다.

금요일은 출하가 절정인 날이다. 이미 해체가 끝나고 포장을 한 고기는 지진 후 그대로 도매처에 출하했다고 해서 놀랐다. 여덟 대의 트럭이 각자의 목적지를 향해 밤새 달렸다. 다음날 도쿄에 고기를 전달한 트럭도 있지만 토네가와 강을 건너지 못하고 하루를 기다리다 되돌아온 차량도 있었다고 한다. 날짜가 정확히 일치하지는 않지만 내가 슈퍼에서 봤던 진공포장된 고기는 그런 식으로 운반해왔을지도 모른다. 절로 고개가 숙여졌다.

모든 건물이 정전이 되었고 치바현식육공사의 도축장도 같은 상황이었다. 이 시각, 도축은 이미 끝난 상태였고 검사도 등급심사도 끝난 후 냉장고 안에 들어가 있었다. 대관만 아직 도축이 이루어지지 않은 채 살아있었다. 레일 라인에는 작업 중인 돼지가 매달려 있었다.

1층에서는 피를 뺀 뒤 2층 작업장으로 매달려 올라가고 있는 돼지도 있고 2층에서는 다리를 절단하거나 껍질을 벗기거나 내장을 적출하는 등 한창 작업이 바쁘게 이루어지고 있었다. 작업 중인 돼지는 총 188마리. 지진과 함께 샌드백처럼 이들 고기가 흔들렸다는데 그 모습을 자세히 말해주는 사람은 드물었다.

돼지는 계류장으로 되돌려 보냈다

현장은 정전으로 어두컴컴해졌고 비상등만 켜져 있을 뿐이었다. 다들 밖으로 빠져나가는 데 필사적이었다. 작업장은 전망대 같은 높은 곳에 올라가 작업하는 곳도 많고 고기도 매달려 있기 때문에 해체 작업장보다도 불안정할 것이다. 하지만 이쪽 작업장에서도 칼에 손을 베인 사람은 아무도 없었다. 작업원인 젊은 청년에게 물었더니 태연하게 대답했다.

"칼은 바로(허리에 찬) 케이스에 넣었으니까요."

원래 부상이 많은 직장인데 안 다친 게 천만다행이었다. 칼은 위생대책으로 한 마리를 작업할 때마다 열탕에 담가 소독하기 때문에 각각 담당 장소에 열탕도 있다. 하지만 화상 피해도 없었다.

그런데 신경이 쓰였던 건 이마에 전기충격기를 맞기 직전에 주변에 있었을 대관 돼지들이다. 이들은 유도해서 계류장으로 되돌려 보냈다고 한다. 이마에 전기충격기를 맞기 직전 돼지를 태우는 컨베이어벨트는 후진 버튼이 있는 기계였다. 그들은 계류장에서 사흘 동안 무사히 사육되다가 15일에 도축됐다.

식육공사 내의 건물은 통상 도쿄전력에서 보내오는 전기와 병행해서 대형 자가발전기도 가동하고 있었는데, 이 자가발전기의 안전장치가 작동해서 기계가 멈춰버렸다고 한다. 대규모 자가발전기가 멈추면 복구하는데 어느 정도의 기술이 필요하다. 무엇보다 안전 확인을 먼저 하지 않으면 2차 재해의 우려가 있기 때문에 업체직원이 오지 않으면 재가동할 수 없다. 참고로 발전기는 디젤엔진이기 때문에 연료는 중유다. 식육공사에서는 열탕의 공급에

그녀는 왜 돼지 세 마리를 키워서 고기로 먹었나

도 중유를 사용한다. 전기와 함께 중유도 절대로 빠뜨릴 수 없는 것 중 하나다. 전력공급이 끊기면 펌프가 움직이지 않기 때문에 급수도 멈춘다. 또한 도축장은 물도 대량으로 사용하기 때문에 저수조에 1천 톤 이상의 물이 저장되어 있지만 퍼낼 수가 없다. 오수를 처리하는 정화조 역시 가동이 불가능하다. 그 날은 모든 직원이 서둘러 집으로 돌아갔다.

가장 중요한 전기

그리고 다시 말하지만 설비는 말짱해도 전기가 돌지 않으면 아무것도 할 수 없다. 4월에 취재했던 태국의 시골 도축장에서는 장작으로 큰 냄비에 물을 끓이고 나머지는 모두 인력으로 했다. 견학할 당시는 그런 작업이 힘들어 보였지만 전력이나 연료에 좌우되지 않으면 상황변화에 재빨리 대응할 수도 있다.

해가 지면 아사히 시의 대부분은 가게 간판은 물론 신호등도 전등도 모두 꺼지기 때문에 길거리는 아주 깜깜한 상태. 상상이 가지 않는 두려움이다. 단 무슨 이유인지 아사히 시 안에서도 띄엄띄엄 전기가 나가지 않은 지역도 있었다. 이상하지만 그랬다고 한다.

듀록인 히데를 분양해 준 마츠가야 씨의 농장은 고지대에 있고 쓰나미 피해가 있었던 이오카 지역과도 아주 가깝다. 바로 아래 지역에서는 액상화현상(지층이 진동을 받아 강도를 상실해 액체와 같이 물렁물렁해지는 현상으로 지진이 일어날 때 가끔 발생한다-옮긴이)이 일어나고 있었다. 그런데 마츠가야 씨의 농장 주변만 전기가 들어왔다. 마츠가야 씨는 차를 타고 국도를 달리던 중에 지진을 겪었다. 그가 가장 먼저 걱정한 것도 당연히 전기다. 30분 만에 겨우 농장과 전화연결이 되었고 전기가 흐른다는 것을 확인한 순간 안심했다고 한다. 마츠가야 씨의 농장에서는 축사 옆에 붙어 있는 사료 탱크 60여 개 중 6개 정도의 배관이 휘었다. 농장으로 돌아와 사료 탱크에서 사료가 바닥으로 떨어지는 것을 돌려막고 비에 젖어서 상하기 전에 쏟아진 사료를 긁어모아 돼지에게 줬다.

"그밖엔 오줌 저장고가 흔들려서 땅바닥에 오줌이 조금 흘러넘친 정도? 우리는 지반도 그렇게 강하지 않은데, 전기 상태도 좋았고, 정말로 운이 좋았지. 이쪽 농가 중에서도 액상사료 탱크가 쓰러지거나 지붕이 떨어져나간 곳도 있으니까."

바로 근처의 편의점도 전기가 나가지 않은 덕분에 쓰나미 피해를 당한 사람들이 끊임없이 차를 타고 피난을 왔다고 했다. 계산대에는 긴 행렬이 생겼고 잡지 이외의 모든 상품이 다 팔려버렸다고 한다. 그날 밤 전기가 들어온 편의점은 암흑 속에서 구원 같은 존재였을 것이다.

전기가 멈춘 축사에서

한편 전기가 멈춘 농장은 어떻게 됐을까? 내가 치바에서 살 때 돼지우리 짓는 일을 도와준 스가야 씨의 농장은 정전이 되어버렸다. 이야기가 갑자기 심각해진다. 현대의 축사는 사료도 급수도 전기가 있어야 가능하다.

　　　　그녀는 왜 돼지 세 마리를 키워서 고기로 먹었나

"일단은 환기가 문제였죠. 창문이 없는 축사가 몇 갠가 있어요. 창문 없이 자동제어로 환기를 하게 되어 있지만 전기가 멈추면 모든 것이 멈춰버리니까 문을 활짝 열고 공기를 넣었어요. 그리고 여하튼 돼지에게 물은 먹어야겠다고 생각해서……"

스가야 씨의 농장에서는 우물물을 펌프로 퍼올려 지하에 파놓은 저수조에 일단 저장한 뒤 그곳에서 다시 펌프로 각 축사에 물을 공급하고 있었다. 평소라면 물은 언제라도 돼지가 마시고 싶을 때 자기가 마실 양만큼 나오게 되어 있다. 그것이 멈춰버린 것이다.

종업원을 포함한 네 명이 일을 분담해 약 18리터짜리 통으로 저수조의 물을 수작업으로 퍼올려서 작은 탱크에 넣고 포크레인에 담아 각 축사에 급수했다. 전기가 곧 들어올 거라고 쉽게 생각하고 있었던 것이다.

그런데 해가 져도 전기는 전혀 복구되지 않았다. 게다가 여진이 계속되었다. 이대로 있는 건 위험하다고 보고 12일 아침부터 자가발전기를 빌리려고 찾아봤지만 어디에 전화를 걸어도 빌릴 수 있는 곳이 없었다. 계속 찾다가 아는 용접가게에서 용접기와 합체된 작은 발전기를 겨우 빌릴 수 있었다.

발전기를 트럭에 싣고 농장에 돌아온 날 여기저기서 부르는 전기가게 사람을 힘들게 데려와 발전기를 작동시킨 건 저녁 때가 다 되어서였다. 2.5암페어의 발전량이면 급수공급은 가능했지만 동시에 모든 축사에 사료를 공급하기에는 부족했다. 전량계산까지 해야 하다니 역시 농가는 만능이 아니면 감당해 낼 수 없다.

출하에 임박한 돼지가 들어있는 세 개의 우리의 사료기를 하나

씩 차례로 가동했다. 남은 다섯 개의 우리에 있는 새끼돼지들에게
는 수작업으로 먹이를 주었다. 새끼돼지라서 하루에 한 번만 주면
된다지만 이것도 만만치 않은 아주 힘든 중노동이다.

"어쨌든 물과 사료만 주는 데도 정신이 없어서 다른 건 생각도
못했어요. 그런데 그 뒤에 비교적 전기가 빨리 들어왔어요. 우리
집은 정전과 단수가 계속돼서 가족들이 전부 농장에 와서 샤워를
하기도 했어요."

돼지들은 지진의 흔들림을 어떻게 느꼈을까? 스가야 씨의 농
장에서는 출하할 때 딱 한 번 큰 여진이 있었는데 그때 돼지들의
움직임이 딱 멈췄다고 한다. 들리는 소문에는 번식성적이 떨어졌
다거나 유산했다는 이야기가 있었지만 실태를 확인할 수는 없었
다.

휘발유가 없으면 아무것도 할 수 없다!

전기가 들어온 뒤 일단은 설비가 무사히 움직이는지 확인했다. 그
리고 토소식육센터에서는 도마에 그대로 올려져있던 30마리 분
의 돼지고기와 작업중이던 내장, 그리고 식육공사에서는 188마리
의 돼지고기를 다같이 내려서 렌더링업자에게 맡겼다. 지육은 이
분할 하기 전이면 80킬로그램 가까이 되기 때문에 운반하는 것도
보통 힘든 일이 아니다.

그래도 청소를 포함해 다음 날인 토요일에 작업이 가능했던 것
은 그나마 행운이다. 각각의 냉장고 안의 온도는 거의 오르지 않

아서 다행히 고기는 모두 무사했다. 정전이 계속되었다면 이들 고기도 버려야 했을 것이다.

먹거리의 공급이 밀리면 좋지 않다는 사장님의 판단 하에 치바현식육공사는 14일까지는 배관수리를 끝내고 15일에는 오전 중에 작업이 끝나도록 마릿수를 제한하여 영업을 재개했다. 16일은 계획정전 때문에 마릿수를 제한하면서 영업, 다음날인 17일에는 재해구조법에 따라 계획정전구역에서 벗어나 통상영업으로 돌아갔다. 피해가 심하고 복구가 쉽지 않은 동북지방으로도 고기를 출하하기 시작했다.

모든 사람의 골머리를 앓게 한 건 휘발유다. 농장도 도축장도 자전거로 통근하는 사람은 없다. 종업원 전원이 자동차로 통근을 하고 있었다. 휘발유가 부족한 탓에 직원들이 출근하지 못할까 봐 경영자들은 종업원의 휘발유에 주의를 기울였다. 주유소 영업 정보가 들어오면 반드시 주유소에 가 줄을 서게 해서 어떻게든 차에 기름이 떨어지지 않게 했다고 한다. 스가야 씨의 농장에서는 안 쓰던 트럭에도 휘발유를 채우러 갔다. 트럭의 휘발유 탱크는 단순한 구조이기 때문에 휘발유를 옮기기 쉬워서 나중에 종업원에게 나누어줄 수 있다. 주유소 주변마다 정체가 벌어졌다.

이야기를 들은 것은 10월. 뭐든지 일단락됐을 시점이었다. 많은 분들이 당시의 일을 매우 담담하게 이야기하는 모습이 인상적이었다. 불편한 생활을 견디면서 할 수 있는 한 신속하게 업무 복구를 했다. 당연한 일이라고 생각하면 당연한 일이지만……

양돈농가는 며칠까지 출하를 기다릴 수 있을까? 출하를 못한 돼지는 하루 약 1킬로그램씩 체중이 는다. 마츠가야 씨는 생각해보더니 10일 이상이 지나면 힘들다고 했다. 등급이 등외가 되고 돼지가격이 점점 떨어지기 때문이기도 하지만, 축사를 나가는 돼지가 없으면 태어날 돼지를 넣을 공간이 부족해지는 게 가장 무섭다고 했다. 돼지는 성장단계에 맞춰서 처음엔 어미돼지와 함께 살다가 그 뒤 이유축사, 자돈축사, 비육축사로 이동한다. 축사 공간에 여유가 있으면 이야기가 달라지지만 많은 농가는 여분을 두지 않고 축사를 100퍼센트 활용해 돼지를 키운다. 만에 하나 출하가 2주일 정도 늦어지면 태어날 새끼돼지를 살처분할 수밖에 없다. 작은 만큼 처분 비용이 들지 않기 때문이다. 마음 아픈 이야기다.

농가에서 출하가 늦어지면 곤란한 이유는 아직 더 있다. 사료 문제로 거슬러 올라가면 사료의 반입도 빼놓을 수 없다. 현재 돼지의 배합사료의 성분은 농가나 돼지의 브랜드에 따라 다르다고 하는데 대부분 옥수수이고 밀기울, 콩깻묵, 감자, 빵 등이 섞인 것이다. 국내에서 나오는 음식물 찌꺼기를 이용해서 만드는 곳도 있지만 역시 대부분 수입곡류에 의존하고 있다.

치바 현 아사히 시에 양돈농가가 많은 건 카지마 항에 가까운 만큼 푸드 마일리지가 낮고 사료운송비가 저렴하기 때문일 것이다. 카지마 항에는 앞에서 소개했듯이 파나맥스가 수입곡류를 대량으로 탑재하고 입항해서 항구에 있는 사료공장으로 보내면 그곳에서 다시 가공하고 배합되어 각 농장으로 출하된다.

지진재해 때 카지마 항도 쓰나미 피해를 입었다. 지진이 왔을 때에는 입항된 배에서 저장탱크로 곡류를 빨아올리고 있었다. 배

그녀는 왜 돼지 세 마리를 키워서 고기로 먹었나

한 척에 기계 세 대가 붙어 작업한다. 쓰나미가 예상되니 일을 중단하라는 알림이 있었지만 작업은 그리 간단하게 멈출 수 있는 게 아니다. 작업을 완전히 멈추기 전 쓰나미가 왔다. 쓰나미 때문에 곡물을 빨아올리던 기계 중 몇 대는 파손되었고 컨테이너가 떠내려갔다. 기계를 한 대만 가동시키면 선창에 있는 곡물을 균형 있게 빨아올릴 수 없기 때문에 효율은 현저히 떨어졌다.

연간 2백만 톤의 사료를 제조하고 있던 센다이와 이시노마키의 두 항구는 진원지에서 가까운 지역이었던 만큼 전부 파괴되고 말았다. 전국적인 사료부족이 염려되었다. 카지마 항은 하치노에 항과 함께 피해지 주변의 항구로서, 한시라도 빨리 배를 맞아들여 사료공급을 늘리고 싶었지만 떠내려간 컨테이너가 발목을 잡았다. 항구의 수심 때문에 해저에 이물이 없다는 것을 확인하지 않으면 큰 파나맥스는 입항할 수 없다.

그리고 일부 정전이 늘어 카미스 시내는 모두 물이 끊기고 복구까지는 한 달이 걸렸다. 사료의 가공에는 물을 사용하는 것도 있었다. 여하튼 주변의 저장탱크에 남아있는 것과 전국에서 긁어모은 재료를 가동 가능한 기계로 배합하여 농가에 배달해야 했다. 농가들도 사료를 확보하려고 분주했다. 평소에 사용했던 자가배합사료와 성분이 다소 달라도 어쩔 수 없었다. 농림수산부에서도 배합사료를 준비해서 동북지방의 농가에 배포했다. 사료가 달라지면 브랜드 돼지로서의 가치는 사라지지만 돼지를 죽게 하는 것보다는 낫다.

한 달 정도가 지나 겨우 파나맥스가 입항할 수 있게 된 뒤에도 문제는 있었다. 외국인선원이 방사능오염을 두려워해 입항을 거부한 큐슈에서는 선원을 전원 일본인으로 교체해야 했다고 한다. 곡물을 빨아올리는 설비의 완전복구 등 항구와 사료 공장의 설비가 원래대로 돌아온 건 5월 말, 모든 것이 복구됐다고 말할 수 있는 것은 8월에 들어서라고 한다.

방사능 오염으로 무용지물이 된 퇴비

농가들을 고민하게 만든 건 또 있었다. 바로 퇴비다. 한쪽에서 계속 밀어 넣으면 한쪽에서는 계속 내보내야 하는 과정이 바로 축산이다. 퇴비도 출하하지 않으면 무용지물이 된다. 그런데 바닥에 깔 재료에 톱밥이나 왕겨를 사용하는 경우 방사능 오염이 가능성으로 의심되면서 한때 출하를 줄이거나 금지하는 움직임이 있었다. 다행히 지금은 진정되었다. 소에 비해 돼지는 지붕과 벽이 있는 꽉 막힌 곳에서 바깥구경도 못해보고 자란다. 특히, 아사히의 농가는 지하수를 사용하고 있는 곳이 많기 때문에 식수를 통해 피폭되는 일도 매우 드물다. 사료도 수입곡물이고 지붕에 설치된 탱크에 저장했다가 제공하기 때문에 방사능오염에 노출될 가능성은 낮다. 이런 상황이니 대규모 공장이나 다름없는 밀집사육에 문제점을 제기하고 방목양돈에 도전한 농가가 받은 타격을 생각하면 정말 안타깝다. 흙 먹기를 좋아하는 돼지에게 방목양돈이야말로 더없이 좋은 환경이기 때문이다.

소비자는 기준치 이하로는 안심하지 못한다

그리고 현재 농가나 도매업자들의 고민은 사람들이 고기구매를 꺼려한다는 것이다. 쇠고기에서 세슘이 발견된 이래 엔고현상도 영향을 미쳐 일본산 고기의 전반적인 매상이 낮아졌다. 정부가 발표한 '기준치 이하'라는 말은 소비자를 안심시킬 수 없었다고 관계자 전원이 입을 모아 말한다.

많은 소비자는 위험이 '제로'이길 원한다. 나는 방사능뿐만 아니라 모든 식품의 안전에 '제로'란 건 있을 수 없다고 생각한다. 방사능이 불안하면 수치를 어느 정도 파악하고 내부피폭 정산치를 계산해야 하지만 그렇게까지 하는 사람, 할 수 있는 사람은 거의 없다. 나도 안 한다.

나야 지병인 유방암 때문에 오랜 기간 방사선 치료를 받기도 했고, 설령 그렇지 않더라도 귀찮아서 그런 건 무시하고 먹고 있을 것이다. 하지만 그것은 내 개인의 삶의 방식에 대한 문제다. 장기간에 걸친 저량피폭이 인체에 어떤 위험을 미칠지 확실히 밝혀지지 않은 이상, 가능한 한 누적피폭량을 낮추고 싶어하는 사람이 있는 건 당연하다.

치바현식육공사에서는 모든 소에게 방사능측정을 실시하고 있다. 한 마리당 드는 측정비용은 농가와 현(縣)이 지불하고 있다(각 현마다 대응이 다르다). 언젠가는 도쿄전력에 청구할 거라고 하는데 엄청난 부담일 것이다. 저렴해질 것이라고는 하나 여전히 고액이기 때문에 출하단계에서 모든 돼지를 검사하는 건 무리일 것이다.

토소식육센터에서는 돼지고기의 생산지표시를 '일본산'에서 '○○현 산'으로 바꾸었다. 일본의 소비자는 '후쿠시마 현산'을 비롯한, 동일본 전역의 돼지고기 구매를 기피하는 경향이 있다고 한다.

이제까지 광우병(BSE)이나 병원성 대장균(O-157)의 안전대책에 분주해하는 업자들을 봐왔다. 위험성을 낮추기 위한 끝없는 노력을 요구해야 하겠지만 그것만 믿고 식품에 대해 무방비해서는 안 된다. 시중에 나왔다고 해서 다 안심하고 먹어서는 안 되며 시중에 나온 식품 자체를 스스로 판단하기 위한 감각이나 지식이 있어야 한다.

물과 전기와 석유의 대량소비로 성립하는 대규모 양돈

이번 지진재해를 통해 대규모 양돈은 전기와 석유와 물이 없으면 돌아가지 않는다는 현실을 새롭게 깨달았다. 방사능 사고로 이상한 역전현상이 일어났다. 지금까지는 수입고기보다 일본산 고기가 안전하다고 했는데 이제는 수입육이 안전하다고 생각한다. 그렇다고 수입육이 피폭량은 차치하더라도 그 밖의 위생기준이나 안전대책이 안심할 수 있다는 건 물론 아니다.

또한 한때는 해외 수입사료에 의존해서 일본내 자급률을 낮추며, 바깥공기에 거의 노출되지 않고 키워지는 돼지사육환경을 부정적으로 보기 일쑤였다. 그런데 이런 상황이 오히려 피폭위험을 낮추는 수단으로 주목을 받게 되었으니 마음이 매우 복잡하다. 피폭을 두려워하는 건 당연한 일이지만 나름대로 뜻을 갖고 도전하는 국내 사료업계나 방목양돈가를 생각하면 너무 안타깝다

앞으로 축산은, 양돈은 어떻게 될까? 막연히 생각해본다. 세 마리를 키웠던 것처럼 가내양돈 방식으로 돌아갈 수 있다고는 생각하지 않지만 사육마릿수가 너무 많아져서 한 마리의 가격이 너무 저렴해졌다.

에너지소비나 사료소비를 봐도 이대로 가다간 언젠가는 축산에 돌이킬 수 없는 재앙을 초래할 수도 있겠다는 생각을 지울 수 없다. 모두 함께 해결해 나갈 수 있는 출구를 찾지 못한다면 끝내는 버틸 수 없을 거라는 생각이 들었다.

그러나 오늘도 돼지들은 전기와 석유, 물, 사료를 쉬지 않고 소비하면서 자라고 출하되고 도축되어 소매점에 고기로 진열된다. 그리고 나는 이대로는 안 된다고 생각하면서도 변함없이 맛있는 고기가 먹고 싶어진다.

후기

세 마리를 키워서 잡아먹고 그리고 이 책을 쓰는 동안 정말 많은 분들에게 신세를 졌습니다. 양돈에 대해서 아무것도 모르는 저에게 현장을 보여주고 힘과 지혜를 빌려 주셔서 정말 감사드립니다.

세 마리를 분양해주신 농가의 마츠가야 히로시 씨, 우노 시게미츠 씨, 시이나 칸타로 씨 그리고 치바현식육공사의 나이토 타카시 씨, 아사히축산의 카세 요시아키 씨, 토소식육센터의 오가와 코이치로 씨, 이시카와 타카유키 씨, 피글렛의 하야카와 유코 씨, 세이와축산의 스가야 토모오 씨, 나미키농장의 나미키 토시유키 씨. 쇼와산업주식회사, 아사히식육협동조합, 구 후지에코피드 센터의 여러분.

시식회를 맡아준 시어터 이와토의 히라노 키미코 씨, 요리를 만들어준 프렌치의 센다 씨, 슈리 씨, 태국 요리 아무리타 식당의 이에사카 아키 씨, 한국 요리를 만들어준 리카 요츠코 씨. 돼지우리 건설과 철수를 도와주고, 촬영해주고, 세 마리와 놀아주고, 먹어준 많은 분들, 이름을 다 쓸 수 없어 죄송하지만 정말 고마웠습니다.

많이 부족한 기획을 연재로 받아주고, 한없이 늦은 원고의 완

그녀는 왜 돼지 세 마리를 키워서 고기로 먹었나

성을 인내심으로 기다려주고 때로 호되게 꾸짖어주면서 책으로 완성할 때까지 함께 애써준 월간 《세계》 편집부의 나카모토 나오코 씨, 멋진 표지를 입혀준 요리후지 분페이 씨, 스태프의 키타하라 사이카 씨, 언제나 늘 고맙습니다.

그리고 교배에서 채 일 년이 안 된 기간이었지만 무(無)에서 태어나 내 곁으로 와, 나를 비롯한 많은 사람들의 피와 살이 되어주고 사라진 세 마리의 돼지들에게 다시 한 번 말하고 싶다.

고마워!

* 이 책의 취재에 응해주신 분들의 성명, 직함, 소속조직명은 주석이 없는 한 2009년 당시대로 기록했다.

옮긴이 말

2012년, 일본유학 시절 룸메이트였던 중국인 친짱은 완벽한 채식주의자였다. 채식주의자를 실제로 본 것도 처음이었고 농담 삼아 '네 발 달린 건 책상 빼곤 다 먹는다'고 말하는 중국인이 고기를 안 먹다니 그저 놀라울 따름이었다. 그녀에게 한국의 과자나 라면을 맛보일라치면 늘 성분부터 따져 물어 먹거리를 선물하기란 쉽지 않았다.

반면 나는 고기를 매우 좋아했다. 한국에 있는 부모님은 두세 달에 한 번씩 밑반찬과 함께 직접 만든 온갖 고기요리를 냉동시켜 보내주었다.

늘 채소 아니면 우동면만 삶아먹던 중국인, 매일 고기반찬을 빼놓지 않던 한국인, 우리는 서로를 아주 의아하게 생각했지만 식성이 다른 것 말고는 아무 문제없이 매우 친하게 지냈다. 단 너무 다른 식성 때문에 메뉴 고르기가 만만치 않아 일 년 동안 함께 살면서 제대로 된 외식 한 번 못했던 게 아쉬울 뿐이다.

한번은 그녀에게 왜 고기를 먹지 않느냐고 물었더니 잔인하게 길러지고 도축되는 가축의 영상을 본 뒤로는 불쌍해서 못 먹겠더라고! 그런 영상을 본 적 없는 나로서는 별 동요없이 "아 그래?" 하고 흘려듣고 말았다.

2015년, 이 책의 번역을 맡았을 때 조금은 막막했다. 돼지는 고기로 먹을 줄만 알았지 고기가 되기까지의 과정을 전혀 접해본 적이 없으니 말이다. 마침 올해 5월 〈잡식가족의 딜레마〉라는 다큐멘터리영화가 개봉되었다. 번역하는 데 도움이 될까 싶어 먼저 그 영화를 관람했다. 그런데 웬걸! 식용돼지의 삶에 전혀 무지했던 난 한동안 충격에서 헤어나올 수 없었다. 빛도 들어오지 않는 컴컴한 축사, 좁은 틀 안에 갇혀서 줄곧 출산만 강요당하는 어미 돼지, 청소도 잘 되지 않아 똥범벅이 된 채로 좁은 우리에 뒤엉켜 있는 돼지들. 공장식 사육 장면을 보고 나서야 내가 맛있게 먹던 돼지고기의 이면에는 저렇게 비참한 삶이 있었구나 하고 새삼 깨닫게 되었다. 영화에서는 공장식 축사뿐 아니라 소규모 친환경농가도 보여준다. 살아있는 동안만이라도 돼지들이 편하게 자랄 수 있도록 배려하고 이름도 불러주며 교감을 나눈다. 하지만 결국 도축장으로 보내기는 매한가지.

돈가스를 좋아하던 감독은 딜레마에 빠져 결국 채식을 택한다. 이 영화를 본 나 또한 딜레마에 빠졌다. 전처럼 고기를 맛있게 먹을 수가 없었다. 어쩔 수 없이 한입 먹게 되면 불편한 마음뿐이었다. 문득 룸메이트였던 친짱이 떠올랐다. 그녀의 마음을 이제야 이해할 수 있게 되었다.

그런데 이 책의 저자는 자신이 키운 돼지를 직접 도축장에 보내고 도축된 돼지를 많은 사람들과 나눠먹는다. 처음에는 '자신이 귀여워하며 키웠던 돼지를 어떻게 먹을 수 있지?' 하는 생각에 저자를 이해할 수 없었다. 하지만 저자의 무모한(?) 행동은 나에게 깊은 울림으로 다가왔다. 지금처럼 대규모 양돈이 아닌 가내 양돈을 했던 시절처럼 돼지 세 마리를 직접 키우며 보고 느낀점을 기록한 이 책은 그야 말로 우리가 쉽게 식탁에 오르는 고기의 이면에 숨겨진 생명에 대한 강렬한 성찰기다. 오늘날 축산은 대규모 공장식으로 생태 환경은 물론이며 생명윤리면에서도 대단히 큰 문제점을 드러내고 있다. 나는 구제역으로 벌어진 가축들의 살처분을 기억한다. 그런 면에서 저자의 어쩌면 극성스럽다고까지 할 돼지 키우기는 많은 점을 일깨워준다. 유방암으로 투병중인데도 시종일관 유쾌한 필치로 돼지의 일생을 보여준 저자가 고맙다.

종일 노트북 앞에 앉아 번역만 하던 딸을 걱정하고 응원해준 가족들, 나에게 크나큰 의미가 되어준 이 책의 번역을 맡겨준 달팽이출판, 번역과 인연을 맺게 해준 김경인 선생님께 이 자리를 빌려 감사의 뜻을 전하고 싶다.

마지막으로 이 책을 읽어준 독자 여러분께도 두 손 모아 고마움을 전하며 생명의 소중함과 고마움을 다시 한 번 생각해볼 기회가 되었으면 좋겠다!

2015년 10월 정보희

그녀는 왜 돼지 세 마리를 키워서 고기로 먹었나
∞ 우리가 먹는 고기에 대한 체험적 성찰

우치자와 쥰코 지음 | 정보희 옮김
초판 1쇄 발행 2015년 11월 5일

펴낸이 김영조 펴낸곳 달팽이출판
등록 2002년 2월 28일 제 406-2011-000065호
주소 경기도 파주시 탄현면 사슴벌레로 45번지 206-205
전화 031-946-4409 팩스 031-946-8005

이메일 ecohills@hanmail.net
ISBN 978-89-90706-38-6 03330